Alexander Dugin

PUTIN
Das Phänomen

BONUS

Bibliographische Information der Deutschen Bibliothek
Die Deutsche Bibliothek verzeichnet diese Publikation in der
Deutschen Nationalbibliographie; detaillierte bibliographische
Daten sind im Internet über www.dnb.de abrufbar.

ISBN 978-3-88741-299-9

BONUS-Verlag
Postfach 10, D-24236 Selent

Gedruckt in der Europäischen Union

„Putin ist für die heutige Zeit der ideale Herrscher. Er ist eine tra-gische Gestalt. Er ist von fürchterlichen Personen umgeben, von Leuten, die abgewirtschaftet haben, von einem Meer ekliger Würmer, die den Boden, auf dem er sich bewegt, überall verschmutzen. Und er räumt mit diesem verheerenden Erbe methodisch und beharrlich, Schritt für Schritt auf. Er ist wie ein Alchemist, der Schwarz in Weiß verwandelt. Vorderhand wird das Schwarz allmählich grau, doch dies ist ja erst der Anfang. Die Morgendämmerung bricht an, eine Morgendämmerung in Stiefeln. Ich glaube an Putin, und ich unterstütze ihn voll und ganz."
**Auszug aus einem Interview mit Alexander Dugin
für die Website Dni.ru, 19. Januar 2001.**

„Herr Putin ist ein Produkt des zaristisch-sowjetischen Sicherheits-systems, ein Traditionalist, der glaubt, daß nur ein autoritäres System Ord-nung schaffen und bewahren kann. Deshalb werden seine politischen, rechtlichen und militärischen Reformen den Fortschritt behindern."
**Boris Beresowski, The Problem with Putin,
in: The Financial Times, 28. Mai 2002.**

Kapitel 1 – Einführung

Putin: Ein Unbekannter gibt sich zu erkennen

Nachdem Putin die politische Bühne betreten hatte, trugen von Anfang an verschiedene Faktoren zu einer positiven Ein-schätzung seiner Persönlichkeit bei. Zunächst einmal spien die Ultra-Liberalen, die „demokratischen Schizophrenen", wie man sie damals nannte, Gift und Galle gegen den neuen rus-sischen Politiker, wobei sich der berüchtigte Sergei Adamo-witsch Kowaljow[1] besonders unrühmlich hervortat. Ihre Bot-

---

[1] Sergei Kowaljow (geb. 1930) saß während der sowjetischen Ära aus politischen Grün-den lange in Haft. Nach dem Zusammenbruch der UdSSR ging er in die Politik, wo-bei er vor allem die Menschenrechtslage in der Russischen Föderation kritisierte, und wurde zum Berater Boris Jelzins. Der russischen Intervention in Tschetschenien in den 1990er Jahren stand er ablehnend gegenüber, und er forderte die russischen Sol-daten auf, sich lieber zu ergeben, als zu kämpfen. In jüngerer Vergangenheit trat er immer wieder mit Kritik an Putin hervor.

schaft lautete: „Putin gehört dem mörderischen KGB an; er bedeutet einen Rückfall in die Vergangenheit. Er ist ein Rotbrauner."[2] Die von diesen Kreisen gegen Putin gerichteten Attacken signalisierten uns sogleich, daß Putin „unser Mann" war: Er war ein Patriot und ein grundanständiger Mensch.

Die „ultrademokratischen Schizophrenen" erhielten Unterstützung seitens der gemäßigteren „demokratischen Schizophrenen", die sich bei ihren Angriffen auf Putin mehr Zurückhaltung auferlegten. Zu ihnen gehörten Gussinski,[3] Jawlinski[4] und die Ultra-Atlantiker, aber auch Primakow[5] und Luschkow,[6] die eine Zeitlang mit letzteren zusammenarbeiteten. Sie argumentierten folgendermaßen: Putin ist ein Nationalist, der Rußland wieder zur Supermacht machen will, ein Protegé der Jelzin-Familie und des Beresowski-Abramowitsch-Mamut[7]-Clans. Allerdings lag es auf der Hand, daß seine Verbindungen

---

[2] Als „rotbraun" wird in Rußland eine politische Position bezeichnet, die Elemente des Sozialismus und des autoritären Nationalismus vereinigt.

[3] Wladimir Gussinski (geb. 1952) war in den 1990er Jahren Eigentümer zahlreicher russischer Zeitungen sowie Rundfunk- und Fernsehstationen, die den Kreml häufig kritisierten. Er nahm bei dem Erdgasförderunternehmen Gazprom Anleihen auf, vermochte sie jedoch nicht zurückzuzahlen, als Gazprom das verlangte. Dies geschah im Jahre 2000, kurz nachdem Putin das Amt des Präsidenten übernommen und geschworen hatte, Rußlands Oligarchen zu entmachten. Nachdem Gussinski gezwungen worden war, seine Medien-Holdings zu verkaufen, ging er nach Israel ins Exil und schuf dort ein neues Medien-Imperium. Als Liberaler unterhält er enge Beziehungen zu einer Reihe amerikanischer Politiker.

[4] Grigori Jawlinski (geb. 1952) ist ein russischer Ökonom. In den 1990er Jahren präsentierte er unter dem Titel „500 Tage" einen Plan, der den Übergang Rußlands von einer sozialistischen zu einer marktwirtschaftlichen Ordnung innerhalb von weniger als zwei Jahren vorsah. Dieses Projekt wurde nie verwirklicht. Seither greift Jawlinski den Kreml immer wieder von liberaler Warte aus an.

[5] Jewgeni Primakow (1929–2015) war ein russischer Politiker, dessen Karriere bereits in der sowjetischen Ära begann. Von 1996 bis 1998 war er Außenminister, 1998/1999 Ministerpräsident. Bei den Präsidentschaftswahlen 2000 trat er anfangs als Kandidat gegen Putin an, zog seine Kandidatur dann aber zurück und wurde zu Putins Unterstützer und Berater.

[6] Juri Luschkow (geb. 1936) gehörte zu den Gründern der Partei „Einiges Rußland". Von 1992 bis 2010 war er Bürgermeister von Moskau.

[7] Die Geschäftsleute Boris Beresowski, Roman Abramowitsch und Alexander Mamut standen der Jelzin-Regierung nahe und befürworteten liberale Reformen. Nachdem sie Putin anfangs unterstützt hatten, vollzogen sie schon bald nach seinem Amtsantritt eine Kehrtwendung. Besonders Beresowski, der einen erheblichen Teil der russischen Medien kontrollierte, wurde zum erbitterten Gegner Putins und setzte seine Informationskanäle gegen ihn ein, mit dem Ergebnis, daß ihm Putin schließlich mit der Zerstörung seines Medien-Imperiums drohte. Ende 2000 verließ er Rußland und lebte bis zu seinem Tod im Jahre 2013 im englischen Exil.

zu einem bestimmten Clan die Folge des Konkurrenzkampfs waren, den dieser gegen einen anderen Clan führte, und diese Art von Kritik erwies sich für Putin ebenfalls als nützlich.

„Patrioten" wie Prochanow[8] und Sjuganow[9] nahmen gegenüber Putin eine skeptisch-abwartende Haltung ein und erklärten ihn zunächst zum „Jelzinisten". Hätten sie ihn zum Helden gemacht, wären sie nämlich auf Unverständnis gestoßen.

Diejenigen, die für einen harten Kurs gegenüber den tschetschenischen Separatisten und Terroristen eintraten, empfanden Genugtuung über Putins harte Haltung in der Tschetschenienfrage. Den Rest seiner Politik verstanden sie nicht, weil sie einfache Menschen waren, die schließlich geschlossen für Putin stimmten.

Der Oligarch Beresowski, der während der Machtübergabe an Putin für dessen „technische Unterstützung" zuständig gewesen war, bemühte sich, ihm ein patriotisches Image zu verschaffen. Doch über Nacht wurde Putin dann zum „korrupten Herrscher des eurasischen Typs" (und nicht bloß zu einem „korrupten Herrscher") ernannt. „Nun wird er versuchen, sich Asien zuzuwenden", dachten damals manche. Für liberale Demokraten hatte Putin nicht das geringste übrig.

Es versteht sich von selbst, daß Korruption ein Übel ist, aber ihre sofortige Ausmerzung ist ein Ding der Unmöglichkeit. „Kampf der Korruption" ist ein wirksames Schlagwort, doch immer, wenn es erklingt, lohnt sich die Frage, wer davon profitiert. Gewissen korrupten Gruppen den Garaus zu machen, nützt nur ihren Rivalen. Die einfachen Menschen gewinnen durch solche Manöver keinen einzigen Rubel. Um die Korruption zu eliminieren, bedarf es einer „geistigen Revolution". Die Eurasier stellen sich auf den Standpunkt, daß die Korruption schrittweise bekämpft werden muß: Zuerst gilt es, korrupte Politiker und Beamte auszuschalten, die zum Nutzen des atlantischen Hegemons gegen den Staat arbeiten, und dann kann der Rest zur Kasse ge-

---

[8] Alexander Prochanow (geb. 1938) ist ein Schriftsteller und Zeitungsherausgeber, der bemüht ist, Kommunismus und extremen russischen Nationalismus miteinander zu verschmelzen.

[9] Gennadi Sjuganow (geb. 1944) ist seit der Gründung der Kommunistischen Partei der Russischen Föderation, die 1993 als Nachfolgerin der verbotenen KPdSU aus der Taufe gehoben wurde, deren Erster Sekretär. Die Partei tritt für eine neue Form des Kommunismus mit einer eher nationalistischen Prägung ein.

beten werden, einschließlich korrupter Individuen des haus-gemachten eurasischen Typs. In der Tat ist es sehr wohl möglich, in der ersten Phase des Kampfs gegen die pro-atlantischen kor-rupten Elemente mit jenen der eurasischen Variante zusammen-zuarbeiten und sich letztere erst später vorzuknöpfen.

Tschubais[10] unternahm den Versuch, Putin ins liberale Lager zu ziehen, indem er dessen ausgeprägten Patriotismus als Deckmantel für die bevorstehende Welle liberaler Reformen nutzte, die im Auftrag des Westens durchgeführt wurden. Die-ser Strategie bediente sich die liberalste Gruppierung jener Zeit, die „Union der rechten Kräfte",[11] an deren Spitze damals Sergei Kirijenko[12] stand.

Daß Putin in St. Petersburg geboren war und dort mit Tschu-bais und Anatoli Sobtschak[13] zusammengearbeitet hatte, war ein offenkundiger Makel. Das russische Volk hat St. Petersburg stets mit Argwohn betrachtet. Moskau gewann eine besondere Bedeu-tung, nachdem Konstantinopel an die Türken gefallen und Ruß-land zur letzten orthodoxen Monarchie und zum letzten ortho-doxen Reich geworden war. Im orthodoxen Rußland hat die Stadt stets eine wichtige eschatologische Rolle gespielt. Moskau, hieß es, sei „das dritte Rom". Dem zaristischen Rußland kam die Rolle eines Staates zu, der die Wahrheit des von der orthodoxen Kirche gelehrten Glaubens vorbehaltlos anerkennt und traditionell als Bollwerk gegen den Sohn des Verderbens – den Antichrist – gilt, als der „Katechon" (derjenige, der den Antichrist aufhält), von dem im zweiten Brief des Paulus an die Thessalonicher die Rede ist. Aus der apokalyptischen Perspektive des orthodoxen Glau-

---

[10] Anatoli Tschubais (geb. 1955) ist ein russischer Ökonom, der bei der Privatisierung der russischen Wirtschaft zu Beginn der 1990er Jahre die führende Rolle spielte.

[11] Die „Union der Rechten Kräfte" wurde 1999 mit dem Ziel gegründet, die Entwick-lung in Richtung einer liberalen Marktwirtschaft westlichen Zuschnitts in Rußland zu beschleunigen. Sie existiert immer noch, allerdings nicht als politische Partei, son-dern als breite Organisation.

[12] Sergei Kirijenko (geb. 1962) war 1998 für kurze Zeit Premierminister unter Jelzin. Von 2005 bis 2016 war er Leiter der Föderalen Agentur für Atomenergie. Seit Oktober 2016 ist er Stellvertretender Leiter der Präsidialverwaltung, einer Behörde, der die Auf-gabe obliegt, die Aktivitäten des Präsidenten zu koordinieren.

[13] Anatoli Sobtschak (1937–2000) war von 1991 bis 1996 der erste demokratisch gewähl-te Bürgermeister von St. Petersburg. Während jener Zeit war Putin einer seiner Stell-vertreter. Er starb unter merkwürdigen Umständen, während er für Putins Wahl zum Präsidenten warb.

bens bedeutete der Fall von Byzanz das Heraufdämmern der Apostasie und der weltweiten Ablehnung des Christentums. Moskau ist die Hauptstadt eines grundsätzlich neuen Staates: Nicht national, sondern imperial, vom Erlösungsgedanken beseelt, eschatologisch und apokalyptisch. Es ist das letzte rettende Bollwerk, die Arche, der Boden, der für das Anbrechen des neuen Jerusalem vorbereitet ist. „Und es wird kein viertes geben."[14]

„Piter",[15] die Stadt St. Petersburg, war hinsichtlich Qualität, Struktur und Bedeutung als westliche Hauptstadt von Anfang an ein Gegenbild zu Moskau als „drittem Rom". In gewissem Sinn existiert diese Hauptstadt nicht und kann auch gar nicht existieren. „Es wird kein viertes Rom geben." St. Petersburg ist alles andere als die Hauptstadt eines nationalen Staates oder eine rettende Arche. Es ist eine seltsame, gigantische Chimäre, ein Postmortem-Land mit einem Volk, das in einem parallelen Reich jenseits der russischen Geschichte lebt und sich entwickelt. Es ist eine Stadt wie vom fremden Planeten, eine Stadt auf der dunklen Seite der Welt, eine Stadt des Mondscheins, des Wassers und seltsamer Gebäude, die dem Rhythmus der Geschichte sowie der nationalen und religiösen Ästhetik fremd ist. Dies ist der Grund dafür, daß die in Moskau ansässigen Herrscher als Wundertäter angesehen wurden. Es stellte einen entscheidenden Unterschied dar, ob ein Herrscher oder ein Regierungsbeamter seine Entscheidungen von St. Petersburg oder von Moskau aus traf.

Daß Putin in eine Arbeiterfamilie hineingeboren wurde, ist bemerkenswert. Es kursierte auch das Gerücht, er gehöre zu den Altgläubigen.[16] Folgendes psychologische Porträt Putins aus der Zeitung „Savtra" („Morgen") gefiel mir persönlich

---

[14] In einer berühmt gewordenen Prophezeiung sagte der russische Mönch Philotheus (russisch Filofei) im 16. Jahrhundert voraus, Moskau werde zum dritten Rom werden. Das erste war die Stadt, die diesen Namen trägt, das zweite Konstantinopel, doch diese Städte waren gefallen, weil ihre Bewohner es versäumt hatten, das Christentum wirklich zu verinnerlichen und zu praktizieren. Philotheus meinte, die Aufgabe, das Christentum zu bewahren, sei nun Moskau zugefallen, und es werde kein viertes Rom geben, weil Moskau seine Aufgabe erfüllen werde, im Gegensatz zu seinen Vorgängern, die versagt hätten.

[15] „Piter" ist ein häufig verwendeter volkstümlicher Name für St. Petersburg.

[16] Als Altgläubige bezeichnet man jene Mitglieder der Russisch-Orthodoxen Kirche, welche bis heute an jenen religiösen Praktiken festhalten, die vor den im 17. Jahrhundert durchgeführten Reformen galten.

sehr: „Ein junger Wolf, ein Judo-Kämpfer, der Feinden gegenüber grausam und gnadenlos ist. Sehr diszipliniert. Wer zu
einem entscheidend wichtigen Zeitpunkt über ein großes Imperium herrscht, darf kein gescheiter und braver Gutmensch
sein. Er muß ein ‚gekrönter Sturm', eine Gottesgeißel sein. Er
muß jedermann vor Furcht erzittern lassen."

Schon als er das höchste Amt im Staat übernahm, war ich der
Ansicht, Putin sei keine Antwort, sondern verkörpere eine Aufgabe, die angepackt werden müsse, und alles in allem sei er
weit eher eurasisch als atlantisch orientiert. Putin konnte die
objektiven Gesetze der Geopolitik nicht aus der Welt schaffen.
Auch Jelzin mußte ihnen in seinen letzten Amtsjahren gebührend Rechnung tragen und Primakow während seiner Zeit als
Außenminister erst recht.

Selbstverständlich hing sehr viel von den Leuten ab, von denen er umgeben war, und von der Schlacht der Ideen, die um
ihn herum wogte. In seiner Umgebung wimmelte es nur so von
Vertretern der Jelzin-Ära, und es würde geraume Zeit dauern,
bis sie aus ihren Positionen entfernt waren.

Seitdem Putin scheinbar aus dem Nichts erschienen war, führten die Debatten über seine Persönlichkeit aus den oben erwähnten Gründen zu erheblichen Zerwürfnissen in allen politischen
Bereichen unserer Gesellschaft. Nicht umsonst nannte man ihn
den „großen Unbekannten". Doch dieser „Unbekannte" gab sich
nach und nach zu erkennen, und er besaß sehr sympathische Züge. So dachten wir um die Jahrhundertwende herum über ihn.

Patriotische Spiele.
Wie Putin an die Macht kam: PR-Patriotismus

Als Wladimir Putin von Jelzin zu seinem Nachfolger erkoren
wurde, sah das politische Szenarium wie folgt aus: Die prowestliche „demokratische" Elite Rußlands – Oligarchen, Medienzaren,
liberale Intelligenz sowie Leute, die sich durch ihr Eintreten für
die Interessen fremder Mächte eine goldene Nase verdienten –
hatte kapiert, daß Jelzin nicht mehr fähig war, zu regieren und
daß ein allzu unverhüllt prowestlicher Kurs die Mehrzahl der

Bevölkerung vor den Kopf stoßen würde. Deshalb beschlossen sie, als seinen Nachfolger einen lenkbaren Patrioten mit populistischen Zügen in den Sattel zu heben. Diese Rolle war zuvor Alexander Lebed zugedacht gewesen.[17] Eine Reihe von Faktoren führte dazu, daß die Wahl dann auf Putin fiel. Man halte sich diese wichtige Tatsache stets vor Augen: Putin wurde von liberalen Atlantikern und prowestlichen Oligarchen gefördert. Sein Patriotismus sollte ihnen zufolge kontrollierbar und eine bloße Fassade und seinem Wesen nach ein „PR-Patriotismus" sein.

Die Komponenten dieses „PR-Patriotismus" waren sein Szenarium, seine Regisseure und seine Rollenbesetzung. Das Szenarium wurde mit bereitwilliger Unterstützung Boris Beresowskis entworfen; die Regisseure waren Alexander Woloschin[18], Wladislaw Surkow[19] und Gleb Pawlowski.[20] Die Hauptrollen wurden mit Putin und seinen Vertrauten aus St. Petersburg besetzt. Es war von Anfang an klar, daß eine Demonstration des Patriotismus spektakuläre Aktionen großen Umfangs erfordern würde. Die Verfasser des Drehbuchs schlugen vor, hierfür Tschetschenien zu benutzen, das seit geraumer Zeit eine Schlüsselrolle in den Plänen der Atlantiker für die Auflösung Rußlands spielte. Dieser Teil des Plans konnte vollumfänglich verwirklicht werden: Nach der Sprengung von vier Wohnhäusern in Moskau und zwei weiteren Städten im September 1999[21] rückten russische Truppen in

---

[17] Alexander Lebed (1950–2002) war ein russischer Generalleutnant, der in den 1990er Jahren in die Politik ging. Als Kritiker Boris Jelzins trat er bei den Präsidentschaftswahlen von 1996 an und erreichte im ersten Wahlgang 14,5% der Stimmen; im zweiten Wahlgang unterstützte er Jelzin gegen den Kommunisten Sjuganow. Er machte geltend, Rußland benötige einen Diktator nach dem Muster von Augusto Pinochet. Lebed kam bei einem Hubschrauberabsturz ums Leben.

[18] Alexander Woloschin (geb. 1956) war am Ende der Jelzin- sowie am Anfang der Putin-Ära Chef der Präsidialverwaltung. Während der ersten Jahre von Putins Präsidentschaft hat er eine ungemein wichtige Rolle gespielt.

[19] Wladislaw Surkow (geb. 1964) war von 1999 bis 2011 Vizechef der Präsidialverwaltung. Er gilt als Chefideologe und Architekt des russischen politischen Systems in seiner heutigen Form.

[20] Gleb Pawlowski (geb. 1951) ist ein Politologe, der eine Zeitlang als Putins Berater fungierte.

[21] Nach dem Einmarsch russischer Truppen in Dagestan wurden in Moskau, Buynaksk und Wolgodonsk vier Wohngebäude in die Luft gesprengt; 293 Menschen fanden den Tod, und über 600 wurden verletzt. Obwohl islamistische Führer in Tschetschenien zuvor mit Terror in Rußland gedroht hatten, lehnten sie jede Verantwortung für die Anschläge ab, doch Moskau erklärte sie für verantwortlich und begann den zweiten Tschetschenienkrieg.

Dagestan ein, der zweite tschetschenische Krieg begann, und die tschetschenische Hauptstadt Grosny wurde besetzt (1999–2000). So wurden der Zerfall Rußlands und die Sezession Tschetscheniens verhindert, und Putin hatte seine Legitimation als Präsident unter Beweis gestellt. Nachträglich gesehen ist es klar, daß der einflußreiche Beresowski bei den Anschlägen die Finger im Spiel gehabt hat. Nachdem er sich Ende 2000 nach London abgesetzt hatte, wurde er dort zum Geächteten. Im März 2013 wurde er umgebracht.

Die erste Amtszeit: Der patriotische Jazz

Eines schönen Tages beschlossen die Regisseure, die Verfasser des ersten Entwurfs des Drehbuchs in die Wüste zu schikken. Sie wurden zum „Feind Nummer zwei" ernannt („Feind Nummer eins" waren die tschetschenischen Terroristen). Den Startschuß zu dieser Kampagne gab die Entmachtung des Medienmoguls Wladimir Gussinski, der bei der Erstellung des ersten Drehbuchentwurfs eine wichtige Rolle gespielt hatte. Dann wurde auch Beresowski gezwungen, ins Exil zu gehen. Diese Maßnahmen stärkten das System insgesamt weiter und führten dazu, daß die Regisseure bei der Gestaltung der russischen Politik die letztendliche Entscheidungsgewalt erlangten.

Diese Phase könnte man als „Herrschaftszeit der Präsidialverwaltung" bezeichnen. In der Tat kontrollierte die Präsidialverwaltung – eine 1991 von Jelzin geschaffene Behörde, der die Aufgabe oblag, die Aktivitäten des Präsidenten zu koordinieren – damals das Land. An der Spitze dieser Behörde standen Woloschin und Surkow, die dafür sorgten, daß das Gleichgewicht zwischen „Patriotismus" und „Liberalismus" in ihrem Sinne gewahrt blieb. Dieses Gleichgewicht wurde ständig neu definiert, aber ein Aspekt blieb konstant: Der Liberalismus war das Ziel und der Patriotismus das Instrument zu seiner Verwirklichung. Die nationalen Interessen des Landes wurden außenpolitisch den Interessen der Atlantiker und wirtschaftlich jenen der Liberalen untergeordnet. Die patriotische Rhetorik und Demagogie durfte durch keinerlei fundamentale, irreversible Handlungen untermauert werden. In anderen Worten: Der Patriotismus, auf den sich das System berief, war oberflächlicher Art.

Doch nach der Ausschaltung der „Drehbuchautoren" meldeten sich – anfangs vorsichtig – Patrioten zu Wort, die es nicht bei wohlklingenden Phrasen bewenden lassen wollten. Diese Gruppierung erhielt den Spitznamen „Die Kerle aus Piter".[22] Bei diesen handelte es sich keineswegs um eine straff organisierte Gruppe mit einer klaren Ideologie, aber die Kaltstellung der Verfasser der Erstversion des Drehbuchs erweiterte gewissermaßen das Spielfeld, stärkte die Position der Schauspieler und verlieh ihnen größere Freiheit. Alles in allem wurde der Verlauf des Schauspiels mit dem Titel „Die erste Amtszeit" auch weiterhin von den Regisseuren kontrolliert, doch nachdem die Drehbuchautoren verschwunden waren, entstanden im Drehbuch einige Lücken, die sofort von den „Improvisatoren" gefüllt wurden. Die „Kerle aus Piter" versuchten, ein klassisches Orchester mit vorgegebenem Repertoire in eine Art improvisiertes patriotisches Jazz-Ensemble zu verwandeln. Der Mann, der die Hauptrolle spielte, wurde zur Kultfigur.

So kam der Faktor der Unberechenbarkeit ins Spiel. Der Star begann von seiner Rolle abzuweichen. Die Regisseure schüttelten betreten den Kopf. Einer der letzten Vorschläge der Jazzmusiker aus St. Petersburg bestand darin, die Dirigenten und Regisseure abzuservieren. Dies war in der Tat völlig logisch, denn die Leistung des Jazz-Ensembles war alles in allem sehr befriedigend und fand starken Anklang beim Publikum. Auf politischer Ebene bedeutete dies, daß der Patriotismus nach und nach ebenso wichtig wurde wie der Liberalismus. Es kam klar zutage, daß die beiden Standbeine des Systems mittlerweile von gleicher Bedeutung waren. Die Schauspieler gaben bekannt, daß sie ihre eigenen Regisseure waren.

---

[22] Diese Bezeichnung spielt auf eine Gruppe von Beratern an, die Putin nach seiner Wahl zum Präsidenten aus St. Petersburg mitgebracht hatte.

Alle Macht den Schauspielern!

Dann erschienen jäh neue Faktoren, die das politische Leben Rußlands beeinflußten. Die „neue Stagnation"[23] war im großen und ganzen vorbei, und drei Kräfte rangen um die Macht im Land: Die alten Regisseure, die sich nicht so leicht in den Hintergrund drängen ließen und liberaldemokratische Reformen mit einem patriotischen Mäntelchen à la Schirinowski[24] anstrebten; die immer noch sehr einflußreiche politische und wirtschaftliche Führung (die Oligarchen, die Jelzin-Familie, die Medienzaren und die Gemeinschaft der „Experten"; diese Kreise versuchten, dem neuen „Patriotismus" die Flügel zu stutzen) sowie die neuen Improvisatoren (dank denen der Patriotismus erstmals eine Chance bekam, sich zur ernsthaften Kraft zu mausern).

Somit übernahmen die Schauspieler in einem Drama, das vom ursprünglichen Skript abgewichen war, die Zügel. Nun erforderte das Projekt neue Regisseure und ein neues Drehbuch. Es griff die gefährliche Illusion um sich, um dem Präsidenten, der Regierung und der Gesellschaft einen Triumph zu bescheren, würde es ausreichen, die Sponsoren des Schauspiels zu vergiften, den Strom abzustellen und den Regisseur zum Teufel zu jagen. Damit ein solcher Putsch Erfolg haben kann, müssen aber wichtige Bedingungen erfüllt sein, die mit der Psychologie der Massen zusammenhängen: Der Putsch muß durch die Geschichte, die Geopolitik und das kollektive Unterbewußtsein gestützt werden. Machen wir uns nichts vor: Würden die „Kerle aus Piter" (als soziopsychologischer Typ) ein solches Szenarium auf eigene Faust entwerfen, wären sie immer noch nur gerade bessere Po-

---

[23] Anspielung auf die „Zeit der Stagnation", mit der die Herrschaft Leonid Breschnews in der Sowjetunion im nachhinein bezeichnet wird.

[24] Wladimir Schirinowski (geb. 1946) ist der Vorsitzende der Liberaldemokratischen Partei Rußlands, die er 1990 als eine der ersten in der Sowjetunion erlaubten Oppositionsparteien gründete. Als Nationalist der populistischen Variante galt Schirinowski in den ersten Jahren seiner politischen Tätigkeit wegen seiner provokanten Aussagen als Enfant terrible, der jedoch eine gewisse Klientel an sich band und damit Jelzins Machtposition stärkte. Heute ist er ein Anhänger Putins.

lizisten aus der Provinz. Man hatte ihnen in aller Eile Kostüme angezogen, ihnen Schminke aufgetragen und sie auf die Bühne geschubst. Andererseits unterschätzten die Drehbuchautoren und die Regisseure den Erfolg des Schauspiels. Die Zuschauer in der Konzerthalle tobten vor Begeisterung, schrien „Da capo! Bravo! Entsorgt sie im Plumpsklo!",[25] und die Schauspieler hatten einen Heidenspaß daran. Seine Feinde im Plumpsklo zu entsorgen, mag ja lustig sein, aber es ist längst nicht genug.

Somit brauchte es ein neues Drehbuch. Glücklicherweise schätzten die „Kerle aus Piter" das Material, mit dem sie zu arbeiten hatten, realistisch ein. Das Motto „Weg mit dem Regisseur" beschwor auch ein Problem herauf. Es war nun unklar, welche Art von Schauspiel künftig geboten werden sollte. Die erste Lösung, die einem unter diesen Umständen spontan in den Sinn kommt, besteht darin, die Neugestaltung des Dramas den Vize-Regisseuren und den Akteuren hinter den Kulissen – oder vielleicht auch den Sponsoren – anzuvertrauen, damit sie den neuen Text entwerfen können, solange das Spiel weitergeht. Dies wäre eine vernünftige Idee gewesen, aber man kann sich leicht ausmalen, wer dann die Fäden gezogen (oder den Ton angegeben) hätte. Die mit Schimpf und Schande Gefeuerten hatten sich nicht in Luft aufgelöst. Vergessen wir nicht, daß das Theater ihnen gehörte. Das einzige, worauf sich die rebellischen Schauspieler stützen konnten, war das enthusiastische Publikum – die Schlüssel zur Hinterbühne, der Pausenraum, ja sogar die Umkleidekabine waren allesamt verschwunden.

Ja, das Programm der Vorstellung hatte erhebliche Veränderungen erfahren. Die kommenden Jahre warfen eine Reihe von Fragen auf, und es war wichtig, die objektiven Faktoren, Ressourcen und Möglichkeiten realistisch einzuschätzen. Noch weit wichtiger sind in solchen Situationen allerdings der Wille

---

[25] Nach den Bombenanschlägen auf die Wohnhäuser im September 1999 tat Putin, der damals noch Premierminister unter Jelzin war, folgenden legendären Ausspruch: „Wir werden die Terroristen überall jagen. Wenn sie auf dem Flughafen sind, werden wir sie auf dem Flughafen jagen. Und wenn wir sie auf der Toilette erwischen, werden wir sie im Plumpsklo entsorgen." An diesen Satz wurde während Putins Wahlkampagne im folgenden Jahr immer wieder erinnert.

und der Intellekt. Bedauerlicherweise sind sie gemeinhin nur in sehr unzureichendem Ausmaß vorhanden. Unter den obwaltenden Umständen bestand die akute Gefahr, daß der Patriotismus den kürzeren ziehen würde, und zu diesem Zeitpunkt wäre eine Niederlage fatal gewesen. In dem herrschenden Tohuwabohu hätten die Schauspieler die Erstbesten aussuchen und ihnen befehlen können: „Du schreibst das Drehbuch!" und „Du bist der Regisseur!". Doch, wie so oft, übernahmen die Schauspieler diese Aufgaben selbst, gemeinsam mit den Bühnenarbeitern, den Beleuchtern, ja sogar den Kartenabreißern. Eine politische Elite mit einer neuen Ideologie zu schaffen ist eine zeit- und kräfteraubende Aufgabe. Während der ersten acht Jahre taten Putins Leute nichts anderes. Heute lassen die Umstände die Frage nach den „grauen patriotischen Zellen" besonders wichtig erscheinen.

Die zwölf Aufgaben Putins

Schon zu Beginn seiner ersten Amtszeit bewältigte Putin gewaltige Aufgaben, die eines Herakles würdig gewesen wären.

Aufgabe Nummer eins: Er verhinderte den Zerfall Rußlands, der im Kaukasus zu beginnen drohte, errichtete ein Bollwerk gegen die wahabitische[26] Invasion Dagestans und gewann die Kontrolle über zwei Drittel Tschetscheniens wieder (ein Drittel blieb vorderhand in Rebellenhand).

Aufgabe Nummer zwei: Er sagte der Engstirnigkeit, die durch das vorherige Regime gefördert worden war, den Kampf an. Er stutzte dem Föderationsrat – der Vertretung der Gliedstaaten, welche die 85 Subjekte der Russischen Föderation repräsentiert – kurz entschlossen die Flügel und verwandelte diese frühere Brutstätte der Opposition in eine Organisation, die sich den Beschlüssen der Regierung ohne Murren unterordnete. Er lehrte unbotmäßige Gouverneure Mores und zeigte den frechen Separatisten in den Republiken, wo der Hammer hängt.

---

[26] Der Wahabitismus ist eine extrem enge, wörtliche Interpretation des sunnitischen Islam. Viele militante Dschihadisten in aller Welt behaupten, seinen Lehren zu folgen, oder bekennen sich zu einer Ideologie, die auf ihm fußt.

Aufgabe Nummer drei: Er führte föderale Distrikte ein und organisierte die administrativ-territoriale Struktur der Russischen Föderation nach militärischem Muster: Beamte, die nicht gewählt, sondern von Moskau ernannt werden, erhalten weitreichende, wenn auch nur nominale Vollmachten, sind in erster Linie für die nationale Sicherheit verantwortlich und unterstehen direkt der föderalen Regierung. Diese Distrikte sind die Eckpfeiler Rußlands.

Aufgabe Nummer vier: Er zwang die beiden berüchtigtsten Oligarchen Rußlands, ins Exil zu gehen, nachdem sie eben noch das Land, die öffentliche Meinung, die Regierung und den Präsidenten nach Lust und Laune ungestraft manipuliert hatten. Die restlichen Oligarchen wurden an die Kandare genommen.

Aufgabe Nummer fünf: Er gab grünes Licht für die Integrationsprozesse in der Gemeinschaft Unabhängiger Staaten,[27] gab den Anstoß zur Schaffung der Eurasischen Wirtschaftlichen Gemeinschaft,[28] unterstützte die Eurasische Idee in seiner Rede an der Gumiljow-Universität in der kasachischen Hauptstadt Astana[29] und verkündigte die Gründung eines gemeinsamen Wirtschaftsraums, dem Rußland, Weißrußland, die Ukraine und Kasachstan angehören sollten.

Aufgabe Nummer sechs: Er erklärte das Konzept einer multipolaren Welt[30] zum Bestandteil seiner nationalen Sicherheitspolitik für die Russische Föderation, was praktisch darauf hin-

---

[27] Gemeinschaft Unabhängiger Staaten (GUS), Zusammenschluß verschiedener Nachfolgestaaten der Sowjetunion, 1991 durch Rußland, Weißrußland und die Ukraine gegründet. Ihr gehören aktuell zehn Staaten an.

[28] Die Eurasische Wirtschaftsgemeinschaft wurde anno 2000 aus der Taufe gehoben. Ihre Mitgliedstaaten waren Rußland, Weißrußland, Kasachstan, Kirgistan und Tadschikistan (von 2006 bis 2008 gehörte ihr auch Usbekistan an). An ihre Stelle trat die 2014 gegründete Eurasische Wirtschaftsunion, der Rußland, Weißrußland, Armenien, Kasachstan und Kirgistan angehören; Tadschikistan ist Beitrittskandidat.

[29] Im Juni 2004 sprach Putin auf einer Konferenz, die den Ideen des eurasischen Theoretikers Lew Gumiljow gewidmet war und lobte diesen für sein Konzept eines vereinten Eurasiens als Gegengewicht zum Westen; diese Idee, fügte er hinzu, beginne „die Massen zu bewegen".

[30] Ein zentraler Gedanke von Dugins Eurasiertum lautet, daß nach dem Zusammenbruch der UdSSR und der bipolaren Weltordnung, die zuvor bestanden hatte, in geopolitischer Hinsicht eine unipolare Welt entstanden ist, die von den USA allein dominiert wird und es Washington seither erlaubt, die Weltordnung zu diktieren.Die Eurasier befürworten den Übergang zu einer multipolaren Welt, in der sich die führenden Mächte aller größeren Weltregionen ungefähr auf gleicher Augenhöhe begegnen und sich um die Interessen ihrer eigenen regionalen Blöcke kümmern werden.

auslief, daß das Eurasiertum[31] offiziell als primäre internationale Strategie Rußlands anerkannt wurde.

Keine einzige der oben erwähnten Aufgaben war von Boris Jelzin gelöst worden, der faktisch in allen sechs Punkten genau das Gegenteil tat: Aus Jelzins Küche stammte die ganze Politik, die Putin von Grund auf umzukrempeln gedachte.

Ganz offensichtlich hat Putin eine Reihe wichtiger Leistungen vollbracht. Die auf konkrete Verbesserungen ausgerichtete Natur seiner Aktionen veranlaßte mich und die Eurasische Bewegung, an deren Spitze ich stehe, dazu, Präsident Putin zu unterstützen.

Noch unerfüllte Aufgaben

Folgende Aufgaben hat Putin noch nicht erfüllt:

Aufgabe Nummer eins: Er hat die ersten sechs Punkte noch nicht vollständig verwirklicht.

Aufgabe Nummer zwei: Er hat seinen Kurs bezüglich der Beziehungen zu den Vereinigten Staaten noch nicht endgültig festgelegt.

Aufgabe Nummer drei: Er hat noch nicht begriffen, daß das radikalliberale Paradigma in der Wirtschaft in eine Sackgasse führt.

Aufgabe Nummer vier: Er hat keine Rotation der politischen Elite in die Wege geleitet. Der alte politische Apparat funktioniert weiterhin nach dem vorhergehenden Modell, und dessen scheinbare technische Effizienz kaschiert seine fundamentale Unfähigkeit.

Aufgabe Nummer fünf: Er hat keine schlagkräftige Mannschaft um sich geschart, die ihm bei der Durchführung weiterer Reformen Unterstützung gewähren könnte.

---

[31] Das Eurasiertum als Idee entstand unter russischen Emigranten, die nach der Oktoberrevolution 1917 nach Westeuropa geflohen oder ausgewandert waren. Ihrer Auffassung zufolge ist Rußland eine einzigartige Zivilisation, die weder europäisch noch asiatisch ist, sondern ihre eigene, unverwechselbare Natur und ihr eigenes Schicksal hat. Nach dem Zusammenbruch der Sowjetunion erlebte das Eurasiertum in Rußland eine Wiedergeburt; es bildet die Grundlage von Dugins eigener Eurasien-Bewegung. Für die heutigen Eurasier ist es Rußlands Pflicht, jene Territorien, die früher Bestandteil des Russischen Zarenreichs und / oder der UdSSR waren, zu einen.

Aufgabe Nummer sechs: Er hat noch keine ernsthaften Schritte zur Stärkung der eurasischen Ideologie als Grundlage für Rußlands Platz in der Welt von morgen unternommen.

Die sechs (zumindest weitgehend) erfüllten und die sechs noch unerfüllten Aufgaben charakterisieren Putins gegenwärtige Position. Dies ist sein Status quo. Putin ist wie ein Seiltänzer, der auf halbem Wege über dem Abgrund innegehalten hat. Nun sieht er sich einem schwerwiegenden Dilemma gegenüber: In welcher Richtung soll er sich bewegen, vorwärts oder rückwärts? Doch welche Entscheidung er auch fällt, er wird dabei beträchtliche Risiken eingehen. Der Logik seiner ersten sechs Taten gemäß muß er vorwärts schreiten und auch die nächsten sechs vollbringen. Dies beschwört mit Sicherheit allerlei Gefahren herauf, da die Oppositionellen aller Schattierungen, besonders die Atlantiker, sich immer lauter zu Wort melden werden und das Seil, auf dem er sich bewegt, sehr dünn ist. Wenn es zerreißt, stürzt er in den Abgrund. Zurückzukehren ist ebenfalls hochriskant. Alles, was er vollbracht hat, wird sich dann wuchtig gegen ihn wenden. Insbesondere stünde er in diesem Fall einem erstarkenden Eurasiertum gegenüber. Die „Putin-Mehrheit", über die liberale Analytiker so gerne diskutieren, ist nämlich die „eurasische Mehrheit".

Wir spenden seinen ersten sechs Taten Beifall, haben volles Verständnis für die historische und politische Situation, in der Putin operiert und wünschen ihm Erfolg bei der Verrichtung seiner restlichen Aufgaben. Wir sind bereit, ihm hierbei in jeder beliebigen Funktion und auf jeder beliebigen Grundlage zu helfen. Wir wollen, daß Putin seine Herkulesarbeit erfolgreich zu Ende führt. Optiert er allerdings für eine Kehrtwende, indem er die Früchte seiner bisherigen Taten zunichte macht – beispielsweise indem er Tschetschenien den Wahabiten übergibt, oder den Separatisten die ersehnte Unabhängigkeit gewährt, oder die Oligarchen nach Rußland zurückkehren läßt und sie um Verzeihung bittet, oder Chodorkowski auf freien Fuß setzt,[32] oder die föderalen Distrikte

---

[32] Michail Chodorkowski (geb. 1963), ein unbarmherziger Kritiker Putins, zählte zu den russischen Oligarchen, bis er anno 2003 verhaftet und später wegen Betrugs zu einer hohen Gefängnisstrafe verurteilt wurde. Im Dezember 2013 wurde Chodorkowski von Putin begnadigt und freigelassen.

abschafft, oder dem Fernsehsender NTV wieder Narrenfreiheit einräumt,[33] oder seine Konzeption der nationalen Sicherheit durch die Akzeptanz des unipolaren Globalismus revidiert, oder amerikanische Interessen den nationalen Interessen Rußlands überordnet, oder den Gemeinsamen Wirtschaftsraum und die Eurasische Wirtschaftsunion auflöst – wäre es natürlich äußerst schwierig, ihn weiterhin zu unterstützen. Doch dann wird er nicht mehr der Putin sein, der Mann, der über dem Abgrund auf dem Seil schreitet, sondern eine Art dunkler Doppelgänger. Wer sich freilich vor Augen hält, wieviel sich schon geändert hat, wird ein solches Szenario heute nicht mehr für wahrscheinlich halten.

Am Rande des Zusammenbruchs

Man muß betonen, daß Putins liberale Politik nicht in Übereinklang mit der orthodoxen eurasischen Ideologie steht, die der Entwicklung des sozialen Sektors durch wirtschaftliche Planung auf strategischen Gebieten einen entscheidenden Stellenwert einräumt und die nationalen Interessen einer rein marktorientierten Logik überordnet. Nach den Anschlägen vom 11. September 2001 wurde die Frage nach den russisch-amerikanischen Beziehungen immer drängender, und manche hitzigen Patrioten, die zur Panik neigten, warfen Putin „Verrat an den eurasischen Interessen" vor. Ich bemühte mich, keine vorschnellen Urteile zu fällen, doch das Zaudern des Seiltänzers auf halbem Wege über dem Abgrund war nur allzu offensichtlich.

Gleb Pawlowski postulierte nach den Anschlägen vom 11. September 2001 die Herausbildung einer Putin-Mehrheit im Lande, da die Attentate islamistischer Terroristen in den USA Rußlands militärisches Vorgehen in Tschetschenien zwei Jahre vorher zu legitimieren schienen. Er begründete diese Behauptung mit dem ephemeren Begriff der „Zivilgesellschaft"[34] – ei-

---

[33] NTV: Von Gussinski gegründeter Fernsehsender, der sich anfangs durch heftige Kritik an Putin hervortat.

[34] Die russischen Anhänger der „Zivilgesellschaft" befürworten eine größere Interaktion zwischen der Regierung und jenen Organisationen, die behaupten, für die Wünsche der Bürger einzutreten, insbesondere die NGOs (Non Governmental Organizations, Nichtregierungsorganisationen).

nem von einer erratischen Atlantiker-Gruppe begründeten Konzept, das Rußland völlig fremd ist.

Ich persönlich war immer der Überzeugung gewesen, Putin werde einen Balanceakt zwischen den beiden Grundströmungen des Eurasiertums vollziehen – dem linken (sozialistischen) und dem rechten (liberalen). Leider stellte es sich dann heraus, daß die prowestlichen Tendenzen in der Führungsschicht des Landes immer noch sehr stark waren. Doch haben die USA per definitionem kein positives geopolitisches Szenarium, das sie Rußland offerieren könnten. Ein gutes Rußland bedeutet für die Vereinigten Staaten ein schwaches, zusammengeschrumpftes, ausgeblutetes, innerlich zerrissenes, halbtotes Rußland, ein „schwarzes Loch", wie sich Zbigniew Brzezinski[35] auszudrücken pflegte. Aus diesem Grund würde ein prowestlicher, an den USA orientierter Kurs unweigerlich in eine Sackgasse münden; Putin hat den zerstörerischen und in Rußland äußerst unpopulären Charakter dieser Ideologie zunehmend klarer erkannt, was seine Hinwendung zum Eurasiertum unvermeidlich machte. Meiner Ansicht nach hätte er diesen Schritt schon weit früher und in wesentlich konsequenterer Form vollziehen sollen, doch die Frage „was wäre gewesen, wenn…?" ist in der Geschichte völlig sinnlos. Die Wirklichkeit hat unsere Voraussagen bezüglich seiner Aufgaben korrigiert: Putin versäumte es, die Zeit seiner ersten Präsidentschaft zu einer konsequenten und unwiderruflichen Verwirklichung eurasischer Reformen zu nutzen, und es gelang ihm nicht, alle zwölf Aufgaben zu bewältigen. Wer Putins Handlungen während seiner ersten Amtszeit aus eurasischer Warte Revue passieren läßt, kommt zwangsläufig zu folgendem Schluß: Nachdem er einige Maßnahmen ergriffen hatte, die dem Sinn und Geist des Eurasiertums entsprachen, sah er sich mit den Problemen konfrontiert,

---

[35] Zbigniew Brzezinski (1928–2017) war ein polnischstämmiger US-amerikanischer politischer Denker, der unter Präsident Jimmy Carter als Nationaler Sicherheitsberater fungierte und in dieser Eigenschaft für eine schärfere Konfrontation mit der UdSSR warb. Bis zu seinem Tode übte er Einfluß auf mehrere amerikanische Regierungen aus. Er genoß bis zuletzt Respekt als politischer und geopolitischer Kommentator, der die Interessen Amerikas verteidigte und Rußland gegenüber außerordentlich kritisch eingestellt war, wie es in seinem Buch „The Grand Chessboard" zum Ausdruck kam.

die sich daraus ergaben, daß es den Eurasiern auf professionellem, ideologischem und organisatorischem Gebiet an Kompetenz fehlte und daß sie ihre Ideologie nicht überzeugend genug zu vertreten vermochten. Daher versäumte es Putin unter dem wachsenden Druck seitens der Atlantiker, mit der gebotenen Konsequenz an der eurasischen Linie festzuhalten. Selbstverständlich begriff Amerika, daß eurasische Konzepte seiner globalen Dominanz in die Quere kommen, und versäumte es nicht, entsprechend zu reagieren.

Trotz dieser Bemerkungen möchte ich betonen, daß die Eurasier nach wie vor auf Wladimir Putin hoffen, und daß sie stets für ihn gekämpft haben. Zugleich eröffneten sich jedoch neue Horizonte für eine schwierige Arbeit. Ohne eine solide und zuverlässige Basis in theoretischer, politischer, organisatorischer, administrativer und wirtschaftlicher Hinsicht können Putins eurasische Reformen nicht wirklich greifen. Deshalb werden wir auch weiterhin mit hochgekrempelten Ärmeln für Putin arbeiten müssen, um einen wahrhaft populären Staatschef zu haben, der die Unterstützung der „eurasischen Mehrheit" genießt.

Die Konservative Revolution marschiert

Folgende Idee war stets die Leitlinie meines Denkens: Rußland muß ein starker Staat sein, wohlhabend, mächtig und unabhängig. Wir haben in der Welt viele Feinde, und unser Hauptfeind sind die Vereinigten Staaten von Amerika, die kein besonderes Geheimnis aus ihrer Gegnerschaft gegen die russische Zivilisation machen. Die USA haben das Erbe des angelsächsischen Weltreichs angetreten, dessen geopolitischer Rivale wir jahrhundertelang waren. Früher, als sich die russische Regierung proamerikanische und prowestliche Werte immer mehr zu eigen machte, gehörte ich der patriotischen Opposition an. Doch als eine neue Regierung ans Ruder kam und wieder auf den Pfad der Normalität zurückkehrte – eine Entwicklung, die bereits vor Putin einsetzte, beispielsweise mit der Ernennung Jewgeni Primakows zum Premierminister –, wurde ich unseren Herrschern gegenüber loyaler. Daß Primakow Premierminister wurde, verlieh mir neue Hoffnung.

Als Patriot war ich nach der Machtübernahme Putins in Aufbruchstimmung. Ich setzte große Hoffnungen auf ihn, denn für mich war er eine von der Geschichte für ihre Aufgabe prädestinierte Figur. Politische Prozesse, die zuvor keine adäquaten Ausdrucksformen gefunden hatten, wurden mit Putin normalisiert. Hierzu gehörten der harte Kurs Moskaus in der Tschetschenienfrage sowie die Unterzeichnung des Dokuments, das die Gründung der Eurasischen Wirtschaftsunion besiegelte – Dinge, von denen ich viele Jahre lang gesprochen hatte. Ein Meilenstein war für mich Putins Aussage, Rußland habe „sich stets als eurasisches Land gefühlt".[36] All dies fällt voll und ganz mit meinem Standpunkt zusammen.

Mit Putins Aufstieg vermochte ich meine Weltsicht und meine ideologische Position endlich zu festigen, und ich prägte dafür den Ausdruck „radikales Zentrum". Der „Zentrismus", den ich befürworte, ist eurasischen Typs. Er bedeutet nicht einfach Unterwerfung unter die Regierenden, sondern sieht eine konstruktive und aktive Kooperation mit der eurasischen Macht vor – jener Macht, die sich bewußt und zielstrebig in jene Richtung bewegt, für die ich in all den Jahren harten und dramatischen Kampfes unentwegt geworben hatte. Das einzige, was ich aus meiner früheren Zeit bewahrt habe, ist der Radikalismus. Die Rolle meines Radikalismus besteht darin, eurasische Tendenzen, Ideen und Projekte mit der größtmöglichen Leidenschaft, dem größtmöglichen Ernst und der größtmöglichen Tatkraft zu entwickeln und zu fördern. Eine andere Facette meines zentristischen Radikalismus ist, daß ich Putin (im Gegensatz zu den heutigen Konformisten) für uneingeschränkt gut halte. Wenn seine Präsidentschaft irgendwelche negativen Aspekte aufweist, verblassen sie angesichts seiner positiven Qualitäten so sehr, daß es sich gar nicht lohnt, viele Worte darauf zu verschwenden. Solche Unvollkommenheiten verschwinden von selbst. Wir sind heute Zeugen dessen, was nach und nach mit den Oligarchen geschieht, die eine wahre Eiterbeule gewesen waren. Es stellte sich heraus, daß sie nicht annähernd

---

[36] „Rußland hat sich stets als eurasisches Land gefühlt." Beta-Press, abrufbar (nur in russischer Sprache) bei beta-press.ru/article/295. Putin sprach diesen Satz im November 2000 aus, also schon bald nach seiner Wahl zum Präsidenten.

so furchterregend waren, wie es den Anschein hatte. Und wo sind der Egoismus der Republiken und die separatistischen Ambitionen der Gouverneure bloß geblieben? Sie haben sich schlicht und einfach in Luft aufgelöst.

Mit dem Aufstieg Putins mußten die Herrschenden die eurasische Theorie und die Idee des Dritten Weges endlich zur Kenntnis nehmen. Man sehe sich nur um. Man höre sich die Sprache an, welche die Machthaber sprechen und die Themen, über die man jetzt in den Medien diskutiert. Dies wäre nicht möglich gewesen ohne die konzeptuelle Arbeit, die der Dritte Weg vorbereitet hat – auf gesellschaftlichem, geopolitischem und schließlich wirtschaftlichem Feld. Die Diskussion begann mit dem bescheidenen Verfasser dieser Zeilen und wurde von ihm in Gang gebracht. Die Beweise hierfür liegen auf der Hand. Man vergleiche die heutige Lage nur mit jener, die vor zwanzig Jahren herrschte, als all diese Entwicklungen eben erst begonnen hatten. Konzepte aus der Denkschule des Dritten Wegs sind mittlerweile im politischen Diskurs verankert. Dieser Prozeß wurde freilich nicht von einer bestimmten Partei in die Wege geleitet, sondern dadurch, daß gewisse Ideen verschiedenen politischen Kräften schmackhaft gemacht wurden. Mit anderen Worten: Die Konservative Revolution,[37] über die traditionalistische Gelehrte so viel geschrieben haben, vollzieht sich vor unseren Augen. Allerdings kam sie nicht von unten, sondern von oben, ohne klar definiertes gesellschaftliches Subjekt. Ihre Ideen drangen nur allmählich in unser Bewußtsein ein.

Man betrachte nur, worüber die Kommunistische Partei der Russischen Föderation und „Einiges Rußland"[38] heute reden und was politische Analytiker heute schreiben, und sehe sich dann die Anthologie der Zeitschrift „Elemente"[39] sowie meine Bücher „Die Grundlagen der Geopolitik" und „Die Grundlagen des Eurasiertums" näher an.

---

[37] Alexander Dugin. Die konservative Revolution. Arktogaia, Moskau 1994. Es existiert bis heute keine Übersetzung ins Englische oder ins Deutsche.

[38] „Einiges Rußland" ist heute die größte politische Partei in Rußland und die Partei Putins.

[39] „Elemente" war eine von Dugin herausgegebene Zeitschrift.

Ideologische Evolution:
Die eurasische Perspektive

Fast alle konkreten und höchst effizienten Schritte, die Putin unternahm, fielen in die Anfangszeit seiner ersten Präsidentschaft und wurden schlagartig, unerwartet und auf recht drastischem Wege durchgesetzt. Dieses Vorgehen wurde zu seinem politischen Markenzeichen. Es sei nur in Erinnerung gerufen, was für ein Bild Rußland eben noch geboten hatte: Eine liberale, prowestliche Elite, die Rußland und sein Volk von ganzem Herzen haßte; Medien, kontrolliert von verfeindeten ränkeschmiedenden Oligarchen, die sich auf dem Rükken des Volkes und der Regierung gegenseitig bis aufs Messer bekämpften; der separatistische Unruheherd in Tschetschenien; die erstarkenden totalitären islamistischen Sekten (Wahabiten); lokale Barone, die schalteten und walteten, wie es ihnen beliebte; eine zutiefst gespaltene Gesellschaft. Das Land stand am Rande der Katastrophe: Es herrschten Zerfall, Terror, Bürgerkrieg und Chaos, die Gesellschaft war von Apathie gelähmt und von stillen Ressentiments zerfressen, während ein grimmiger, hassenswerter und kranker Tyrann auf all das herabsah.

Putin erteilte nach seiner Machtübernahme eine scharfe und effektive Antwort auf all diese Herausforderungen. Er gebot der Expansion der wahabitischen Separatisten in Tschetschenien Einhalt, und russische Truppen rückten in Grosny ein. Er entrang die wichtigsten Medien den Händen der berüchtigtsten Oligarchen und verpflichtete sie zu einem Minimum an Loyalität gegenüber dem Staat und seinem Volk. Er verhinderte den Zerfall Rußlands in „feudale Fürstentümer",[40] auf den die Führer der Partei „Vaterland/Das ganze Rußland" das Land hinführten. Putin reformierte den Föderationsrat, indem er ihn bewußt schwächte, und stärkte die territoriale Integrität der Nation mittels Einführung der rigiden Struktur der födera-

---

[40] In feudalen Fürstentümern geht der Besitz von Territorien per Erbschaft auf die Kinder eines Führers über.

len Distrikte. Er schuf eine bessere gesellschaftliche Atmosphäre, entschärfte die bedrohlichsten Spannungen und führte den Ausdruck „modischer Patriotismus" ein. Er griff gegen die totalitären religiösen Sekten durch. Er gebot dem scheinbar unmittelbar bevorstehenden Zerfall der Nation Einhalt und schenkte dem Volk eine Atempause. Dies ist die Grundlage seiner hohen Zustimmungsraten. Dies ist der einzige Putin, den die Menschen akzeptieren und unterstützen.

Ein weiterer Aspekt ist seine Außenpolitik. Hier verfolgte Putin zugleich zwei Strategien: Patriotische Rhetorik und das Lavieren zwischen Europa und den USA. Da Rußland nicht das Potential für eine vollständige strategische Autarkie besitzt, muß es sich entscheiden, ob es mit den USA oder mit Europa kooperieren will. In diesem Punkt verhielt sich Putin unschlüssig. Da Rußlands strategische Interessen von geopolitischem Standpunkt aus in einer strategischen Partnerschaft mit Europa liegen, befand sich der Präsident in einer heiklen Situation. Das mächtige Amerika versuchte, Rußland mittels einer Politik von „Zuckerbrot und Peitsche" an die Kandare zu nehmen, während das unentschlossene Europa ihm zunächst eine helfende Hand hinstreckte und sie dann zurückzog. Theoretisch mußte Putin einen konsequent eurasischen Kurs einschlagen und um jeden Preis daran festhalten, ohne sich durch den durch die Anschläge vom 11. September 2001 erzeugten Schock, die amerikanische Aggression im Irak oder auch frühere Ereignisse beirren zu lassen. All seine Schritte in Richtung auf eine eurasische Politik – die Stärkung der Beziehungen zu den asiatischen Staaten, die Integrationsprozesse innerhalb der Eurasischen Wirtschaftsgemeinschaft, die Partnerschaft mit Europa usw. – können als erfolgreich gelten. Die Konzessionen, die er den Vereinigten Staaten machte, erwiesen sich als Fehler.

Nach den raschen Anfangserfolgen im Kampf gegen die tschetschenischen Separatisten begannen sich die Scharmützel an den anderen Fronten in die Länge zu ziehen. Es herrschte kein Krieg im eigentlichen Sinne des Wortes, aber die Zentralregierung stand auch nicht als Siegerin da. Drei Jahre vergingen, und die anfangs mächtig unter Druck geratenen rebellischen Gouverneure tauchten als Mitglieder der Partei „Einiges

Rußland" wieder auf, als sei nichts geschehen; indem sie den Präsidenten mit ihren Wahlproblemen erpreßten, begannen sie Wasser auf ihre eigenen Mühlen zu leiten. Die föderalen Distrikte erwiesen sich als weitgehend ineffizient und sorgten lediglich dafür, daß die Zahl der nutzlosen Bürokraten ins Uferlose wucherte. Die radikalen islamistischen Sekten nahmen ihre Aktivitäten wieder auf und verbreiteten sich über den ganzen Nordkaukasus. Den Wörtern „Patriotismus" und „Konservatismus" fehlte es an jeglicher Substanz; sie blieben leere Schlagwörter und inhaltsleeres Getöse. Eine echte politische Versöhnung blieb aus; im Kreml blies man immer noch zur Hatz auf „Kommunisten" und betrieb Werbung in eigener Sache. Mit anderen Worten: Putin versäumte es nicht bloß, seine Politik weiterzuentwickeln und seine Ziele zu verwirklichen, sondern gab in einigen Fragen Positionen auf, die er zuvor besetzt hatte.

Warum geschah dies? Zuerst schien es, Putin sei zu schnell Präsident geworden. Er hatte einfach nicht genug Zeit gehabt, um sich gebührend vorzubereiten – ideologisch, konzeptuell, in bezug auf seine Umgebung oder politisch, wie es für den Inhaber eines so hohen Amtes unerläßlich ist. Der ernsthafte Personalmangel und das Fehlen frischen Blutes in der politischen Elite fielen schwer ins Gewicht. Putins Protegés zeigten sich in aller Regel unfähig, ihre Aufgaben korrekt zu erfüllen, und als Ergebnis kam der Rotationsprozeß unter den Mitgliedern der politischen Elite zum Stillstand: Die Beamten, die ihre Stellungen bereits vor Putin innegehabt hatten, waren am effizientesten gewesen und hatten mehr Erfahrung als die anderen, standen aber für ein anderes politisches Paradigma. Putins Leute waren ein bunt zusammengewürfelter Haufen, und ihre persönliche Loyalität wäre nur ausreichend gewesen, wenn der Präsident eine klare ideologische Grundlage besessen oder diktatorische Tendenzen offenbart hätte. Es gab auch einige äußere Gründe: Der Druck seitens des Westens erreichte ein beispielloses Ausmaß. Jede Aktion, die auf die Stärkung Rußlands abzielte, stieß den USA sauer auf, verlieh den Agenten des westlichen Einflusses innerhalb des Landes neuen Auftrieb und sorgte dafür, daß der Druck von außen sowohl auf wirtschaftlicher als auch auf politischer Ebene noch weiter zunahm.

Es war Putin noch nicht gelungen, ein neues politisches System zu schaffen, fundamentale Reformen durchzuführen, mit dem Aufbau einer neuen Elite zu beginnen und Elemente einer existierenden Gegenelite im zeitgenössischen Rußland ausfindig zu machen, derer er sich bedienen konnte, indem er sie entweder künstlich vergrößerte oder einige ihrer zumindest halbwegs effizienten Manager in den politischen Sektor des Staates eingliederte. Ohne frisches Blut drohte dem Land der Kollaps.

Kapitel 2

Putins Ideologie

Putin ist unser aller Schuldner

Manche Analytiker nennen Putin einen Patrioten, andere einen Liberalen. Wer ist Putin nun wirklich? Wer oder was beeinflußt seine Ansichten? Bei seinen Entscheidungen hat Putin zwei Faktoren zu berücksichtigen. Einerseits muß er im Lande selbst ein erhebliches Maß an Glaubwürdigkeit behalten, das sich in hohen Zustimmungsraten, einer positiven öffentlichen Meinung, Unterstützung seitens der Wähler usw. niederschlägt. Andererseits heißt es, äußeren Faktoren Rechnung tragen: Rückendeckung seitens des Westens, engere Beziehungen zu EU und NATO sowie greifbare Erfolge auf dem Felde der Außenpolitik. Diese beiden Faktoren sind auf komplexe Weise miteinander verflochten und verhalten sich annähernd umgekehrt proportional zueinander.

Das russische Volk erwartet von Putin traditionell einen festen Standpunkt: Zahlreiche Meinungsumfragen belegen, daß es einen stärkeren Staat, eine patriotische Politik und die Verteidigung der nationalen Identität will. Zugleich wünscht die Außenwelt, insbesondere die EU und die USA, genau das Gegenteil: Die Einführung dynamischer liberaler Reformen, die Durchsetzung westlicher Werte und Akzeptanz der Normen der Europäischen Union. Laut dem russischen „Zentrum zur Erforschung der öffentlichen Meinung" vertreten 71 Prozent der Russen die Auffassung, Rußland gehöre einer eigenständigen „eurasischen" oder orthodoxen Zivilisation an, weshalb eine prowestliche Entwicklung dem Wesen des Landes zuwiderlaufe. Nur 13 Prozent meinten, Rußland sei Teil der westlichen Zivilisation.

Der Liberalismus des Zwischenwahl-Zyklus

Nachdem er mit Hilfe patriotischer Wahlsprüche gewählt worden war, nutzte Wladimir Putin die sogenannte „Zwischenwahl-Periode", um liberale Reformen durchzupeitschen und hierdurch im Westen Punkte zu sammeln. Anscheinend baute er darauf, daß sich die beiden Seiten die Waage halten würden, und optierte weder für einen dogmatischen „Patriotismus" noch für einen ebenso dogmatischen „Liberalismus". Infolgedessen verstärkte sich die Position der patriotisch gesinnten sogenannten „orthodoxen Tschekisten",[41] während die nächsten Wahlen nahten. Als die Hälfte von Putins Amtszeit abgelaufen war, erreichte der Liberalismus sozusagen seinen Höhepunkt, doch je näher die Wahlen rückten, desto mehr wichen Putins liberale, prowestliche Tendenzen einem ausgeprägten Patriotismus. Dementsprechend verschob sich auch das Kräftegleichgewicht im Kreml: Es wurden neue Initiativen in Richtung auf den Aufbau eines Imperiums unternommen, und die Rufe nach einem starken Staat wurden lauter. Dieser Prozeß fand seinen Widerhall in der Stärkung bestimmter Gruppen auf Kosten anderer.

Um seine unangefochtene Stellung als Staatschef zu behaupten, versuchte Putin, vor den Wahlen eine zu 71 Prozent patriotische und zu 13 Prozent liberale Politik zu betreiben (was genau den Ergebnissen des russischen „Zentrums für die Erforschung der öffentlichen Meinung" entspricht). Dies bot Gewähr für seine problemlose Wiederwahl. Während der gesamten vier Jahre seiner zweiten Präsidentschaft (sowie während der Präsidentschaft Medwedews, als Putin Premierminister war) sah das Verhältnis genau umgekehrt aus: Rußland betrieb eine Politik, die zu 71 Prozent prowestlich und nur zu 13 Prozent patriotisch war.

---

[41] Die Tscheka war der erste Geheimdienst der Kommunistischen Partei in der UdSSR während und nach der Russischen Revolution. Als „orthodoxe Tschekisten" wird ein Kreis von Personen bezeichnet, die wie Putin selbst Beziehungen zur Geheimpolizei hatten oder haben, heute jedoch im Gegensatz zu den Tschekisten der militant atheistischen Sowjetzeit die orthodoxe Kirche unterstützen.

Die Petersburger Tschekisten – Ein Mythos platzt

Nach diesen Ausführungen sei darauf hingewiesen, daß die patriotische staatsfreundliche Ideologie eine äußerst verschwommene Weltanschauung ist. Die „Kerle aus Piter", die als Anhänger dieser Ideologie gelten, sind keine organisierte Gruppe. Bei ihnen handelt es sich um verschiedene Persönlichkeiten aus St. Petersburg, die Putin nahestehen, doch von einem Bündnis auf der Grundlage gemeinsamer Ansichten kann nicht die Rede sein. Die von den Medien kreierte Gruppe der „orthodoxen Tschekisten" ist ein Mythos. Frühere Verbindungen zum Geheimdienst machen noch keine Ideologie aus; sie stehen viel eher für einen bestimmten Lebensstil, der je nach Situation Raum für unterschiedliche Weltanschauungen bietet, für patriotische ebenso wie für liberale und prowestliche. Es ist der Erwähnung wert, daß die geistigen Väter der „patriotischen Doktrin" aus Putins Umgebung, die man als „orthodoxe Tschekisten" bezeichnet, über keine ideologische Denkfabrik verfügen und auch nicht auf Unterstützung ernstzunehmender intellektueller Gruppierungen zählen können. Dazu kommt, daß sie sich in ihren improvisierten Entwürfen auch weiterhin auf die wohlbekannten Seilschaften liberaler Einflußagenten verlassen, die – wenn auch mit sorgsam formulierten Vorbehalten – letzten Endes für die Globalisierung eintreten und für liberale Reformen trommeln, die den russischen Verhältnissen angepaßt sind. All das ist nicht besonders patriotisch und erst recht nicht orthodox. Andererseits hat die an der Macht befindliche Gruppe, die keinesfalls aus St. Petersburg stammt, in letzter Zeit die Entwicklung patriotischer und ideologischer Projekte unterstützt.

Ein liberaler Kurs ist stets mit sichtbaren negativen Folgen behaftet: Das Volk klagt über schlechte Wohnbedingungen und Dienstleistungen; für Leistungen, die früher kostenlos waren, wird jetzt Geld verlangt; die Bodenschätze werden privatisiert usw. Hinzu kommt, daß ein prowestlicher Kurs letzten Endes zum Scheitern verurteilt sein wird. Dies stärkt das Gewicht des patriotischen Faktors: Wenn Putin diesen nicht ausnutzt, wird die Opposition allen Erfolg einheimsen. Das Potential des Patriotismus, dem Putin seine erste Wahl zum Präsidenten verdankt, ist zwar gewaltig, hat jedoch noch keine klare politische Gestalt angenommen. Heute gibt es praktisch keine Institutionen, die Wladimir Putin eine angemessene politische und ideologische Unterstützung gewähren könnten. Wohl gibt es in Gestalt der Partei „Einiges Rußland" eine Gruppierung, die sich zur „Regierungspartei" erklärt hat, doch politisch und ideologisch hat sie mit allerlei Problemen zu ringen. Die Partei wurde zum Sammelbecken von Opportunisten der unterschiedlichsten Lager – Linke und Rechte, regionale Rebellen, staatsfreundliche Funktionäre, charismatische Politiker und bescheidene Staatsbeamte. Dies mindert ihre Schlagkraft. Doch ist „Einiges Rußland" weniger ein politisches Machtmittel als vielmehr ein Barometer für Putins eigene Wahlchancen, und das macht sein Leben durchaus nicht leichter. Ich glaube nicht, daß eine Partei wie „Einiges Rußland" dazu fähig ist, irgendeine Art kohärenter Ideologie (die ohnehin noch nicht entwickelt worden ist) zu vertreten oder Wladimir Putin zusätzliche Unterstützung zu verschaffen. Ihrer Funktion nach ist die Partei eher eine Art Präventivmaßnahme gegen rebellische Tendenzen sowie eine administrative Ressource, welche die offizielle Linie vertritt. Dies ist zwar ein guter Anfang, reicht aber längst nicht aus. Meiner Überzeugung nach wird das Eurasiertum das Problem der Ideologie auf sehr viel effizientere Weise lösen: Es ist nach und nach zu einer höchst populären Doktrin geworden und verbindet Konservatismus mit einer gewissen Offenheit, da es eine Art von „wissenschaftlichem Patriotismus" auf der Grundlage der Geopolitik darstellt. Versuchen, die eurasische Idee der zur Akklamation geschaffenen „Regierungspartei" einzuflößen, stehe ich skeptisch gegenüber. Aus diesem Grund entstand schon vor einiger Zeit die Idee einer unabhängigen „Eurasischen Partei", die Putin zwar unterstützt, jedoch eine dezidiert eigenständige Ideologie verficht.

Die Stärken der eurasischen Ideologie

Das Eurasiertum kann direkten Einfluß auf die Außenpolitik entwickeln. Die eurasische Bewegung erklärte die Schaffung einer eurasischen Union als direktes Gegenstück zur Europäischen Union von Anfang an zu einem ihrer Hauptziele.

Daß wir engere Beziehungen mit asiatischen Ländern anstreben, hindert uns nicht daran, zugleich für eine Stärkung der Beziehungen zu Europa einzutreten. Hierin liegt die Essenz des eurasischen Konzepts. Putin-Anhänger, welche diese Politik nicht unterstützen und den Pragmatismus seiner Außenpolitik nicht mittragen, beschränken sich selbst in ihren Einflußmöglichkeiten. Hinsichtlich der Beziehungen zu den USA gilt: Aufgrund russophober Ideologie kann das Eurasiertum diese nicht als Partner betrachten. Von allen politischen Kräften in den Vereinigten Staaten unterstützen wir einzig und allein die isolationistischen Republikaner, weil diese von Amerika fordern, nicht länger als Sponsor des Globalismus zu wirken, sondern sich statt dessen auf die inneren Probleme zu konzentrieren und den Rest der Welt in Frieden zu lassen. Zugleich stellen sich Eurasier auf den Standpunkt, daß die Zukunft Rußlands vom Abschluß einer Reihe strategischer Bündnisse mit den Staaten der „Küstenzone" – von Europa über die arabische Welt bis hin nach Asien und den Fernen Osten – abhängt.

Zu Beginn seiner ersten Amtszeit mußte Putin den Scherbenhaufen aufräumen, der von seinen Vorgängern hinterlassen worden war. Er kam zu einem kritischen Zeitpunkt unserer Geschichte zur Macht, und weder er selbst noch die Gesellschaft begriffen vollumfänglich, was geschehen war. Was sind wir? Welchen Weg sollen wir einschlagen? Wo sind unsere Feinde? Wo sind unsere Freunde? Hat Rußland überhaupt Freunde? Ich glaube jedoch, daß Wladimir Putin unser aller Schuldner ist – der Schuldner des russischen Volkes, seines Landes und seiner Geschichte. Seine Mission besteht darin, ein stabiles politisches Regierungssystem zu schaffen, das den nationalen Interessen Rußlands, den Interessen seines Volkes und den Prioritäten unserer Geopolitik Rechnung trägt. Erst dann darf er an den Ruhestand denken. Das gegenwärtige Gleichgewicht ist trügerisch und sehr fragil. Es existiert überhaupt nur dank Putin. Im Idealfall sollte es auf der Grundlage des politischen Systems und dessen Eigenheiten von selbst Bestand haben können. Auf dem Gebiet der Nationenbildung, des Patriotismus und der nationalen Idee eine erfolgreiche, belastbare und facettenreiche Politik zu entwickeln, ist wohl die wichtigste Mission von allen, und sie kann nur von Putin verwirklicht werden.

Nationalismus plus Liberalismus

Von Beginn an verkörperte Putin die politische Formel Nationalismus (Patriotismus) plus Liberalismus (Wirtschaftsreformen). Diese Formel wurde zum Markenzeichen des Putin-Phänomens. Sie ist sehr viel wichtiger als seine Persönlichkeit. Man kann natürlich argumentieren, in diesem Fall habe man ihn aufgrund seiner Persönlichkeit ausgewählt, um der Formel gerecht zu werden, und nicht umgekehrt.

Um diese Formel zu verstehen, muß man das politische Schema kennen, das der Logik der politischen Entwicklung in den 1990er Jahren zugrunde lag. Nach dem Zusammenbruch des Sowjetsystems wurde die russische Politik eindeutig von zwei Kräften dominiert: Prowestliche Liberale (Reformer) und nichtliberale Nationalisten (Konservative, unter denen Kommunisten und Sozialisten die erste Geige spielten). Nach dem mißglückten Putsch von 1991 übernahmen die prowestlichen Liberalen die Kontrolle über die Politik (wobei ihnen Jelzins autoritärer Charakter zustatten kam), die Wirtschaft (Tschubais und Gaidar[42] rückten in Spitzenpositionen auf), die Medien (Popzow,[43] Beresowski, Jakowlew[44]) und die Intelligenz und begannen, (verfassungsmäßig geschützte und implizite) Normen der liberaldemokratischen Politischen Korrektheit zu etablieren. Die Formel dieser Periode hieß „Markt plus Westen" und ging Hand

---

[42] Jegor Gaidar (1956–2009) war in der zweiten Hälfte des Jahres 1992 stellvertretender Premierminister Rußlands. Unter seiner Leitung wurden viele jener wirtschaftlichen Reformen durchgeführt, die Rußland rasch vom Kommunismus wegführten („Schocktherapie"). Zahlreiche Russen hielten ihn für die katastrophalen ökonomischen Verhältnisse in den neunziger Jahren verantwortlich.

[43] Oleg Popzow (geb. 1934) gründete in den neunziger Jahren die Allrussische Fernseh- und Radiogesellschaft und leitete viele Jahre lang die Fernsehstation TVC.

[44] Alexander Jakowlew (1923–2005) war Angehöriger des Politbüros, des Sekretariats der Kommunistischen Partei sowie Berater Gorbatschows. Er war der Architekt vieler von Gorbatschow initiierter Reformen und erhielt den Spitznamen „Pate der Glasnost". Nach dem Zusammenbruch der UdSSR kämpfte er auch weiterhin für liberale Reformen und wurde später zum Kritiker von Putins Politik.

in Hand mit einer negativen Haltung gegenüber Rußland, seinem Volk, seiner Geschichte und seiner nationalen Identität. Die Sieger waren in der Minderheit.

Am anderen Ende des politischen Spektrums stand die Opposition, welche die Mehrheit der Bevölkerung vertrat und eine entgegengesetzte Ideologie verfocht. Von den Liberalen wurden diese Oppositionellen, die sich nicht um Politische Korrektheit scherten, die „Rotbraunen" genannt. Diese Mehrheit wurde diskriminiert, und ihr wurde der Zugang zu politischen Spitzenpositionen, zur Wirtschaft und zu den Medien verwehrt. Dieses System war höchst instabil und existierte weitgehend dank dem autoritären Stil Jelzins und seiner Anhänger unter den Politikern und Oligarchen. Im Grunde genommen war es eine Art liberale Diktatur.

Im Verlauf der neunziger Jahre veränderte sich dieses System allmählich, mit dem Ergebnis, daß sich die Konfrontation entschärfte. Nach 1993 verzichtete die herrschende Elite, welche die Privilegien des Siegers genoß, auf umfassende Repressionen, und die „Rotbraunen" wurden nicht völlig eliminiert – im Gegenteil: Vereinzelte Elemente der Ideologie der Verlierer hielten Einzug in den Diskurs der Sieger. Von diesem entscheidenden Moment an begannen die Machthaber von ihrer ursprünglichen Formel „Markt plus Westen" abzurücken. In der zweiten Hälfte der neunziger Jahre biederten sich einige demokratische Politiker der vorherrschenden Stimmung der Massen (Nationalismus plus Sozialismus) an. Dies gab den Anstoß zur Bildung der Koalition zwischen Luschkow und Primakow (und darüber hinaus zur Gründung der Partei „Heimat/Das ganze Rußland"). Hier zeichnete sich die Formel „Nichtliberalismus plus Nationalismus" bereits in gemäßigter und aufgeklärter Form ab. Jewgeni Primakow wurde zur Galionsfigur dieses Trends, dessen Sieg unaufhaltsam schien, während Jelzin immer schwächer wurde. Eine bloße Fortsetzung des autoritär-liberaldemokratischen Jelzinismus reichte nicht aus, um diesen Trend zu stoppen, der ab einem gewissen Punkt mit dem Denken der „rotbraunen" Massen zu verschmelzen begann.

So wurde die Putin-Formel „Liberalismus plus Nationalismus" geboren. Ihr wirklicher Urheber ist unbekannt; sie wird unter anderen Boris Beresowski, Gleb Pawlowski, Wladislaw Surkow zugeschrieben. Diese Position lag genau in der Mitte zwischen der liberalen Elite und den nationalistisch und sozialistisch gesinnten Massen. Sie trug maßgeblich zum Abbau der enormen Spannungen zwischen der Gesellschaft und der Welt der Politik bei. Das Element, das die Elite und die Massen zu einigen vermag, ist der Nationalismus; was sie immer noch trennt, ist die liberale Wirtschaft. Von Anfang an verkündete Putin nur diese Formel und sonst nichts. Ohne sich um Nuancen zu kümmern, hielt er strikt an dieser Position fest. Sie war eine Formel des öffentlichen Konsenses und wurde allmählich zum bevorzugten Kriterium einer neuen Politischen Korrektheit. Nur die „Ultras" konnten sich nicht für sie erwärmen: Die Ultra-Liberalen, die Ultra-Jelzinisten, die Ultra-Kommunisten und die Ungebildeten unter den „Rotbraunen". Putin marginalisierte diese Kräfte prompt: Einige wurden ins Exil geschickt (Gussinski, Beresowski), andere räumten ihre Ämter mehr oder weniger freiwillig (Jumaschew,[45] Woloschin); wieder andere landeten im Gefängnis (Chodorkowski). Organisationen wie „Russische Nationale Einheit"[46] und die Nationalbolschewistische Partei wurden zerschlagen. Oppositionelle wie Nemzow[47] und Kasjanow[48] verkamen zusehends zu Politclowns, und andere wie Gaidar und Nowodworskaja[49] gerieten schlicht und

---

[45] Valentin Jumaschew (geb. 1957) war ein enger Vertrauter Jelzins und war 1997–1998 Vorsitzender des Exekutivbüros des Präsidenten.

[46] „Russische Nationale Einheit" ist eine rechtsradikale, paramilitärische Partei, welche die Ausweisung sämtlicher Nichtrussen aus Rußland fordert. Nachdem die Regierung Ende der neunziger Jahre energisch gegen diese Organisation durchgegriffen hatte, kam es innerhalb letzterer zu einer Spaltung. Sie ist heute weitgehend inaktiv.

[47] Boris Nemzow (1959–2015) war von 1991 bis 1997 Gouverneur von Nischni Nowgorod und wachte dort über den radikalen Übergang zur freien Marktwirtschaft, der bei westlichen Politikern Beifall erntete. Anschließend amtierte er als Erster Stellvertretender Ministerpräsident. Nach Putins Amtsantritt wurde er immer wieder verhaftet, weil er an nicht genehmigten Protesten gegen die Regierung teilgenommen hatte. Im Jahre 2015 fiel Nemzow einem Mordanschlag zum Opfer.

[48] Michail Kasjanow (geb. 1957) wurde 1999 Finanzminister und im Jahr darauf Premierminister. Er begann zahlreiche Reformen zu verwirklichen, war jedoch bei der russischen Bevölkerung unpopulär. Im Jahre 2004 wurde er mit Putins gesamtem Kabinett unmittelbar vor den Wahlen entlassen. Seither ist er ein lautstarker Putin-Kritiker.

[49] Valeria Nowodworskaja (1950–2014) war eine berühmte Dissidentin der Sowjetära, die in psychiatrischen Kliniken interniert worden war. Später wurde sie zur scharfen Kritikerin Putins und behauptete in einem Interview, die russische Politik in Tschetschenien habe erst zum Terrorismus geführt.

---

einfach in Vergessenheit. Auf der politischen Ebene legte Putin neue Grenzen der Politischen Korrektheit fest, die dieser Formel entsprangen. Von nun an wurde das Bekenntnis zu Marktwirtschaft und Patriotismus – in einem sehr weiten Sinn – zum Prüfstein der Loyalität, zur Grundlage der Ersatzideologie der Putin-Ära.

Putin als Leiter liberaler Reformen: Die politische Entmachtung der Oligarchen

Putins Wirtschaftspolitik folgte ursprünglich strikt liberalen Prinzipien. Er ließ nicht die geringsten sozialistischen Maßnahmen zu. Dies trennte ihn klar von dem wirtschaftlichen Populismus Primakows und Luschkows. Alle wirtschaftlichen Schlüsselfiguren waren eingefleischte Liberale: Gref,[50] Tschubais, Kudrin,[51] Illarionow.[52] In dieser Hinsicht ist Putin sehr konsequent und hart.

Kennzeichnend für die Jelzin-Periode war, daß die Hauptakteure des politischen und wirtschaftlichen Lebens in Rußland die Oligarchen waren, die in der Politik, den Medien und der Wirtschaft die Fäden zogen. Sie bestimmten auch weitgehend die vorherrschende „Ideologie", indem sie Expertengruppen (sofern diese nicht bereits von westlichen Nachrichtendiensten finanziert wurden) kontrollierten und finanziell aufpäppelten. Außerdem wurden die Aktivitäten von Polizei und Justiz in erheblichem Umfang durch die Mechanismen der Korruption bestimmt, deren eigentliche Schöpfer die Oligarchen waren.

Die Oligarchen waren damals die politischen Hauptakteure; sie waren in der Lage, nicht nur gesellschaftspolitische und wirtschaftliche Projekte zu entwerfen, sondern auch die Mechanismen zu deren Durchsetzung zu finanzieren. Sie wur-

---

[50] Hermann Gref (geb. 1964) war von 2000 bis zu seiner Entlassung im Jahre 2007 Minister für Wirtschaft und Handel. Zu seinen unpopulärsten Reformen zählte die Einführung von Gebühren für zuvor kostenlose staatliche Leistungen.

[51] Alexei Kudrin (geb. 1960) war von 2000 bis 2011 Finanzminister.

[52] Andrei Illarionow (geb. 1961) wurde im Jahre 2000 zum führenden Wirtschaftsberater Putins und vertrat diesen auch beim G8-Gipfeltreffen. 2005 erklärte er seinen Rücktritt und begründete diesen damit, daß sich Rußland unter Putin zu einem undemokratischen Staat wandle. Er ist gegenwärtig am Cato-Institut in Washington tätig.

den durch Jelzins Voluntarismus legitimiert. Dieser Voluntarismus war eine notwendige, aber durchaus nicht hinreichende Voraussetzung für die Verwirklichung dieses oder jenes Projekts; ohne die Oligarchen und ihre nachdrückliche Unterstützung lief gar nichts. Infolgedessen scheiterten Jelzins Initiativen fortwährend. Im Rußland Jelzins waren die Oligarchen die eigentlichen Machthaber. Alles, was geschah, wurde von ihnen abgesegnet und kontrolliert. Kein einziges politisches Projekt wurde ohne sie verwirklicht; die Wahl Putins und die Gründung der Partei „Einheit"[53] waren keine Ausnahmen.

Nachdem er zur Macht gekommen war, schaffte Putin dieses Modell ab und stutzte den Oligarchen die Flügel. Er ersetzte nicht nur einige Oligarchen durch andere, sondern verbot es ihnen allen, sich weiter in das politische System einzumischen. Jene zwei Oligarchen, die die Rolle dieser Gruppe – Kontrolle über Medien, Wirtschaft und Politik, Korruption des Geheimdienstes usw. – am augenscheinlichsten repräsentierten, wurden ins Exil gezwungen. Die restlichen suchten einen Kompromiß mit Putin.

Was setzte Putin an die Stelle der Oligarchenherrschaft? Die im Lande gebliebenen Oligarchen mußten sich mit der Rolle von Wirtschaftsmagnaten zufriedengeben. (Ihre Macht ist auf die rein ökonomische Sphäre begrenzt; aufschlußreich ist hier die Liste der Vorstandsmitglieder des Russischen Industriellen- und Unternehmerverbandes.)[54] Die politische Rolle der Oligarchen wurde auf die Präsidialverwaltung (Woloschin, Surkow, Setschin,[55] Medwedew) begrenzt, und in den Medien traten an die Stelle der Oligarchen „saubere" Mediokraten (Lesin,[56]

---

[53] 1999 wurde die Partei „Einheit" von der Jelzin-Regierung gegründet, um der populären Partei „Heimat/Das ganze Rußland" bei den Wahlen des Jahres 2000 entgegentreten zu können. „Einheit" leistete Schützenhilfe bei Putins Aufstieg. Anno 2001 ging sie in der Partei „Einiges Rußland" auf.

[54] Der Russische Industriellen- und Unternehmerverband ist eine Lobbyorganisation, die für die Interessen von Großunternehmern arbeitet.

[55] Igor Setschin (geb. 1960) war seit Putins erster Wahl zum Präsidenten dessen enger Berater. Er ist der Cheflobbyist der „Silowiki" (Angehörige von Armee und Geheimdienst) und vertritt jene Veteranen des russischen Geheimdienstes, die in die Politik gegangen sind.

[56] Michail Lesin (geb. 1958) war der Gründer des Fernsenders Russia Today.

Kulistikow,[57] Ernst,[58] Dobrodejew[59]). Die Oligarchen wurden nicht länger als Experten benötigt; diese Funktion übernahm eine „Expertengemeinschaft" (Pawlowski, Markow,[60] Nikonow[61] sowie die Expertenräte der Präsidialverwaltung und des Fernsehens). Die Polizei wurde vom Einfluß der Oligarchen befreit. Dies zeigte sich besonders während der Zeit, als Sergei Iwanow[62] an der Spitze des Sicherheitsrates stand: Die angebliche „neue Blütezeit des Geheimdienstes" bestand einfach darin, daß der Geheimdienst dem Griff der Oligarchen entzogen wurde.

Putin übertrug die Funktionen, die früher von den Oligarchen erfüllt worden waren, neuen Kräften und Organisationen: Der Präsidialverwaltung, den Wirtschaftsmagnaten, den Mediokraten, der Polizei und dem Geheimdienst sowie den Experten. Theoretisch waren sie alle direkt mit dem Präsidenten verbunden, ohne Vermittler, die ohnehin versucht hätten, ihr eigenes Süppchen zu kochen.

Putin als Sammler russischen Landes[63] und Erbauer Eurasiens

Mit Putins Regierungsübernahme änderten sich die Beziehungen zwischen Moskau und der Gemeinschaft Unabhängiger Staaten (GUS) und waren fortan von den Grundsätzen einer „aufgeklärten Geopolitik" geprägt. Um eine konsequente

---

[57] Wladimir Kulistikow (geb. 1952) war von 2004 bis 2015 Chef des Fernsenders NTV.
[58] Konstantin Ernst (geb. 1961) ist Generaldirektor des Fernsehsenders „Kanal eins". Er war auch Leiter der Eröffnungszeremonie bei den Olympischen Winterspielen in Sotschi 2014.
[59] Oleg Dobrodejew (geb. 1959) ist seit dem Jahr 2000 Direktor der Allrussischen Staatlichen Fernseh- und Radiogesellschaft.
[60] Sergei Markow (geb. 1958) ist ein Politologe, der als Berater der russischen Regierung tätig ist.
[61] Wjatscheslaw Nikonow (geb. 1956) ist ein Politologe, der seit Gorbatschow für die russische Regierung gearbeitet hat. Er ist gegenwärtig Abgeordneter der Staatlichen Duma.
[62] Sergei Iwanow (geb. 1953) war von 2001 bis 2007 Verteidigungsminister und ist gegenwärtig Stabschef der Präsidialverwaltung. Von 1999 bis 2001 hatte er als Nachfolger Putins die Funktion des Sekretärs des Sicherheitsrates bekleidet.
[63] Anspielung auf Zar Iwan III. (1440–1505), der die Mongolenherrschaft in Rußland beendete und die Größe des russischen Territoriums verdreifachte. Man nannte ihn den „Sammler russischen Landes".

und logische Geopolitik betreiben zu können, stand Putin vor der Aufgabe, die Integrationsprozesse innerhalb der GUS neu zu beleben und beherzte Initiativen zur Schaffung strategischer, politischer und wirtschaftlicher Blöcke in Europa und Asien zu ergreifen. Allerdings verwirklichte er lediglich einen Teil dieses eurasischen geopolitischen Szenariums; hierzu gehörten unter anderem folgende Schritte: Entschlossener Widerstand gegen den Zerfall Rußlands, der in Dagestan und Tschetschenien zu beginnen drohte; Beschneidung der Macht des Föderationsrats als Vertretung der Regionen; Einführung des föderalen Distriktsystems; Schaffung des Eurasischen Wirtschaftsrats; Unterzeichnung eines kollektiven Sicherheitsabkommens mit den GUS-Staaten. Man kann hier auch auf die Stärkung der Beziehungen zur EU und auf die Wiederaufnahme enger Beziehungen zu asiatischen Staaten – insbesondere zu China, Nordkorea, Japan, dem Iran und Indien – verweisen.

Bezüglich der territorialen Struktur Rußlands leitete Putin eine echte Revolution in die Wege. Sie zielt darauf ab, die geopolitische Unabhängigkeit der Regionen so weit wie nur möglich einzuschränken, um den territorialen Bestandteilen des Landes jede Spur von Souveränität und nationaler Identität zu nehmen. Dies ist ein Beispiel für einen anderen (innenpolitischen) Aspekt von Putins Patriotismus, seine interne geopolitische Strategie. Kaum war er Präsident geworden, führte Putin föderale Distrikte ein, um eine direkte strategische Kontrolle über die Gouverneure zu erlangen, und reformierte den Föderationsrat, um die Vertreter der Regionen ihrer vollumfänglichen politischen Repräsentation zu berauben, dank der sie weitreichende politische und legislative Befugnisse erlangt hatten.[64] Die Gründung des Staatsrats[65] sorgte gemeinsam mit

---

[64] Vor 2000 ermöglichte es ein Schlupfloch in der Verfassung den regionalen Gouverneuren, gleichzeitig ihre regionalen Ämter und einen Sitz im Föderationsrat innezuhaben. Anno 2000 änderte Putin das Gesetz so, daß die Gouverneure nur noch Vertreter zu Ratsmitgliedern ernennen, selbst jedoch keine solchen werden konnten. Die Gouverneure, die begriffen, daß diese Maßnahme ihre Macht und ihren Einfluß empfindlich beschneiden würde, reagierten erbost, gaben aber angesichts des Drucks seitens der Staatlichen Duma und der Drohung Putins mit juristischen Ermittlungen schließlich klein bei.

[65] Putin gründete den Staatsrat im Jahre 2000. Seine Aufgabe besteht darin, den Präsidenten zu beraten.

dem reformierten Föderationsrat dafür, daß die Oberhäupter der Regionen von politischen Entscheidungsträgern zu Beratern herabgestuft wurden.

Der erste Rückschlag: Die atlantische Herausforderung – ein Loyalitätstest

Der erste Rückschlag erfolgte nach den Terroranschlägen vom 11. September 2001. Die USA forderten von Rußland fast ultimativ einen Loyalitätstest, und Putin brachte nicht die Entschlossenheit auf, ihnen in strikt eurasischem Geist zu antworten. Seine eurasischen Tendenzen wurden schwächer, was unter anderem zur Errichtung amerikanischer Stützpunkte in GUS-Mitgliedstaaten und Georgien sowie einer Verschlechterung der Beziehungen zu Lukaschenko[66] führte. Putins Berater Sergei Jastrschembski[67] warf dem Eurasiertum damals offen den Fehdehandschuh hin. All diese Entwicklungen schwächten die Glaubwürdigkeit von Putins ursprünglicher Formel und verringerten das patriotische Potential seines politischen Status.

Schon bald nach dem 11. September 2001 wurde ein ziviles Forum organisiert, auf dem Gleb Pawlowskis Vorschlag erörtert wurde, von der „Putin-Mehrheit" zu einer „rechten Mehrheit" überzugehen, was de facto auf eine Rückkehr zu Jelzins politischem Modell hinausgelaufen wäre. Dieses Forum hatte zwar keine katastrophalen Auswirkungen, veränderte das Gleichgewicht jedoch erheblich. Die Putin-Formel stand für bedingungsloses Eurasiertum und aufgeklärten Nationalismus in der Außen- und Innenpolitik als Kompensation für den wirtschaftlichen Liberalismus. Als sich eine Wiederannäherung an den Westen abzeichnete, war die Formel nur noch teilweise gültig, was die Stimmung der Massen negativ beeinflußte und sinkende Zustimmungsraten für Putin zur Folge hatte.

---

[66] Alexander Lukaschenko (geb. 1954) ist seit 1994 Präsident von Weißrußland. Er hat im Prinzip die sowjetische Regierungsstruktur in seinem Land aufrechterhalten.
[67] Sergei Jastrschembski (geb. 1953), ehemaliger Pressesprecher des Kreml, wurde 2004 zum Gesandten des Präsidenten in der EU ernannt.

Als Ergebnis wurde die Position des eben noch stabilen Zentrums schwächer. Die Putin-Formel (Liberalismus und Patriotismus) wurde durch die Gefährdung der nationalen Komponente ernsthaft geschwächt. Dies drückte sich in einer Verringerung des eurasischen Potentials in der Außenpolitik (Hinwendung zum Westen, Nachgiebigkeit gegenüber amerikanischem Druck und Verlangsamung des Integrationsprozesses innerhalb der GUS) ebenso aus wie in der befremdlichen milden Reaktion auf eine neue Welle der Rebellion einiger nationaler Politiker sowie dem Fehlen einer klaren und konsequenten patriotischen Ideologie in Medien, Erziehungswesen und Kultur. Mit voller Konsequenz wurde hingegen der zweite Bestandteil der Putin-Formel, der Liberalismus, weiterentwickelt: Die Leitung der Wirtschaft oblag jetzt den Ultraliberalen Hermann Gref und Andrei Illarionow, der Land-Kodex[68] wurde verabschiedet, und das „Einheitliche Energiesystem Rußlands"[69] wurde gezwungen, sich gemäß den Vorstellungen von Tschubais zu restrukturieren. Die Beispiele ließen sich mehren.

Putins ideologische Risiken

Durch die Schwächung des nationalistischen Elements seiner Formel vollzog Putin einen Rückfall in das politische Modell der Jelzin-Ära: Eine liberaldemokratische, prowestliche Regierung, die den nichtliberalen, antiwestlichen patriotischen Massen gegenüberstand, welche sich nie und nimmer mit der Liberalisierung der Energietarife, der Reform des Wohnungswesens und der öffentlichen Dienstleistungen sowie der Verteuerung der öffentlichen Verkehrsmittel anfreunden würden. Ihre Zustimmung zu solchen Maßnahmen ließ sich nun nicht mehr durch patriotische Rhetorik erkaufen.

---

[68] Der 2001 verabschiedete Land-Kodex erlaubte die private Erschließung von Land ohne Intervention seitens der Regierung. Es war dies ein Novum in der russischen Geschichte.

[69] Das „Einheitliche Energiesystem Rußlands" war eine im Energiesektor tätige Firmengruppe. Bis zum Jahre 2008 wurde es in mehrere Firmen aufgeteilt, um die Privatisierung der Industrie zu erleichtern.

Hierzu kam eine Veränderung der westlichen Haltung gegenüber Putin. Eine Reihe transatlantischer Politiker (Paul Wolfowitz, Zbigniew Brzezinski usw.) meinte, die geopolitische Selbstliquidierung Rußlands als potentiell unabhängiger Pol, der mit dem unipolaren US-Imperium hätte konkurrieren können, verlaufe unter Putin zu langsam, weshalb dieser Prozeß eines neuen Impulses bedürfe. Deshalb wurden – und werden auch weiterhin – Komplotte zum Sturz Putins geschmiedet (dieses Szenarium wird von amerikanischen Analytikern sowie von russischen Oligarchen im Exil bevorzugt). Dasselbe Szenarium stand teilweise hinter so tragischen Ereignissen wie der blutig verlaufenen Geiselnahme im Moskauer Dubrowka-Theater, dem Massaker von Beslan, den Bombenanschlägen in der Moskauer Untergrundbahn und auf dem Flughafen Moskau-Domodedowo, ja sogar hinter den anrüchigen Aktivitäten von Medwedews Entourage. Washington verfügt über genügend viele Instrumente, um einen Regimewechsel in Rußland aktiv zu ermutigen. Ins Gewicht fiel auch, daß die Ölpreise nach den militärischen Operationen der USA und ihrer Verbündeten im Irak und später in Libyen sanken, was sich auf die russische Wirtschaft unmittelbar negativ auswirkte.

Bei ihren Versuchen, Putin zu stürzen, greifen die USA noch zu anderen Mitteln. Eines davon besteht in ihren Bemühungen, die Struktur der kommunistischen Opposition zu ändern. All diese Jahre hindurch hatten die oppositionellen Aktivitäten der Kommunisten nicht viel gefruchtet, weil sie nicht mit den wirklichen Akteuren – den Oligarchen und den westlichen Geheimdiensten – koordiniert waren. Obwohl sie von der Mehrheit der Bevölkerung unterstützt werden, fallen die Forderungen dieser Opposition auf unfruchtbaren Boden, und zwar aufgrund der totalen Unfähigkeit ihrer Führer, des Fehlens eines echten politischen Willens und ökonomischer Ressourcen sowie der Inkompetenz des Parteiapparats. Sollte der kommunistischen Opposition ein politischer Wille eingehaucht und sie darüber hinaus noch von antirussischen Kräften im politischen Establishment der USA unterstützt werden, so könnte dies ihre Erfolgschancen drastisch verbessern. Sjuganow als Parteiführer mit dicken Minuspunkten (ein negatives Image, ein ungezügeltes

Temperament und ein unsympathisches Äußeres) könnte durch Glasjew[70] ersetzt werden, einen Mann mit unverbrauchtem Image, der sich zu kontrollieren vermag und ein akzeptables Äußeres besitzt. Damit könnte ein tiefgreifender Umschwung in der Stimmung der Wähler erreicht werden. Daß diese scheinbaren Kleinigkeiten dermaßen weitreichende Auswirkungen haben könnten, zeugt nicht von irgendwelchen besonderen Verdiensten Glasjews, sondern davon, daß die Formel „Nichtliberalismus plus Nationalismus" von der überwältigenden Mehrheit des russischen Volkes gebilligt wird.

Während die Umwandlung von „Einiges Rußland" in eine glaubwürdigere politische Kraft erhebliche Anstrengungen erfordern würde, setzt eine grundlegende Verbesserung des Ansehens der Kommunistischen Partei Rußlands gezielte Attakken voraus, die ohne weiteres von putinfeindlichen Oligarchen inszeniert und durchgeführt werden könnten. Entsprechende Versuche wurden von Chodorkowski mit Zustimmung des US-Geheimdienstes tatsächlich unternommen. Unter Umständen könnte Putin selbst ein derartiges Manöver inszenieren, wenn ihm daran gelegen wäre, seine eigenen Leute an die Spitze der Kommunistischen Partei zu bringen.

Dies alles heißt folgendes: Obgleich die Putin-Formel während seiner beiden ersten Amtszeiten ihre Glaubwürdigkeit bewiesen hat, ist ihr Spielraum sehr gering. Daß der Liberalismus Bestandteil dieser Formel ist, macht sie verwundbar für Kritik. Mit jedem Jahr tritt das wahre Wesen des Liberalismus in Rußland unverhüllter zutage. Sehr viel besser entsprächen der Stimmung der Wähler Formeln, die statt eines liberalen einen nichtliberalen Nationalismus propagieren würden. Die Putin-Formel wurde zu Beginn seiner Präsidentschaft entworfen, und dank seinem konsequenten Festhalten an ihr war Putin auf der ganzen Linie erfolgreich. Heute hat sich diese Formel jedoch überlebt. Sie war im Grunde niemals befriedigend. Man mußte mit ihr leben, betrachtete sie aber als unangenehmen Kompromiß. In einem Land, das 70 Jahre Sozialismus hinter

---

[70] Sergei Glasjew (geb. 1961) gehörte zu den Begründern der nationalistischen Partei „Rodina" (Heimat). 2012 wurde er zu Putins Berater für die eurasische Wirtschaftsintegration ernannt.

sich hat, in dem die Produktionsmittel dem Staat gehörten, die Ausbildung kostenlos war und jedermann ein Recht auf Arbeit hatte, besitzt der Liberalismus auf absehbare Zeit keine Chance, zu einer erfolgreichen politischen Ideologie zu werden.

Putin auf sich selbst gestellt: Ohne die Eliten

Zum ersten Mal in einer langen historischen Ära hat Putin die Möglichkeit sowie die Grundlage einer echten Wiedergeburt des russischen Volkes geschaffen. Gegenwärtig steht Wladimir Putin alleine da; er ist von einem massiven bürokratischen Apparat umgeben, und dieser wird zweifellos eine neue Elite hervorbringen, die den heutigen Stand der Dinge nur verschlimmern wird. Unter günstigen Umständen ist es einfacher, Leute wie Chodorkowski für sich zu gewinnen und zu echten „Narodniki"[71] – wahren Unterstützern des Staates – zu machen, anstatt irgendwelche Hilfe von neuen räuberischen und gierigen Beamten zu erhoffen, selbst wenn diese ethnische Russen sind. Für mich besteht der einzige Weg, eine wirkliche Rotation der Elite zu bewerkstelligen, darin, die „kleinen Völker" in den Dienst der eurasischen Sache zu stellen. Uns interessieren Individuen weitaus weniger als das ideologische Paradigma. Chodorkowski war vernünftig genug, um während seiner Haftzeit Bücher über russische Geschichte zu bestellen. Er war reif für den Vorschlag eines systematischen Plans zur Unterstützung des Eurasiertums. Mit Lappalien oder Drohungen, ihm sein Geld abzunehmen, ließ er sich nicht einschüchtern, sondern antwortete ehrlich, offen und klar mit einem „Nein". Er wußte, wie man mit Polizisten, Bettlern und Banditen spricht. Doch hätte man ihm einen Plan vorgelegt, mit der dazu gehörenden Logistik und einem Modell, so wäre er vermutlich der erste gewesen, der eine alternative Version der Globalisierung unterstützt hätte – nicht die amerikanische, unipolare Variante, sondern eine eurasische und multipolare. Chodorkowski

---

[71] Volksfreunde, eine sozialrevolutionäre Bewegung Intellektueller im Russischen Reich des 19. Jahrhunderts, die als Arbeiter oder Bauern lebten, soziale Mißstände aufdeckten und die Dorfgemeinde als Mittel zur sozialen Reform propagierten.

war im Irrtum befangen; hätte man ihm den Weg gezeigt, das Plus in seiner Philosophie durch ein Minus ersetzt, dann wäre er mitsamt Yukos[72] von unschätzbarem Wert gewesen. Bei gewissen Menschentypen ist es viel leichter, sie zu einer Kursänderung zu bewegen, als es den Anschein haben mag. Ich würde den „Demokraten" und „Liberalen", die allmählich spüren, daß sich der politische Wind dreht, empfehlen, deswegen nicht in Panik zu geraten, sondern statt dessen lieber die Geschichte des russischen Volkes zu studieren und zu versuchen, die Logik dahinter zu verstehen.

Der antiamerikanische Konsens

Die amerikanische Invasion des Irak im Frühling 2003 hatte weitreichende Auswirkungen auf die innenpolitische Entwicklung Rußlands und führte am Vorabend der bevorstehenden Parlaments- und Präsidentschaftswahlen zu etlichen überraschenden Wahlergebnissen. Die ideologischen Trennlinien durch die russische Gesellschaft verlaufen ganz anders, als es die Parteienlandschaft erwarten ließe. Unser Parteiensystem wurde in aller Eile geschaffen; es diente immer wieder als Tummelplatz für neue, unreife Mitspieler, während manche Kräfte, die tatsächlich das Volk vertraten, zwangsweise daraus ausgeschlossen wurden. Dieses System ist durchaus kein Spiegelbild unserer Gesellschaft; deshalb ist es stark umstritten und ruft bei vielen Menschen heftigen Widerwillen hervor. Die Russen denken, fühlen und glauben völlig anders als die Gestalten, die ihm vom russischen Parteiensystem und seinen politischen Strategien angeboten werden. Würde man die existierenden Parteien abschaffen, so ergäben sich deswegen keine fundamentalen Veränderungen: Neue Parteien lassen sich mit Leichtigkeit gründen, oder die Parteien überhaupt würden als nutz- und wertloses Konzept völlig in der Versenkung verschwinden. Dies bedeutet freilich nicht, daß das Volk apolitisch

---

[72] Yukos war eine im Besitz Chodorkowskis befindliche Erdöl- und Erdgasfirma. Sie ging im Jahre 2006 bankrott, weil sie – der Steuerhinterziehung überführt – die notwendigen Nachzahlungen nicht leisten konnte.

und gleichgültig wäre, sondern nur, daß es von grundverschiedener Warte aus darüber entscheidet, was ihm nahegeht.

Nach dem Beginn der US-Aggression gegen den Irak traf die überwältigende Mehrheit der Russen ihre Wahl und entschied sich für den Antiamerikanismus. Saddam war kein besonders sympathischer Charakter, aber George W. Bush war zutiefst verhaßt. Dies war mitnichten eine bedeutungslose Reaktion auf globale Probleme, die sich auf die Proteste einiger Demonstranten mit antiamerikanischen Transparenten beschränkte. Es war, und ist es immer noch, ein lebendiger, vibrierender gesellschaftlicher Faktor. Das Volk fühlt mit seinem Herzen, was vor sich geht, und solche Dramen gehen ihm unter die Haut. Es ist dies eine zutiefst emotionale Position. Der Antiamerikanismus und das verstärkte Bewußtsein, daß die Vereinigten Staaten für Rußland eine Bedrohung darstellen, sind ein immer wiederkehrendes gesellschaftliches Motiv. Um dies grundlegend zu verändern, bedürfte es eines Ereignisses von vergleichbarer Sprengkraft, und man kann sich nur schwer vorstellen, worum es sich dabei handeln könnte.

Die russische Regierung, vertreten durch Putin, bezog hinsichtlich des Angriffs auf den Irak eine antiamerikanische Haltung. Damit ging Putin de facto eine temporäre Koalition mit zwei europäischen Staaten – Frankreich und Deutschland – ein, die sich ebenfalls weigerten, die völkerrechtswidrige US-Invasion des Irak gutzuheißen. Putin verlieh der außenpolitischen Souveränität Rußlands Nachdruck und verteidigte seine strategischen Interessen im Irak. „Der Einmarsch im Irak ist ein Fehler", hielt er fest,[73] und stellte sich damit gegen die russische Expertengemeinschaft, die Ende 2002 und Anfang 2003 einhellig verlangt hatte, Rußland müsse sich der antiirakischen Koalition anschließen. Heute betrachten dieselben Experten Putins Weigerung, den USA Zugeständnisse zu machen, als folgerichtige außenpolitische Strategie.

Zum damaligen Zeitpunkt wurde die schwierige Entscheidung, die Putin traf, nicht nur durch die öffentliche Meinung

---

[73] Am 20. März 2003, kurz nach dem Beginn des amerikanischen Einmarsches im Irak, verlangte Putin von den USA die Einstellung der Feindseligkeiten und bezeichnete den Krieg als „großen politischen Fehler".

beeinflußt. Er hat wiederholt bewiesen, daß er sich durchsetzen kann, selbst wenn die Massen nicht hinter ihm stehen (seine Unterstützung des ultraliberalen Wirtschaftsblocks in der russischen Regierung ist ein gutes Beispiel). Wenn sich Putin der „Friedenskoalition" (Frankreich, Deutschland, China, einige islamische Staaten usw.) anschloß, so lagen diesem Schritt primär geopolitische Erwägungen zugrunde. Das Volk, das sich in erster Linie von seinen Emotionen und Intuitionen leiten läßt, mochte sein Vorgehen mit anderen Argumenten und Gedankengängen begründen, doch war der Antiamerikanismus das vorherrschende Motiv, von welchem Standpunkt aus man die Ereignisse auch immer betrachtet. Dies ist bereits eine gesellschaftliche Tatsache.

Daß die russische Regierung in Übereinstimmung mit den im Volk vorherrschenden antiamerikanischen Gefühlen handelte, erhöhte ihre Legitimität und gab den Anstoß zu einem neuen Konsens. Dieser weist klare ideologische Parameter auf: Eine nationale Idee, ein handlungsfähiger Staat, Ablehnung des Amerikanismus als allgemein gültiges Modell sowie die Stärkung der russischen Souveränität und des russischen Großmachtstatus.

Viele Skeptiker sprechen in diesem Zusammenhang von einem „Phantomschmerz nach dem verlorenen Imperium", einer Art Nostalgie. Wie dem auch sei, dieses Gefühl ist zugleich eine Art Remission; gesellschaftliche Mythen sind machtvoll und können sehr wohl einen starken Mobilisierungseffekt auslösen. Beispielsweise machte der Vertrag von Versailles das Dritte Reich durch die ungeheure nationale Empörung, die er in Deutschland hervorrief, erst möglich. Putin, der bei der Gestaltung seiner Beziehungen zu den USA völlig richtig vorging, erhielt auf diesem Wege eine brandneue gesellschaftliche Ressource für seine Innenpolitik. Und da die Vereinigten Staaten das Völkerrecht mißachteten, ihre Aggression gegen den Irak später in Libyen wiederholten und hierdurch die in Jalta geschaffene alte Weltordnung endgültig zerstörten, erhielt Putin ein spezifisches historisches Mandat, das es ihm erlaubte, sich auf der komplexen internationalen Bühne sicher und energisch zu bewegen: Er wußte den gesellschaftlichen Konsens des Antiamerikanismus hinter sich.

Was bedeutet Antiamerikanismus? Selbstverständlich richtet er sich nicht direkt gegen die USA und ihr politisches und wirtschaftliches System. Der Groll der Russen richtet sich in allererster Linie gegen die amerikanische Aggressionspolitik gegenüber anderen Ländern (die Anlaß zur Befürchtung bietet, Rußland könnte als nächstes an der Reihe sein) und nicht gegen die Vereinigten Staaten selbst. Dieser Antiamerikanismus ist seiner Natur nach defensiv und konservativ; er ist ein Gefühl, dem die Sorge um das Überleben und die Erhaltung des eigenen Volkes zugrunde liegt. In diesem Sinne ist er ein Massenphänomen. Dieser charakteristische Zug unterscheidet ihn von anderen Formen des Antiamerikanismus, die bei rechtsgerichteten, konservativen, orthodox-patriotischen Bewegungen einerseits und bei Kommunisten andererseits gang und gäbe sind: Die einen wie die anderen lehnen die USA prinzipiell ab. Angesichts der Ereignisse im Irak verschwammen diese Unterschiede allerdings und fielen kaum mehr ins Gewicht: Ideologische und radikale Formen des Antiamerikanismus infiltrierten jetzt den zuvor passiveren Antiamerikanismus der Massen und verliehen ihm eine neue Virulenz. Der Fokus dieses allgemeinen Phänomens ist ganz eindeutig Putin. Er ist – weit über das notwendige Mindestmaß hinaus – zur treibenden Kraft hinter der gesellschaftlichen Integration, zur Achse des soziopolitischen Lebens und zum direkten Sprecher für die Hoffnungen und Sehnsüchte der Mehrheit geworden.

Wie kann Wladimir Putin den Antiamerikanismus der Massen zu seinen Gunsten nutzen? Man bedenke stets, daß seine Positionen in schroffem Gegensatz zu jenen der politischen Elite stehen, die traditionell transatlantische Projekte fördert, marginale liberale Politiker unterstützt und mehr oder weniger enge Beziehungen zu den USA unterhält. Um das Gleichgewicht in dieser Sphäre zu verändern, bedarf es neuer Regeln, welche die Zusammenarbeit zwischen Oligarchen und Behörden festlegen und Raum für geopolitische (militärisch-industrielle) sowie soziale Projekte lassen. Putin kann eine verdeckte Renationalisierung der größten Firmen des Landes betreiben, nicht indem er ihren rechtlichen Status ändert oder sie in andere Hände übergibt, sondern indem er ein neues System schafft, das die nationalen und sozialen Interessen direkt und transparent berücksichtigt. Putin und die Nation stehen auf derselben Seite der Barrikade, und die Chancen der Oligarchen, die „blinden Massen" für ihre eigenen Ziele ausnutzen zu können, sind praktisch gleich null. Zugleich könnte die Kommunistische Partei sich dann nicht mehr als einzige Verfechterin einer Verstaatlichungspolitik aufspielen, weil die Regierung diese Rolle direkt übernehmen würde.

Putins Münchner Rede – ein Wendepunkt in der russischen Geschichte

Wladimir Putins Rede in München[74] wurde zum Wendepunkt in der zeitgenössischen russischen Geschichte. Es wäre ein Fehler anzunehmen, daß der Kalte Krieg 1991 zu Ende ging. Tatsache ist vielmehr, daß sich die Sowjetunion einseitig aus dem Krieg zurückzog. Dabei unterzeichnete sie keinerlei Dokumente und handelte keine Bedingungen irgendwelcher Art aus. Der Rückzug wurde dem russischen Volk als Beendigung des Krieges verkauft. Man stelle sich folgende Situation vor: Zwei Mächte bekämpfen sich gegenseitig. Plötzlich erklärte eine davon: „Ich kämpfe nicht weiter", ohne zu verdeutlichen, ob sie sich als Gewinnerin oder Verliererin sieht. Hierdurch entsteht eine undurchsichtige Situation: Eine der beiden Seiten zieht sich aus dem Konflikt zurück und nimmt an, daß die andere ihrem Beispiel folgen wird. Diese denkt aber gar nicht daran. Im vorliegenden Fall findet sich die eine Seite, die ihre Armee (den Warschauer Pakt[75]) bereits demobilisiert, ihre Militärstützpunkte in Osteuropa (sowie teilweise auch in der UdSSR selbst) aufgelöst und begonnen hat, sich auf ihre inneren Probleme zu konzen-

---

[74] Bei der Münchner Konferenz über Sicherheitspolitik verurteilte Putin am 12. Februar 2007 die unipolare Weltordnung, rief zur Schaffung einer multipolaren Welt auf und beschuldigte die USA, ihre Grenzen überschritten zu haben. Den vollständigen deutschen Text der Rede findet man bei https://de.sputniknews.com/meinungen/2007021360672011/

[75] Der Warschauer Pakt wurde durch den Warschauer Vertrag von 1955 gegründet und stellte die sowjetische Antwort auf die NATO dar. Er wies die Form eines Abkommens über gegenseitige militärische Hilfeleistung zwischen den von der Sowjetunion dominierten kommunistischen Staaten Europas auf.

trieren, in der Rolle des Verlierers wieder. Der Sieger beginnt seinerseits, seinen Gegner als Besiegten zu behandeln. Doch die politische Elite des besiegten Staates sagt ihrem Volk nicht, daß ihr Land den Krieg verloren hat, sondern tut weiterhin so, als sei nichts geschehen. Sie versucht den Eindruck zu erwecken, der Kalte Krieg sei unentschieden ausgegangen und vorbei.

Diese Situation hatte seit Gorbatschow existiert und bis Putins Münchner Rede angedauert. Die Amerikaner haben nie aufgehört, den Kalten Krieg weiterzuführen. Sie rücken weiter an die russischen Grenzen vor, erweitern den NATO-Block und reißen sich zugleich alles unter die Nägel, was wir nicht fest im Auge behalten: Zuerst in Osteuropa und im Baltikum und dann in der GUS selbst. In anderen Worten: Die USA haben stets einen Kalten Krieg gegen Rußland geführt und werden davon auch in Zukunft nicht ablassen. Somit hat Putin in seiner Münchner Rede eigentlich nichts Neues gesagt. Im Gegensatz zu ihm hatte sich die russische Regierung unter Gorbatschow und Jelzin wie das Satrapenregime eines kolonisierten Landes verhalten: Sie behauptete, die Vereinigten Staaten führten gar keinen Kalten Krieg gegen uns, verschlossen ihre Augen vor amerikanischen Aggressionen und erlaubten es dem Volk nicht, zur Erreichung seiner Freiheit und Unabhängigkeit mobilzumachen. Diese Führer lähmten das Streben des Volkes nach Widerstand und Sieg, indem sie sein Bewußtsein einschläferten. Unter Jelzins Präsidentschaft wurde ein radikal entgegengesetztes Modell gefördert: Rußland tanzte nach der Pfeife der NATO und verriet seine eigenen geopolitischen Interessen. Als Putin zur Macht kam, verliehen viele seiner Äußerungen und Taten der Spekulation Auftrieb, daß er weit eher dem eurasischen Modell und einer multipolaren Welt zuneigte als dem politischen Kurs Jelzins.

Vom „Kalten Krieg" zu einer „heißen Phase"

Während seiner ersten Präsidentschaft verfolgte Putin unter dem Tarnmantel des Gehorsams gegenüber der Besatzungsmacht eine Politik der inneren Mobilisierung. Mit anderen Worten, er bereitete einen Aufstand vor. Er wartete lediglich auf den richtigen Zeitpunkt, zu dem er der Welt und seinem eigenen Volk offen sagen konnte, daß der Kalte Krieg gegen Rußland niemals aufgehört hatte und sich unser Land gewissermaßen immer noch im Krieg befand. Er begann vom Konzept der „souveränen Demokratie" zu sprechen und nannte die Dinge schließlich in seiner Münchner Rede von 2007 beim Namen.

Das Konzept der „souveränen Demokratie"[76] kam 2005/2006 in Mode und wurde während der Präsidentschafts- und Parlamentswahlen 2007 und 2008 zu einem der grundsätzlichen Ideologeme. Damals sann ich über die Dekonstruktion der Demokratie nach und dachte, dieses seltsame Konzept der „souveränen Demokratie" müsse uns in Erinnerung rufen, daß Demokratie keine Selbstverständlichkeit ist. Ihr dogmatischer Charakter und ihre Weigerung, Alternativen anzuerkennen, ersticken jede Möglichkeit eines freien philosophischen Diskurses im Keim.

Man kann die Demokratie akzeptieren oder verwerfen, kann sie einführen oder abschaffen. Die Geschichte kennt harmonische Gesellschaften ohne Demokratie und fürchterliche Gesellschaften mit demokratischen Strukturen (sowie selbstverständlich auch das Gegenteil). Die Demokratie ist ein menschengemachtes Projekt, ein Konstrukt, ein Plan, aber kein Schicksal. Sie muß sich in der Praxis bewähren und bedarf einer Rechtfertigung. Ohne eine solche ist sie sinnlos. Eine undemokratische Regierungsform sollte nicht a priori als die schlimmste aller möglichen Regierungsformen gelten. Das „geringere von zwei Übeln" ist ein Propagandaslogan. Die Demokratie ist nicht das geringere Übel; sie kann böse sein oder ganz im Gegenteil gut.

In diesem Zusammenhang bedeutete das Konzept der „souveränen Demokratie" ungefähr von 2005 bis 2007 in der russischen Politik folgendes: Die westliche Welt exportiert die Demokratie und verlangt ihre Durchsetzung, wobei sie allerdings ein sehr spezifisches Modell vor Augen hat, das in der Neuzeit in Europa entwickelt wurde. Es beruht auf den Prinzipien des

---

[76] Dieser Ausdruck wird seit dem 18. Jahrhundert mit mehreren unterschiedlichen Bedeutungen sehr oft benutzt. Beispielsweise verwendete Rousseau den Begriff „démocratie souveraine" zur Bezeichnung der souveränen Macht des Volkes; im Amerika des 19. Jahrhunderts nannte sich die Partei, die für „souveräne Demokratie" eintrat, „Demokratische Partei".

Individualismus und der „Freiheit von" – Prinzipien, welche die westliche Zivilisation fast dreihundert Jahre lang geleitet haben, also seit dem Beginn der Moderne. Rußland ist ein nicht-individualistisches Land; seine Geschichte und Kultur fußten stets auf Integrität, Einheit, dem Gemeinwohl und der Gemeinschaft (bei der es sich um das Volk, um Gemeinden, die Kirche, Gott, den Staat oder das Imperium handeln konnte). Die westliche Demokratie paßt nicht zu Rußland, weil sie individualistisch ist und ein rationales, zielorientiertes und selbstbewußtes individuelles Subjekt voraussetzt. Wir brauchen unsere eigene Demokratie, eine, die den Besonderheiten unseres nationalen Modells und unserer nationalen Geschichte gebührend Rechnung trägt. Das meinen wir, wenn wir von der Souveränität unserer Wahl und von unserer Demokratie sprechen.

Es lohnt sich zu verfolgen, wie diese Argumente von russischen Politkommentatoren im Zusammenhang mit dem Thema einer multipolaren Welt bereits vorgebracht wurden, bevor Wladimir Putin sie in seiner Münchner Rede von 2007 offiziell zur Sprache brachte.

Diese Rede war, betonen wir es nochmals, ein Wendepunkt in der russischen Geschichte. Ihr Inhalt war eine kühle Analyse der Welt, wie sie wirklich ist: Amerika führt einen Kalten Krieg gegen uns. Dies haben auch manche westlichen Politologen festgehalten. Tatsache ist freilich, daß ein Kalter Krieg nur möglich ist, wenn sich beide Seiten bezüglich ihrer militärischen Macht ungefähr die Waage halten und vergleichbar große Räume kontrollieren. Unter den gegenwärtigen Umständen bleiben Rußland nur asymmetrische Antworten. Dieser Krieg kann sich jederzeit zu einem „warmen" oder gar „heißen" Krieg entwickeln. Der Angriff auf den Irak, der den strategischen Interessen Rußlands direkt zuwiderlief, war ein Schritt in diese Richtung. Wenn die Vereinigten Staaten Syrien oder den Iran angreifen, bedrohen sie dadurch Rußland.[77]

All dies hat Putin in seiner Münchner Rede gesagt und hierdurch dafür gesorgt, daß sich die Russen der Lage, in der sie sich

---

[77] Vor diesem Hintergrund wird die russische militärische Intervention in Syrien auf seiten der legitimen Regierung in Damaskus verständlich.

befinden, stärker bewußt wurden. Zuvor hatten wir dank unserem korrupten Satrapenregime der Kolonialmacht unter dem Eindruck gelebt, der Kalte Krieg gehöre endgültig der Vergangenheit an. Dieses Regime hatte uns eingeredet, es gebe keine unipolare Welt, und jedermann arbeite emsig bei der Entwicklung einer multipolaren Welt mit. Nach dieser Periode des intellektuellen Wahnsinns, der in Rußland dank Gorbatschow und Jelzin um sich gegriffen hatte, setzte sich im Land wieder der gesunde Menschenverstand durch. Die „Zeit der Verwirrung" war vorbei. An und für sich war diese Rückkehr zur Realität recht traurig: Wenn wir uns im Licht der Putin-Rede daran erinnern, was wir in den zwei Jahrzehnten zuvor getan hatten, sollten wir tiefe Scham empfinden. Wir hatten uns einer von den Okkupanten in den Sattel gehobenen Elite unterworfen, bestehend aus Oligarchen, prowestlichen Elementen und Liberalen, die unsere strategischen Positionen zielbewußt zerstörten und unser Land seiner Souveränität zu berauben versuchten.

Die Münchner Rede:
Ein geopolitisches Fundament

Putins Rede in München darf ohne Übertreibung als historisch bezeichnet werden. Jahrzehntelang hatte kein russischer Führer mehr so klar und kategorisch über die Zukunft der internationalen Politik gesprochen. In München legte Putin den prinzipiellen Standpunkt Rußlands als einer geopolitischen Weltmacht in der künftigen Weltordnung dar. Die Thesen, die er deutlich und unmißverständlich präsentierte, entsprachen den Schlußfolgerungen, zu denen ich bereits Mitte der 1990er Jahre in meinem Buch „Die Grundlagen der Geopolitik" gelangt war. Die zentralen Themen dieses Werks waren der fundamentale Konflikt zwischen der „Landzivilisation" und der „Meereszivilisation"[78] sowie die praktische Unmöglichkeit ei-

---

[78] Diese Zweiteilung spielt im geopolitischen Denken eine Schlüsselrolle. Sie wurde zuerst von Sir Halford Mackinder entwickelt. Carl Schmitt schreibt, die Weltgeschichte sei die Geschichte der Kriege, die von Seemächten gegen Land- oder Kontinentalmächte sowie von Landmächten gegen Seemächte geführt worden seien.

ner unipolaren Welt. Ich warb dafür, daß Rußland sich an die Spitze jener Mächte stellen sollte, die sich der unipolaren Globalisierung und der Verbreitung der durch die NATO verkörperten atlantischen Weltordnung widersetzen. In München verband der russische Präsident diese an verschiedenen Stellen meines Buchs figurierenden Thesen zu einer kurzen und klaren Stellungnahme. Er bekundete der Essenz nach seine Bereitschaft, der internationalen Politik der USA entgegenzutreten.

In den 1980er Jahren, als die Sowjetunion noch existierte, und in den neunziger Jahren, als sie bereits verschwunden war, ergriff Amerika strategische Schritte in Richtung auf die Schaffung einer unipolaren Welt. Eine solche Politik hatte es im Grunde schon seit langem verfolgt, schon seit Theodore Roosevelt und Woodrow Wilson. Die einzige Frage lautete, ob es diese globale Souveränität mit anderen Ländern teilen würde oder nicht. Putin stellte den zeitgenössischen Status quo sowie den ganzen Trend der internationalen Politik radikal in Frage. Wenn ein Hugo Chávez, ein Kim Jong-il oder ein Ahmadineschad solche Erklärungen abgaben, konnte man es sich leisten, sie zu ignorieren, doch wenn sie aus dem Munde des russischen Präsidenten kamen, veränderten sie die politische Situation schlagartig.

Wenn ein Land, welches das weltweit zweitgrößte nukleare Arsenal besitzt, über eine gewaltige Landfläche und unermeßliche Bodenschätze verfügt und auf eine lange Geschichte einer nationalen Mission sowie des Widerstands gegen mächtige Feinde zurückblicken kann – anders gesagt, ein Land, das seinem Wesen nach eigentlich ein Kontinent, eine Zivilisation ist –, den Vereinigten Staaten von Amerika, der NATO, der Energiecharta[79] und der gesamten Weltordnung den Fehdehandschuh hinwirft, heißt dies, daß alle Masken gefallen sind. Putin hielt fest, daß eine unipolare Welt vollkommen unannehmbar ist und daß das von den USA in Europa entwickelte Raketenabwehrsystem nicht, wie die NATO behauptet, gegen Nord-

---

[79] Der Energiecharta-Vertrag wurde Ende 1991 unterzeichnet. Sein Ziel besteht in der Ausbeutung der Energieressourcen der ehemaligen Ostblockländer für den globalen Markt. Rußland hat sich geweigert, den Vertrag zu ratifizieren, weil er seinen nationalen Interessen widerspricht.

korea gerichtet ist, sondern gegen uns. Rußland widersetzt sich der Schaffung dieses Raketenabwehrsystems aufs heftigste und kann es sich nicht leisten, seine Augen davor zu verschließen. Putin bezeichnete die NATO nicht als Partner, sondern als Feind, der die politische Landschaft in seiner gesamten Einflußsphäre destabilisiere, und stellte klar, daß die Energiecharta, die Europa uns aufzudrängen versucht und die darauf abzielt, dem Westen Zugriff auf die russischen Energieressourcen zu verschaffen, ohne daß Rußland im Gegenzug Zugang zu den europäischen Energieressourcen erhält, an ein zwischen einer Besatzungsmacht und ihren Satrapen abgeschlossenes Abkommen erinnert und für Rußland demütigend ist. „Ihr gebt uns alles, und wir geben euch nichts." So verhandeln Sieger mit Besiegten, von denen sie erwarten, daß sie sich ihrem Willen unterwerfen werden. Putins Erklärungen liefen darauf hinaus, daß Rußland die Weltordnung herausfordern und den Weg für eine geopolitische Revolution bahnen werde – nicht weniger und nicht mehr.

Putins Mandat für eine Revolution des Bewußtseins

Aus einer im Jahre 2001 von der soziologischen Fakultät der Staatlichen Moskauer Lomonossow-Universität in Auftrag gegebenen gesamtrussischen Meinungsumfrage ging unter anderem hervor, daß Wladimir Putin im Volk mehr Unterstützung genoß als jeder andere russische Entscheidungsträger. Daran war überhaupt nichts Ungewöhnliches. Das Besondere daran war nur, daß die Meinungsumfrage auf Initiative von Universitätssoziologen und nicht von irgendwelchen politischen Kreisen durchgeführt worden war und weder von der Regierung noch von der Opposition manipuliert werden konnte.

Ich möchte hier auf mehrere Einzelpunkte der Umfrage eingehen. Zu Beginn sei darauf hingewiesen, daß diese Interpretation subjektiver Art ist und von anderen Kommentatoren leicht in Zweifel gezogen werden kann.

Meine Schlußfolgerung mag radikal erscheinen: Es gibt in Rußland keine Demokratie, ich sehe keine kommen, und sie kann und sollte in Rußland nicht existieren. Was ist die Grundlage dieser Ansicht? Die Grundlage ist das Profil des Durchschnittsrussen, das bei dieser Meinungsumfrage ermittelt wurde und in voller Übereinstimmung mit den Schlußfolgerungen meiner während eines langen Zeitraums durchgeführten Analyse unserer Gesellschaft aus der Sicht eines Kenners steht. Die Ergebnisse zeigen, daß ein erheblicher Prozentsatz der Russen der Regierung immer noch vertraut, und daß die meisten Russen „die Regierung" mit Wladimir Putin gleichsetzen. Dies ist ein stabiler monarchischer Trend und spiegelt die Tatsache wider, daß eine mächtige autoritäre Figur beim Volk gut ankommt. Erfüllt Putin diese Erwartungen? Ich neige eher zu einem Ja als zu einem Nein, und die russische Gesellschaft füllt die bestehenden Lücken, nicht anhand einer tiefschürfenden Analyse, sondern auf der Grundlage eines inhärenten, tiefverwurzelten Glaubenssystems.

Putin wird durch das Prisma einer Familienmetapher gesehen: Der Staat wird im Unterbewußtsein als „große Familie" betrachtet, und sein Oberhaupt als „Vater". In einer Familienstruktur besitzt der Vater eine stabile Autorität, was bedeutet, daß der Rest der Familie sich ihm unterordnet und die Autorität des Vaters bereitwillig stärkt, statt sie zu untergraben. Wenn die Persönlichkeit des Staatsoberhaupts oder sonstigen nationalen Führers diese Dynamik möglich macht, indem sie zumindest einen Teil der erforderlichen Tugenden demonstriert, setzt das öffentliche Bewußtsein alle fehlenden Elemente ein, bis das Modell eines patriarchalischen Autoritarismus vollständig ist. Die Initiative geht dabei vom Volk aus; sie ist Ausdruck einer stabilen, auf der Tradition fußenden „monarchischen" Einstellung. Diese monarchische Neigung der Massen schafft die Voraussetzungen für eine autoritäre Herrschaft und liquidiert hierdurch die Substanz der Demokratie mittels eines demokratischen Prozesses, indem sie die Macht den Regierenden zurückgibt, die durch die Vaterfigur repräsentiert werden. Es ist dies ein auffälliges Merkmal einer traditionellen Gesellschaft, das durch die demokratische Fassade durchschimmert.

Wie die Wissenschaftler, welche die Umfrage in Auftrag gegeben hatten, mehrfach festhielten, tut dieser Umstand der
Legitimität oder Legalität der demokratischen Prozedur keinen Abbruch. In Rußland kann die Monarchie ohne weiteres
im Rahmen einer demokratischen Prozedur legal und legitim
sein, die als eine Art „Zemski sobor"[80] fungieren würde. Somit
haben wir es mit einer Art von „plebiszitärem Autoritarismus"
zu tun, einer Monarchie, die ihre Existenz der freiwilligen Zustimmung der Massen verdankt.

Diese Meinungsumfrage zeigt klar, daß die Russen nach wie
vor zu kritischem Denken fähig sind. Beispielsweise fiel die
Zustimmung zur Politik der Regierung insgesamt dreimal
niedriger aus als die zum Staatsoberhaupt. Hier erkennen wir
einen bewußten Skeptizismus gegenüber den tatsächlichen
Aktivitäten der Regierung, die realistisch und kritisch betrachtet und als ineffizient, schlecht durchgeführt und im allgemeinen falsch beurteilt werden. Ein sehr großer Teil der Befragten
bekundete seine Sorge über die wirtschaftliche Entwicklung,
die Arbeitslosigkeit, die öffentliche Sicherheit, die Korruption
und die sich verschlechternden ökologischen Verhältnisse.
Kurz: Das Volk begreift voll und ganz, was geschieht, und miß-
billigt den von der Regierung verfolgten Kurs zumindest teilweise. Nichtsdestoweniger gibt ein erheblicher Teil der Befragten an, mit allem zufrieden zu sein. Angesichts der Tatsache,
daß die Wissenschaftler, welche die Volksbefragung durch-
führten, keine politischen Ziele verfolgten, spiegelt diese „Zu-
friedenheit" die öffentliche Meinung vermutlich tatsächlich
wider. Die alles überragende Erkenntnis aus dieser Umfrage
lautet, daß das Volk Putin vertraut, sein Recht, entschlossen
durchzugreifen, anerkennt und von ihm verlangt, Gebrauch
von diesem Recht zu machen.

Putin steht auf der Schwelle zu einer neuen Rolle – derjenigen
eines „Mannes, der das Schicksal der Welt verändert". Solche
Männer waren de Gaulle, Churchill und Stalin. Der neue Putin
bezieht seine Macht von der Gesellschaft, läßt sich von geo-

---

[80] Der „Zemski sobor" („Landesversammlung") war ein russisches Ständeparlament
des 16. und 17. Jahrhunderts.

politischen Erwägungen leiten, zeigt sich den Herausforderungen der Geschichte gewachsen und lebt und handelt nach der Maxime: „Ich bin der Staat, das Volk und die Gesellschaft." Diese Rolle wird durch eine andere Tendenz verstärkt, nämlich diejenige zur Begründung einer Monarchie. Auch sie ist legitim, weil sie vom Volk, also von unten ausgeht. Wird der neue Putin die Bestimmungen des Gesetzes respektieren? Dies ist möglich, aber nicht entscheidend, weil er bis zum heutigen Zeitpunkt selbst von den Rechten, die ihm die Verfassung einer Präsidialrepublik einräumt, nur sehr vorsichtig Gebrauch gemacht hat. In Anbetracht der Tatsache, daß „das Volk" die wichtigste der drei Säulen „Staat, Volk und Gesellschaft" darstellt, muß der Staat im Volk „aufgehen" und dann von Grund auf neu erbaut werden. Und dies muß mit Hilfe „unseres" Putin geschehen, den man durchaus vergöttern darf (um einer großen Sache willen sollten wir zu allem bereit sein), damit er ruhig und gelassen große Taten vollbringen kann, ohne sich um Bagatellen wie „Wahlen" kümmern zu müssen. Wir müssen Putin den Status des „Sonnenkönigs"[81] zuerkennen und seine Herrschaft in Zusammenarbeit mit einer reformierten und flexiblen Elite stärken, die ohne weiteres fremden Ursprungs sein kann, aber dem großen russischen Volk Treue schwört. Erst dann werden wir imstande sein, das große Imperium wiederzubeleben.

---

[81] Ludwig XIV. wurde „Sonnenkönig" genannt, weil sich auf ihn als Verkörperung des Staates („L'etat c'est moi" – „Der Staat bin ich") alles auszurichten hatte.

Kapitel 3

Putins Test

Putin gegen die „Schwestern"[82]

Die tragischen Geschehnisse, die sich anläßlich einer Vorführung des Musicals „Nordost" im Moskauer Dubrowka-Theater abspielten,[83] waren für Putin ein nicht minder ernsthafter Test als die Anschläge vom 11. September 2001 für die USA. Am 22. Oktober 2002 warfen die Terroristen, die viele hundert Menschen als Geiseln genommen hatten, Rußland, seiner politischen Führung und Wladimir Putin persönlich den Fehdehandschuh hin. Zwei Tage lang stand die Zukunft des russischen Staates auf Messers Schneide. Dies war nicht bloß ein Terrorakt, sondern lief auf einen Staatsstreich hinaus. Kein Staatsstreich ideologischer Art, wie ihn das Bürgerforum anstrebte, sondern ein echter – blutig und brutal. Damals verdankte Putin seine Glaubwürdigkeit seiner harten und entschlossenen Reaktion auf die Anschläge in Moskau und die Guerrilla-Aktionen in Dagestan im Jahre 1999. Das russische Volk akzeptierte und wählte Putin, weil es sein Vorgehen in dieser schwierigen Situation billigte; auf ihm beruhte der nationale Konsens hinsichtlich seiner Legitimität. Mit seiner Antwort auf die Herausforderung durch die tschetschenischen Separatisten umriß Putin eine neue Agenda für die russische Politik nach Jelzin, die sich kurz und bündig wie folgt zusammenfassen ließ: „Der Wert und die Integrität des russischen

---

[82] Der Begriff bezieht sich auf die Tatsache, daß an vielen islamistischen Terroranschlägen in Rußland auch weibliche Angehörige von im Tschetschenienkrieg umgekommenen separatistischen Kämpfern teilgenommen hatten.

[83] Am 22. Oktober 2002 drangen tschetschenische Terroristen während einer Vorführung des Musicals „Nordost" in das Moskauer Dubrowka-Theater ein und nahmen das gesamte Publikum sowie die Darsteller – insgesamt rund 850 Personen – als Geiseln. Nach zweieinhalb Tagen pumpte ein russischer Stoßtrupp Betäubungsgas in das Gebäude und stürmte anschließend das Theater. Über 130 Geiseln fanden dabei den Tod; die Terroristen wurden auf der Stelle erschossen.

Staates dürfen nicht in Frage gestellt werden." Putin unterstrich diese Prämisse mit seinen ersten Schritten als Präsident, und die russische Gesellschaft – die Intellektuellen, die Medien, die Tschetschenen, die Tataren, die Gouverneure und die Duma – hatte keine andere Wahl, als dem neuen Kurs zu folgen. Nach der Durchführung der ersten radikalen Maßnahmen (Einführung der föderalen Distrikte, Reform des Föderationsrats, Vertreibung der beiden gefährlichsten unter den ränkeschmiedenden Oligarchen und Bändigung der übrigen), ließ Putin seinen ersten Schritten vorderhand keine neuen, entscheidenden Aktionen folgen. Seine zögernde Haltung verleitete alle Beteiligten am politischen Prozeß zur Ansicht, das Land kehre zu den Verhältnissen der späten Jelzin-Ära zurück; daß der schleppende Fortgang der Reformpolitik von geopolitischen Konzessionen an die USA begleitet wurde (die nach den Geschehnissen des 11. September 2001 besonders klar zutage traten), verstärkte dieses Gefühl noch. Es griff der Eindruck um sich, Putins Reformen seien zum Stillstand gekommen.

Gewisse geopolitische Kräfte sowie die einheimische Opposition – Separatisten, Islamisten, mehrere Oligarchen usw. – hielten nun anscheinend die Zeit für gekommen, Putins Rußland massiv zu destabilisieren. Sie beschlossen, Putin auf eine harte Probe zu stellen, was den Anstoß zu den tragischen Ereignissen im Dubrowka-Theater gab. Ironischerweise lag es auf der Hand, daß alle Oppositionellen außer den Tschetschenen selbst mit dem Terroranschlag politische Interessen verbanden. Schon einige Zeit vor den Geschehnissen vom 22. Oktober 2002 hatte Tschetschenien Putins Spielregeln akzeptiert. Die Tschetschenen und ihre politisch Verantwortlichen hatten aktiv, ja beinahe enthusiastisch mit den Behörden und der Polizei kooperiert. Nordtschetschenien hatte die Legitimität der Zentralregierung vollumfänglich anerkannt, und selbst die meisten Kommandeure der Widerstandsbewegung im Feld waren eine Art Symbiose mit der russischen Armee eingegangen, die manchmal geradezu paradox anmutete. Eine politische Lösung der Tschetschenienfrage gehörte zu den Prioritäten der nationalen Agenda, und die Mehrheit der Tschetschenen hatte dieser Lösung zugestimmt. Der Terrorakt bereitete diesem Versöhnungsprozeß ein jähes Ende. Von nun an konnten die Tschetschenen nicht einmal theoretisch mehr hoffen, den Status eines „politischen Subjekts" zu erlangen. Sie besaßen keine Rechte als Volk mehr, sondern nur noch ihre Bürgerrechte. Als Ethnos im politischen Sinne existieren die Tschetschenen nicht mehr, und hieran wird sich auch lange nichts ändern.

Die Kräfte, die Wladimir Putin und Rußland herausforderten, können sich nicht auf die islamische Zivilisation berufen. Diese ist in mancher Hinsicht sehr schwach; sie benötigt dringend Partner zur Verwirklichung ihrer geopolitischen Ambitionen: Rußland, Europa, die asiatischen Länder sowie andere potentielle Eckpfeiler einer multipolaren Welt. Der Islamismus, der islamische Radikalismus, der Wahabismus und Al-Kaida handeln allesamt gegen die Interessen der Muslime und gegen die Umma[84] – im Namen der Ideale ihrer eigenen häretischen Sekte (des sogenannten „reinen Islam", die man als „islamischen Protestantismus" bezeichnen könnte) sowie zum Nutzen der unipolaren Welt des Nordatlantik. Die Verbrechen islamischer Terroristen nützen nicht dem Islam, sondern im Gegenteil dessen Gegnern und sind den Interessen jener Leute dienlich, gegen die sich der Kampf vorgeblich richtet. Die Islamisten und ähnliche Kräfte – diverse „internationale" Organisationen und „islamische Komitees" – müssen ausgelöscht werden. Dies liegt im besten Interesse der Menschheit im allgemeinen sowie der Muslime selbst. Indem sie gegen Moskau zuschlugen, fügten diese Kräfte dem Islam schwersten Schaden zu.

Im Westen, insbesondere in den USA, war man zu Beginn von Putins erster Präsidentschaft geteilter Meinung über ihn. Manche stellten sich auf den Standpunkt, Putin sei für den Westen annehmbar und gegenüber den USA hinreichend loyal. Andere – Brzezinski, Wolfowitz usw. – waren überzeugt, daß Putin gegenüber dem Westen lediglich eine Beschwichtigungspolitik betrieb, um Rußland die dringend benötigte Atempause zu verschaffen, und daß sich das Land bald wieder erheben würde. Mit der Unterstützung putinfeindlicher Kreise, bestehend aus

---

[84] In der islamischen Weltanschauung ist die Umma die Gemeinschaft aller Muslime der Welt.

russischen Bürgern sowie aus Leuten, die einmal die russische Staatsbürgerschaft besessen hatten, beschloß die zweite Gruppe herauszufinden, ob Putins System, das einigen äußerlichen Anzeichen nach bereits Risse zeigte, sich einem ernsthaften Test gewachsen zeigen würde. Der Terroranschlag im Dubrowka-Theater war eine Art „Reality check", ganz ähnlich wie der georgische Angriff auf Südossetien im August 2008.

Es liegt auf der Hand, daß der Angriff auf das Dubrowka-Theater von diesen geopolitischen Kräften inszeniert worden war. Die tschetschenischen Islamisten (Moswar Barajew[85] war ein Zögling des Islamisten al-Chattab[86] sowie seines Assistenten, die – wie heute weithin bekannt ist – beide für die CIA arbeiteten) spielten den Atlantikern in die Hände. Die Fernsehkanäle zeigten die „Schwestern", ganz in schwarz gehüllt; nur ihre Augen waren sichtbar – sie waren Araber, keine Tschetschenen. Es stellte sich später heraus, daß die Leute, welche die Terroristen in Moskau logistisch unterstützt hatten, gar nicht der tschetschenischen Diaspora angehörten.

Als die Terroristen den ersten Teil ihres Plans verwirklicht hatten, traten viele Dinge klar zutage. Wie schon in den letzten Regierungsjahren Jelzins meldeten sich die sogenannten demokratischen Politiker wieder zu Wort: Chakamada,[87] Nemzow, Jawlinski, Kobson, ja sogar der alte Primakow, wobei ihnen die von den emigrierten Oligarchen gegründeten Medienorgane als Sprachrohr dienten. Die in Vergessenheit geratenen Schlagwörter der „Menschenrechtsaktivisten" wie „Nein zum Krieg in Tschetschenien" erklangen nun wieder in voller Lautstärke. Hätte diese Kampagne ungehindert weitergehen können, wäre Putin seiner politischen Legitimität für immer verlustig gegangen, und wir würden heute in einem ganz anderen Land leben.

---

[85] Moswar Barajew (1969–2002) war der Anführer der Tschetschenen, die in das Theater eindrangen.

[86] Ibn al-Chattab (1969–2002) war ein gebürtiger Saudi, der sich in den achtziger Jahren als Dschihadist in Afghanistan am bewaffneten Kampf gegen die sowjetischen Truppen beteiligte und später – ebenfalls in Afghanistan – in einem von Al-Kaida geleiteten Lager ausgebildet wurde. 1995 begab er sich nach Tschetschenien und kämpfte in beiden Tschetschenienkriegen, und später auch in Dagestan, gegen die Russen. Im März 2002 wurde er vom russischen Geheimdienst FSB liquidiert.

[87] Die liberale Politikerin Irina Chakamada trat bei den Präsidentschaftswahlen 2004 gegen Putin an.

Dies war ja auch das Ziel des verbrecherischen Komplotts gewesen: Putin sollte als Schwächling dargestellt werden, der sich in entscheidenden Fragen nicht zu klaren Entscheidungen durchringen konnte, und Rußland sollte wie während der Jelzin-Ära als weltpolitischer Akteur ausgeschaltet werden.

Wie beklemmend real diese Herausforderung war, ging auch aus einem anderen Aspekt der Geiselkrise hervor: Wenn die Geiseln ums Leben kämen, würde Putin sich höchstwahrscheinlich gezwungen sehen, seine Autorität unter Beweis zu stellen, indem er Maßnahmen ergriffe, auf die er psychologisch nicht vorbereitet war. Außerdem konnte eine solche Entwicklung eine unkontrollierbare Explosion des Volkszorns sowie eine jähe Zunahme der ethnischen Spannungen hervorrufen, was das Land an den Rand eines Bürgerkriegs gebracht hätte. Die Organisatoren der terroristischen Aktion hatten all dies sorgsam durchdacht: Einer solchen Herausforderung, kalkulierten sie, würde sich das von Putin begründete System, das zuvor schon in weitaus weniger brisanten Situationen versagt hatte, nicht gewachsen zeigen. Wladimir Putin würde sich genötigt sehen, seine radikale Entscheidung mit einer Reihe politischer Maßnahmen zu flankieren, die so drastisch sein würden, daß sie verheerende Folgen für das Land und das russische Volk nach sich ziehen mußten. Der russischen Führung stand nur eine Lösung offen: Sie mußte einen gefahrvollen Engpaß durchschreiten und einen Entscheid von derselben Tragweite fällen wie weiland die Argonauten bei den Symplegaden.[88]

Nach der Geiselnahme im Dubrowka-Theater wurden Putin, das in Rußland herrschende politische System sowie Rußland selbst vom Geheimdienst gerettet. Es gelang diesem, eine scheinbar ausweglose Situation zu meistern. Am 26. Oktober wurde das Theatergebäude gestürmt, und von den 830 Geiseln überlebten rund 700. Damit blieb Rußland eine Krise verheerenden Ausmaßes erspart.

---

[88] Die Symplegaden waren in der griechischen Mythologie zwei schwimmende Felsen, die sich an der Mündung des Bosporus in das Schwarze Meer befanden und regelmäßig zusammenprallten, so daß Schiffen die Durchfahrt verwehrt blieb. Nachdem es Jason und seinen Argonauten geglückt war, zwischen den Felsen hindurchzufahren, hörten diese auf, sich zu bewegen.

Während der Geiselkrise zeichneten sich vor allem die beiden Fernsehkanäle „Kanal 1" und „Rußland" (die auf der Seite Wladimir Putins, des Volkes und der Polizei standen) durch ihre hervorragende Berichterstattung aus. Sie bewährten sich in dieser außergewöhnlich schwierigen Situation voll und ganz und stellten ihre nationale Gesinnung eindeutig unter Beweis. Auf den Sender TVC traf dies hingegen nicht zu. Es machte den Anschein, als hätte der damalige Moskauer Bürgermeister Juri Luschkow nur auf einen Gesichtsverlust des Kremls gewartet. Alles in allem erwies es sich, daß Rußland unter Putin im Vergleich zur Jelzin-Ära einen gewaltigen Schritt nach vorn getan hatte. Hätte sich das Drama vor Putins Machtübernahme ereignet, so hätten die Terroristen auf allen russischen Kanälen Pressekonferenzen geben, sich telefonisch mit führenden Politikern unterhalten und dabei eine Geisel nach der anderen erschießen dürfen. Die Geiselnahme im Dubrowka-Theater erwies sich für Putin auch insofern als Test, als sie bewies, daß die Lösung der Nordkaukasusfrage sowie die Gewährleistung der öffentlichen Sicherheit ganz allgemein nicht nur von der Polizei und der Armee oder von der internationalen Gemeinschaft abhing. Sie wurde auch durch die Korruption der politischen Klasse einschließlich des Militärs unmöglich gemacht. Diese Probleme lassen sich ohne eine konkrete und substantielle Revolution in den politischen Kadern nicht lösen. Heute ist eine solche Revolution unvermeidlich.

Die Versuchung der Leere

Abgesehen von den unmittelbaren außen- und innenpolitischen Herausforderungen, denen er sich gegenübersah, mußte Putin auch gegen die „Illusion des Friedens" ankämpfen, was eine Veränderung der vorherrschenden Mentalität voraussetzte. Die liberalen, nationalistischen und kommunistischen Kräfte waren dermaßen marginalisiert und untereinander zerstritten, daß sie für niemanden mehr eine Bedrohung darstellten, und in der russischen Gesellschaft schien ein allgemeiner Konsens zu herrschen. Diese illusorische politische Versöhnung war größtenteils von Einflußagenten fabriziert worden. Die

Schönredner im Kreml, allen voran Wladislaw Surkow, hatten die Tatsache, daß das politische Leben im Rußland der 1990er Jahre vollkommen künstlich, „theatralisch" und manipuliert war, ausgenutzt, um diese Farce bis zum Absurden zu führen.

Die Entpolitisierung wurde zur Grundlage der „neuen Politik". Es lohnt sich der Hinweis darauf, daß die Programme der politischen Parteien Rußlands nicht die geringsten Ansätze einer zusammenhängenden politischen Philosophie enthalten und weitgehend aus willkürlich zusammengewürfelten Forderungen und populistischen Schlagwörtern bestehen. Die politischen Parteien unseres Landes besitzen keine ideologisch geprägten Zeitschriften, keine Institutionen, keine Denkfabriken, die diesen Namen verdienen, und keine Stiftungen zur Förderung intellektueller Projekte. Die Entpolitisierung hatte Putin buchstäblich zum wichtigsten politischen Projekt gemacht und ihm unbegrenzte Handlungsfreiheit gesichert. Wie dereinst Ludwig XIV.[89] kann Putin ohne weiteres behaupten: „Der Staat bin ich." Diese Situation beschwört allerdings folgende Frage herauf: Wenn Putin der Staat ist, was ist dann Putins politische Substanz? Selbstverständlich versteht die Mehrheit der Russen den Präsidenten implizit: Putin ist für Rußland, Putin ist nicht Jelzin, Putin ist gegen die Oligarchie, Putin fördert das Wachstum des Bruttosozialprodukts, Putin ist gegen Rechtsbruch, Terrorismus und Extremismus, Putin unterstützt die Modernisierung, Putin ist unabhängig und autark, Putin ist mächtig – bald brutal, bald tolerant.

Die Demontage der politischen Institutionen, die sich als Ergebnis des Reformprozesses überlebt hatten, war mittlerweile abgeschlossen. Es zeugte von einer klugen Taktik, die Öffentlichkeit während der ersten Phase des Prozesses in kleinen Dosen über die zweite, positive Hälfte des Programms zu informieren. Diese Taktik demoralisierte Putins Gegner. Doch hatte sich die Situation tiefgreifend gewandelt. Was in der vorhergehenden Phase eine Errungenschaft gewesen war – die Entpolitisierung –, war inzwischen zur Drohung, zum Hindernis und zur Herausforderung geworden.

---

[89] Ludwig XIV. (1638–1715) war von 1643 bis zu seinem Tode König von Frankreich. Er machte dieses zur Führungsmacht in Europa und konsolidierte die politische Macht über das Land durch eine absolutistische Regierungsform.

Mit anderen Worten: Das wichtigste Subjekt der russischen Politik, Wladimir Wladimirowitsch Putin, stand am Scheideweg: Entweder gelang es ihm, eine neue, lebensfähige politische Struktur aus dem Boden zu stampfen und seine Anhänger (die Partei „Einiges Rußland", die Regierung, das Parlament und den Föderationsrat) mit der Entwicklung einer organischen, widerspruchsfreien Ideologie, einer nationalen Strategie und einer politischen Philosophie zu beauftragen, oder aber er beließ alles beim alten, zementierte den Status quo und begnügte sich damit, gehorsame und de facto machtlose Marionetten an seinen Fäden tanzen zu lassen. Die Alternative zwischen diesen beiden Wegen war nicht auf den ersten Blick erkennbar, und beide Varianten waren mit erheblichen Risiken behaftet. Entschied sich Putin für die Entwicklung eines langfristigen und sinnvollen politischen Projekts – einer kohärenten Strategie, die auf einem ideologischen Fundament beruhte –, so investierte er hierdurch sein persönliches Kapital in ein politisches System, das nicht auf eigenen Füßen stehen und sich nicht aus eigener Kraft weiterentwickeln konnte. In diesem Fall würde er seine heute kolossale politische Macht mit anderen teilen müssen: Nicht nur mit seinen Gefolgsleuten, sondern auch mit Oppositionellen, die damit eine ideologische Legitimierung erhalten und folglich Partner bei einem ideologischen und politischen Dialog sein würden. Die damit für Putin verbundenen Risiken waren nicht zu übersehen, doch ist dies der Preis, den man für einen Platz in der Geschichte bezahlen muß, für die Schaffung von etwas, das größer ist als eine individuelle Persönlichkeit und wichtiger als eine noch so phantastische Karriere.

Die zweite Option war die „Bewahrung der Leere". Putin hätte die bestehenden Mechanismen, die eine Politik simulierten, sowie die Opposition nicht antasten und mit der „Reality Show" fortfahren können – einer hektischen Show, welche die sozialen und wirtschaftlichen Interessen der diversen Gruppen in aller Klarheit erkennen ließ und ein abstoßendes Zerrbild echter Demokratie darstellte. Dies hätte seine Anhänger, die Intellektuellen sowie die Öffentlichkeit langfristig bitter enttäuscht. Früher oder später wäre Putin nicht umhingekommen, die zuvor verborgene Natur der bestehenden Realität zu enthüllen.

Während seiner ersten acht Amtsjahre begnügte sich Putin nicht damit, das von seinem Vorgänger Jelzin geschaffene politische System zu transformieren oder zu modifizieren, sondern demontierte es gnadenlos. Er zerstörte alle Aspekte der Farce, deckte die von der Opposition gesponnenen Intrigen auf, erstickte verdächtige Entwicklungen im Keim und hatte in jeder Hinsicht Erfolg. Die aufsässigen Oligarchen wurden ins Exil getrieben oder wanderten hinter schwedische Gardinen. Das nationalpatriotische Lager, das unter Jelzin nur geringfügig behelligt worden war, wurde zerschlagen. Die Gouverneure sowie die Mitglieder des Föderationsrats wurden an die Kandare genommen. Alexander Woloschin, der allmächtige Meister der politischen Visionen, verschwand in der Versenkung, gefolgt von Kasjanow, der unter Jelzin die Begleichung der russischen Auslandsschulden ausgehandelt hatte, und seinem Kabinett. Chodorkowski wurde eingesperrt, und auch die restlichen Spießgesellen Jelzins wurden kaltgestellt. Die „Union der rechten Kräfte" sowie die liberale Jabloko-Partei verloren ihre Sitze in der Duma. Kudrins Regierung, die aus lauter Liberalen bestanden hatte, wurde abgesetzt. Wladislaw Surkow wurde gefeuert. Nur Anatoli Tschubais vermochte sich in einer Spitzenposition zu behaupten.

Putin hat mittlerweile keine ernstzunehmenden Gegner und Konkurrenten mehr. Um ihn herum herrscht Leere. Und diese Leere ist sein Hauptfeind, das Subjekt des Dialogs. Putin ist dazu verurteilt, gegen die Leere anzukämpfen.

Ein „großes Land" ist eine lebensfähige Alternative zur Leere – nicht als Gegner, sondern als System zur Unterstützung Putins, das ihn als Testament, als Mission, als höheres Ziel begleiten würde. Das Land haßt die Regierung, die Beamten und jene Leute, welche die Politik de facto ausgeschaltet haben, indem sie die Bürokratie in eine einzige herrschende Klasse verwandelt und unsere Kultur, unsere Wirtschaft sowie die gesamte gesellschaftliche Sphäre zerstörten. Würde der Präsident die ganze Regierung erschießen lassen, so würde sich das Volk schadenfroh die Hände reiben. Putin mausert sich erst jetzt zu

dem „wirklichen" Putin, nachdem er die Ernsthaftigkeit des
von ihm eingeleiteten Transformationsprozesses mit sehr konkreten und überzeugenden Schritten unter Beweis gestellt hat,
die dem Volk und den politischen Eliten verständlich sind. Wir
werden den Putin, der als Folge dieser Entscheidungen immer
klarere Konturen annimmt, aufmerksam beobachten – den
Helden, der die Leere überwunden hat. Den Putin jenseits der
Leere. Unseren eurasischen Putin.

Putin und die Leere II: Politische Einsamkeit

In den Monaten vor den Präsidentschaftswahlen von 2012
wußte jedermann, daß Putin das Rennen machen würde. Es
war jedem klar, daß es sich nicht um eine gewöhnliche Wahl
handelte, sondern um eine landesweite Bestätigung von Putins
Mandat als nationaler Führer. Putin hatte keine ebenbürtigen
Widersacher und brauchte keine ernsthafte Opposition zu
fürchten. Er stand allein auf weiter Flur. Ihm gegenüber stand
ein Nichts – eine Leere. Dies war zweifellos eine gute Sache,
doch barg diese Leere mit ihren verborgenen Risiken und Gefahren eine zwar unsichtbare, aber gerade darum um so furcht-
barere Drohung in sich.
Wie zuvor hervorgehoben, hatte Putin die Voraussetzungen für seinen Erdrutschsieg bei den Wahlen 2012 nicht im
Handumdrehen geschaffen. Durch seine unbeugsame Position
in der Tschetschenienfrage, die sich schroff von der Duck-
mäuserei und dem chaotischen Regierungsstil Jelzins abhob,
hatte er einen erheblichen Teil des Volkes für sich gewonnen.
Man begriff, daß Putin Rußland seinen früheren Status als
Großmacht zurückgeben wollte, wobei man davon ausging,
daß er unser neues, liberales Wirtschaftssystem beibehalten,
marktwirtschaftliche Reformen durchführen und die guten
Beziehungen zum Westen aufrechterhalten würde. Diese
Strategie wurde von fast allen Spitzenpolitikern Rußlands
akzeptiert. Seine beharrlichen Bestrebungen zur Wiederherstellung der russischen Großmachtrolle fand bei den Patrioten, ja selbst bei den Kommunisten Anklang. Zugleich be-
eindruckten sein Liberalismus und seine gemäßigte Politik

gegenüber dem Westen die Liberalen. Damals verkörperte Putin einen Konsens zwischen den Eliten. Allerdings war der damalige Putin ein anderer Mann als der heutige Putin, der sich nach dem Beginn seiner zweiten Präsidentschaft herauskristallisiert hat.

Die Struktur der Nicht-Leere

Wie kam es dazu, daß vor den Wahlen 2012 um Putin herum eine Leere herrschte? Man rufe sich in Erinnerung, daß er zu Beginn seiner Präsidentschaft von folgenden Akteuren umgeben war: Die „Familie" (eine Gruppe von immens mächtigen Personen, die Rußland während der Jelzin-Epoche de facto regiert hatten); die regionalen Barone, die strukturell im Dachverband einer einzigen einflußreichen Organisation, des Föderationsrats, sowie politisch in der gemäßigten Oppositionspartei „Heimat – das ganze Rußland" geeinigt waren; nationale Republiken wie Tatarstan, Baschkirien, Tschuwaschien, Jakutien u.a., die immer unabhängiger von der Zentralregierung wurden; Tschetschenien, das damals als unzerstörbarer Herd des Separatismus und Terrorismus erschien; mächtige Medienzaren, welche die Wahrheit nach Belieben zu ihrem eigenen Nutzen verzerren konnten; große Clans von Oligarchen, die von internationalen Interessen und Korporationen unterstützt wurden und fast schon völlige Unabhängigkeit von der nationalen Regierung genossen, so daß sie als „transnationale" und „extraterritoriale" Entitäten operieren konnten; die starken Oppositionsparteien, die sowohl mit der Rechten (Union der rechten Kräfte, Jabloko) als auch mit der Linken (der Kommunistischen Partei Rußlands) in einen Dialog einzutreten gedachten. Wladimir Putin verwendete seine beiden ersten Amtszeiten darauf, die Zahl dieser unabhängigen Akteure methodisch zu verringern. Heute ist diese Mission weitgehend erfüllt: Die Abhängigkeit der Regierung von der „Familie" gehört der Geschichte an; der Föderationsrat ist reformiert worden; die Partei „Heimat – das ganze Rußland" ist in „Einiges Rußland" aufgegangen, die Putin aufs Wort gehorcht; die nationalen Republiken geben ihre Ansprüche auf

Souveränität Schritt für Schritt auf und sind nicht länger auf ein Kräftemessen mit dem Zentrum erpicht; Tschetschenien ist zurückerobert worden, und Widerstand regt sich dort kaum noch; den berüchtigtsten Oligarchen wurden die Flügel gestutzt; die Union der rechten Kräfte existiert nicht mehr; Jabloko ist nicht im Parlament vertreten; die Kommunistische Partei ist sowohl organisatorisch als auch moralisch zum Schweigen gebracht worden. Putin steht niemandem mehr gegenüber außer sich selbst.

Was folgt als nächstes?

Heute ist die dringlichste Frage nicht die vom Westen gestellte „Wer ist Herr Putin?", sondern diejenige, die ihm von den Russen gestellt wird; sie lautet: „Was folgt als nächstes, Wladimir Wladimirowitsch?" Um die Antwort darauf zu finden, wollen wir jenen Faktor unter die Lupe nehmen, der alle aus der Frontlinie der russischen Politik verschwundenen Kräfte einte und dessen Verschwinden eine neue Bedrohung heraufbeschworen hat: Die Gefahr der Leere.

Die Kräfte, die während der ersten acht Jahre von Putins Präsidentschaft die erste Geige gespielt hatten, lassen sich allgemein als „Kräfte der Desintegration" charakterisieren. Sie waren unter den Ruinen des Imperiums hervorgekrochen, zu dessen Untergang sie emsig beigetragen hatten, nutzten das durch seinen Sturz (einschließlich des Niedergangs von Wirtschaft, Staat, Kultur, Gesellschaft und Nation) hervorgerufene Moment geschickt aus und planten, zukünftig noch destruktivere Kräfte zu fördern. Sie verstanden sich in Rußland als Fremde und machten kein Hehl aus ihrem Opportunismus. Metaphorisch ausgedrückt, setzten Oligarchen, Liberale, Separatisten sowie prowestliche Demokraten und Medienmogule alle auf den Untergang Rußlands als Staat und verkauften ihre Aktien weit unter dem Marktpreis, um den Boden für die „totale Liquidierung" vorzubereiten. Sie verfochten alle ihre Eigeninteressen, arbeiteten jedoch bei einer einzigen Operation, dem Ausverkauf unserer Nation, zusammen. Ihr Einfluß erklärte sich dadurch, daß die Personen, die ihnen die nötige finanzielle Rückendeckung gewähren konnten, in jenen dunklen Tagen im Ausland saßen und der Befehl zum Ausverkauf des Vaterlandes auf ideologischem, wirtschaftlichem, kulturellem und territorialem Gebiet letzten Endes von ihnen kam.

Geben wir uns keinen Illusionen hin: Die Landesverräter einigten sich darauf, Putin als temporäre Lösung das Präsidentenamt anzuvertrauen, weil sie davon ausgingen, daß sie die Kontrolle über die Regierung beibehalten und gemeinsam mit ihren fremden Auftraggebern auch weiterhin den Kurs des Staatsschiffs bestimmen würden. Doch dieses Kalkül ging nicht auf. Putin begann, die hauptsächlichen Akteure der „Lenkung von außen" methodisch und beharrlich auszuschalten und reduzierte ihren Einfluß auf ein absolutes Minimum.

Der „Wurm, der nicht stirbt"[90] und Putins neue Männer

Daß Wladimir Putin den ersten Teil seines Programms verwirklicht hat, ist unbestreitbar. Seine erste Präsidentschaft war der Aufgabe gewidmet, in der russischen Politik reinen Tisch zu machen und den von seinem Vorgänger ererbten „Rohentwurf" zu liquidieren. Putin bestand diese Prüfung mit Bravour und befindet sich heute, nach den Wahlen des Jahres 2018, in einer seltsamen Lage: Die Kräfte des Bösen (in seiner aktivsten und aggressivsten Form) sind zwar besiegt, aber die Zukunft Rußlands hängt vollständig in der Luft.

Aus diesem Grund ist die zuvor erwähnte Leere ein sehr komplexes Phänomen. Erstens konnte diese Leere die Saat neuer oppositioneller Kräfte in sich bergen, und die Oligarchen haben bereits 2004 versucht, sie zum „Boykott der Wahlen" auszunutzen.[91] Ihrer Logik zufolge bewies die Tatsache, daß es

---

[90] Nach Markus 9, 48. Dort wird die Hölle als Ort beschrieben, „wo der Wurm nicht stirbt und das Feuer nicht erlischt".

[91] Vor den Wahlen von 2004 führte Gary Kasparow eine Koalition an, die die Russen mit der Begründung, diese Wahlen würden eine Farce sein, zu deren Boykott aufrief.

keine realistische Alternative zu Putin gab, daß er ein Diktator war; sie dämonisierten ihn und taten alles, um ihn in den Augen des Westens zur Persona non grata zu machen. Mit anderen Worten: Da es dieser Verlierer-Truppe nicht gelungen war, einen ernstzunehmenden Gegenkandidaten aufzustellen, versuchten sie gemeinsam, Putins Wahl zu sabotieren, wobei sie sämtliche Schwachstellen in seiner Strategie und Taktik nach Kräften ausschlachteten. Doch heute ist eine Alternative zu Putin noch weniger sichtbar als damals.

Den „Wahlboykott" von 2012[92] vermochte Putin locker wegzustecken: Als nominale Gegenkandidaten wurden seitens der wichtigsten Oppositionsparteien harmlose Figuren aufgestellt, und die Fassade des Pluralismus wurde erfolgreich gewahrt. Wer freilich die Kräfte kennt, die versuchen, Rußland unter der Knute zu halten und seine Wiedergeburt zu verhindern, zweifelt nicht daran, daß der Boykottversuch nur der erste Schritt eines ausgeklügelten Sabotageprogramms war. Da er sich als unwirksam erwies, darf man darauf wetten, daß Putins Gegner die ihn umgebende Leere nutzen werden, um eine neue Strategie zu entwerfen, und ihr nächster Schachzug könnte sich durchaus nicht so leicht kontern lassen.

Zweitens ist die Leere ein Entwurf von Putins neuem Präsidentschaftsprogramm – der neue Putin, der Putin des aktuellen Präsidentenzyklus, der Putin der Zukunft. Sofern ein konkretes Programm existiert, muß es vorläufig verborgen bleiben. Seine Existenz abzustreiten und so zu tun, als gäbe es nur ein „schwarzes Loch", ist die beste politische Strategie. In absehbarer Zeit wird Putin das Tarnmäntelchen abwerfen und ein wundervolles, geniales Modell der Wiedergeburt unseres großen Vaterlandes enthüllen müssen, das wie Gold in der Morgensonne funkelt. Dieser zweite Aspekt der Leere ist lediglich ein geheimer Plan, eine russische „Akte X", in der das Programm für einen Sprung in Richtung nationale Größe dargelegt wird. Ich bin der Ansicht, daß ein solches Projekt mit hoher Wahrscheinlichkeit existiert und die Schaffung

---

[92] Kasparow und andere Putin-Gegner forderten auch vor den Wahlen von 2012 zu deren Boykott auf.

eines eurasischen Imperiums vorsieht. Was für ein Ziel könnte es denn sonst noch verfolgen?

Drittens mag die Leere ein Vorhang sein, hinter dem sich Putins neue Männer verbergen, und zwar nicht nur die „Kerle aus Piter", deren Aufgabe sich darauf beschränkte, dem Präsidenten bei der Säuberung des Territoriums von alten Trümmern zu helfen. Putins neue Männer sind der Weinstock einer geheimen nationalen Elite, gezüchtet in einem Laboratorium fernab der Oligarchen, der politischen Clowns, der zynischen Einflußagenten und der korrupten Marionetten des Jelzin-Systems. Putins neue Männer werden (möglicherweise) die größte Überraschung sein, die aus der Leere auftaucht. Ich weiß das eine oder andere über sie, bin jedoch zu vorsichtig, um bereits jetzt von ihnen zu sprechen.

Putins graue Zone

Zwei Tage nach Putins zweiter Amtseinführung als Präsident fand im tschetschenischen Grosny jene fatale Explosion statt, die Achmat Kadyrow das Leben kostete.[93] Es war dies ein denkbar schlechtes Vorzeichen, und mir schoß unwillkürlich der Gedanke durch den Kopf: „Und wenn Putins Glückssträhne nun zu Ende ist?" Während seiner ersten Präsidentschaft waren die Dinge wie am Schnürchen gelaufen: Er hatte die Krise nach den Anschlägen vom 11. September 2001 sowie die Geiselnahme im Moskauer Dubrowka-Theater im Oktober 2002 ohne ernsthafte Blessuren überstanden. Die hohen Ölpreise, die politische Stabilisierung, die Bändigung der Gouverneure, die Ausschaltung seiner politischen Opponenten und die straffe Kontrolle über die Medien hatten durchwegs dazu beigetragen, Putin in eine Position zu bringen, in der ihm kein Problem und kein Widersacher etwas anzuhaben vermochte. Für Putin schien alles nach Wunsch zu verlaufen; sein Schiff hatte starken Rückenwind, und er brauchte nichts weiter zu tun, als den Kurs leicht zu korrigieren.

---

[93] Achmat Kadyrow (1951–2004) war der von Rußland unterstützte Präsident der tschetschenischen Republik. Am 9. Mai 2004 kam er bei einem Bombenanschlag tschetschenischer Rebellen uns Leben, während er an einer Parade zur Feier des sowjetischen Sieges über Deutschland im Zweiten Weltkrieg teilnahm.

Ein weiterer wichtiger Faktor – der Kontrast – wirkte sich ebenfalls zu Putins Gunsten aus. Die vorhergehenden Präsidenten, Gorbatschow und Jelzin, galten der überwiegenden Mehrheit der Bevölkerung als nationale Katastrophe, als Absurdität hart an der Grenze zum Wahnsinn. Die gesamte Geschichte von Putins unmittelbaren Amtsvorgängern war eine Geschichte von endlosen Verlusten und Zugeständnissen, eine Geschichte der Schande und des Niedergangs. Vor Putins Machtübernahme waren der Staat und sein geopolitischer Einfluß vor unseren Augen geschrumpft. Während Jelzins Präsidentschaft wurde der Kreml zur Brutstätte der Trunksucht, zum Tummelplatz einer oligarchischen Bande und zum Sinnbild für die totale Erosion all jener Werte, die einen Staat stark machen. Im Lichte dieser Entwicklung wurde Putins Amtsantritt von unserer Nation als Erlösung, als Wendepunkt, als Chance aufgefaßt. Die Russen hatten ihre Freude an Putin, egal was er tat. Er war haargenau das, wovon wir geträumt hatten: Ein disziplinierter, junger, seriöser Politiker, der sich um das Wohl des Landes kümmerte.

Putins politische Formel während seiner ersten Präsidentschaft war eine Kombination aus Patriotismus und Liberalismus. Diese Synthese entsprach den Erwartungen der überwältigenden Mehrheit der Russen vollkommen. Die Patrioten applaudierten den Maßnahmen, die er ergriff, um Rußland seinen einstigen Status als Supermacht zurückzugeben. Die Liberalen (zumindest die gemäßigten) zeigten sich befriedigt darüber, daß die meisten ihrer eigenen Leute im wirtschaftlichen Sektor der Regierung verblieben und daß das Land im großen und ganzen an seiner prowestlichen Außenpolitik festhielt. Die Wahlen zur Duma verliefen reibungslos, und bei den Präsidentschaftswahlen errang Putin einen Erdrutschsieg. Seine Amtseinführung am 7. Mai 2004 war die Apotheose seiner Herrschaft. Doch dann verdüsterte sich der Horizont jäh, und die Entwicklung geriet aus dem Lot.

Die Ermordung Kadyrows, die symbolischerweise am 9. Mai stattfand,[94] war ein absolutes Desaster. Den Medienberichten zufolge waren die Gegner der neuen Regierung in Tschetsche-

---

[94] Am 9. Mai 1945 vollzog die deutsche Wehrmacht die bedingungslose Kapitulation vor den Alliierten. Dieses Datum wird in Rußland und in einigen anderen früheren Sowjetrepubliken als „Tag des Sieges" gefeiert.

nien „fast verschwunden", und die Rebellen hatten sich massenweise ergeben. Dann erfolgte wie ein Blitz aus heiterem Himmel der Bombenanschlag, bei dem Achmat Kadyrow den Tod fand. Da ein Unglück selten allein kommt, entfachten die „nicht mehr existierenden", „mit Stumpf und Stil ausgerotteten" und „vernichtend geschlagenen" bewaffneten Widerstandskämpfer am 22. Juni in Inguschetien einen Aufstand, indem sie staatliche Institutionen angriffen. Zur selben Zeit schlug der neue georgische Präsident Micheil Saakaschwili,[95] der wild darauf versessen war, Rußlands wichtigste Verbündete im Südkaukasus auszuschalten, gegen die prorussischen nationalen Minderheiten zu.[96] Kurz zuvor, am 6. Mai, war Aslan Abaschidse[97] als Präsident der prorussischen Region Adscharien im Südwesten Georgiens zurückgetreten und hatte das Gebiet wieder der Kontrolle der georgischen Zentralregierung unterstellt. Im Juli senkte sich zum ersten Mal während Saakaschwilis Präsidentschaft eine dunkle Wolke der Ungewißheit über die Zukunft Südossetiens und Abchasiens.[98]

Während des gleichen Zeitraums riefen die von der Regierung ergriffenen Maßnahmen, durch die zuvor kostenlose staatliche Dienstleistungen kostenpflichtig wurden, bei der Bevölkerung großen Unmut hervor. Hieran vermochte auch eine von Quacksalbern im Kreml inszenierte Schmierenkomödie nichts zu ändern, bei der Obdachlose unter Transparenten mit der Aufschrift „Streicht uns unsere Sozialleistungen. Wir wollen sie nicht" demonstrierten. Obwohl die staatliche Kontrolle

---

[95] Micheil Saakaschwili (geb. 1967) war von 2004 bis 2013 Präsident Georgiens.

[96] Während Saakaschwilis erster Amtszeit fanden in Südossetien zahlreiche bewaffnete Zusammenstöße zwischen dem georgischen Militär und prorussischen Separatisten statt.

[97] Aslan Abaschidse (geb. 1938) war von 1991 bis 2004 Führer der autonomen Republik Adscharien in Georgien. Nach der „Rosenrevolution" von 2003 kam es zu wachsenden Spannungen zwischen Abaschidse und der georgischen Regierung, die ihre Autorität in der separatistisch gesinnten Region des Landes wiederherstellen wollte. Abaschidse bezichtigte die Zentralregierung in Tiflis, auf seinen Sturz hinzuarbeiten, und mobilisierte seine Truppen. Als sich diese weigerten, gegen die in Adscharien einmarschierende georgische Armee zu kämpfen, legte Abaschidse sein Amt nieder und setzte sich nach Rußland ab.

[98] Die georgische Region Abchasien hatte sich ebenso wie Adscharien für autonom erklärt. Nach dem kurzen Russisch-Georgischen Krieg vom August 2008 erklärte sich Abchasien ebenso wie Südossetien für unabhängig.

über die elektronischen Medien sowie die Gleichschaltung der Duma verhinderten, daß die Reaktionen auf diese Verkettung unglücklicher Ereignisse ein politisches Ventil fanden (Komödianten, über die keiner so richtig lachen mochte, versuchten die Empörung des Volkes in Fernsehprogrammen in ungefährliche Bahnen zu lenken, und Oppositionspolitiker, die in der Duma gegen die neuen Maßnahmen protestierten, wurden von Abgeordneten der Partei Einiges Rußland überstimmt), führten diese Rückschläge in ihrer Gesamtheit zu einem unglücklichen Ergebnis: Die ungefährdete, weiße Phase von Putins Herrschaft war vorbei. Wir standen an der Schwelle zu einer „grauen Phase". Diese „graue Phase" bedeutete, daß jene politischen Schachzüge, Formeln, Kniffe und Manöver, die zuvor permanent positive Resultate gezeitigt hatten, von nun an anders beurteilt werden würden. Die „graue Phase" ist der erste Schritt zur Erosion unserer Erwartungen: Es greift Enttäuschung um sich; Unzufriedenheit, Apathie und Erschöpfung machen sich breit. Diese brandgefährlichen Symptome hatten einen erheblichen Einfluß auf den allgemeinen Stil von Putins zweiter Amtszeit. Sie waren auch weitgehend identisch mit den Herausforderungen und Risiken der dritten Amtsperiode. Wir wollen die Anzeichen, die darauf hindeuteten, daß wir in die „graue Phase" eingetreten waren, nun eingehend analysieren.

Erstens: Das Element des Kontrasts. Die Tatsache, daß Jelzin (und erst recht Gorbatschow) allmählich in Vergessenheit gerieten, wirkte sich zu Putins Ungunsten aus. Alle seine Stärken – seine Jugend, seine Nüchternheit, seine Härte, sein Pragmatismus usw. – hoben ihn wohltuend von seinen Vorgängern ab. Doch während seiner zweiten Amtszeit verglichen seine Kritiker Putin mit Putin selbst (oder mit seinem eigenen, immer noch nicht formulierten politischen Programm). Das politische Startkapital, das ihm der Vergleich mit Gorbatschow und Jelzin eingebracht hatte, schmolz dahin, und es wurde zusehends schwieriger, Klagen, Fragen, Beschwerden und Kritik mit dem Hinweis auf die schauderhaften Verhältnisse vor Putin abzuwehren. Hatte es früher ausgereicht, „Putin" zu sagen, um den Kontrast zu Jelzin grell herauszustreichen, so hatte sich die Reaktion der Öffentlichkeit nach dem Eintritt in die „graue Phase" geändert: „Putin? Was hat Putin getan, was tut er jetzt, und was wird er als nächstes tun?" Zu diesem Zeitpunkt mußten wir, seine Anhänger, eine Denkpause einlegen. Zweitens: Die Mannschaft. Der Putin der ersten Amtszeit hatte die verhaßtesten unter den Oligarchen ausgeschaltet; er hatte die „Familie" entmachtet und die bescheidenen, unauffälligen „Kerle aus Piter" in die Regierung aufgenommen. Diese Schritte wurden mit Beifall aufgenommen, weil sie sich gegen die unpopulären früheren Machthaber richteten. Putin handelte vorsichtig, aber logisch. Allein schon die Tatsache, daß er einige der berüchtigtsten Figuren der Jelzin-Ära in die Wüste schickte, hatte während der „weißen Phase" ausgereicht. Doch unmittelbar nach Putins zweitem Amtsantritt erwies es sich, daß dieser Bonus aufgebraucht war. Zahlreiche Einflußagenten aus der „Familie" hatten ihre Machtpositionen beibehalten und hielten an ihrem proamerikanischen, antirussischen Denkschema fest; die meisten Oligarchen machten immer noch ihre Geschäfte; die ruhigen „Kerle aus Piter" erwiesen sich als politisch schwach und waren allenfalls als Hilfstruppen bei internen Querelen sowie bei hinter den Kulissen ablaufenden Kämpfen um die Aufteilung von finanziellen Einflußsphären zu gebrauchen. Weder fand eine nennenswerte politische Rotation statt, noch wurde eine solide Regierungsmannschaft gebildet, und die politische Entwicklung kam zum Stillstand.

Drittens: Tschetschenien. Nach dem Mord an Achmat Kadyrow zeigte es sich, daß die Entscheidung, Tschetschenien mit straffer Hand zu regieren, durch keinerlei signifikante politische Maßnahmen flankiert worden war. Es existierte lediglich eine „virtuelle" Politik, die sich als äußerst fragil herausstellte. Tschetschenien wurde nun von einem Triumvirat regiert, bestehend aus dem mit dieser Aufgabe sichtlich überforderten jungen Russen Sergei Abramow,[99] dem ungeschlachten Kadyrow junior[100] sowie dem alten Haudegen Alu Alcha-

---

[99] Sergei Abramow (geb. 1972) war zum Zeitpunkt des Mords an Achmat Kadyrow Finanzminister und ab 2004 für kurze Zeit Premierminister von Tschetschenien.

[100] Ramsan Kadyrow (geb. 1976) wurde vor der Ermordung seines Vaters Achmat Kadyrow zum stellvertretenden Premierminister Tschetscheniens ernannt. Anno 2007 machte ihn Putin zum Präsidenten von Tschetschenien, nachdem Alu Alchanow dieses Amt niedergelegt hatte.

now.[101] Der Regierungsstil des Triumvirats vermittelte der Öffentlichkeit eine klare Botschaft: In Tschetschenien liegt vieles im Argen. Es ist dies ein heikles Thema, denn die offenkundige Verschiebung einer konkreten politischen Entscheidung machte die „graue Phase" noch grauer.

Viertens: Georgien. Saakaschwilis Machtübernahme war kein Blitz aus heiterem Himmel. Er war vom Ausland aus auf seine Aufgabe vorbereitet und in den Sattel gehoben worden, um eine Aufgabe zu erfüllen: Sie bestand darin, Rußland entweder mit friedlichen oder mit militärischen Mitteln aus dem Südkaukasus zu vertreiben. Die „Rosenrevolution"[102] war praktisch ein Ultimatum an Rußland. Moskau hatte keinerlei konkrete Maßnahmen ergriffen, um ein für unser Land günstigeres Szenarium zu schaffen. Daß der Kreml untätig zusah, wie der adscharische Präsident Aslan Abaschidse aus seinem Amt gejagt wurde, war unannehmbar. Es war ein Rückfall in die Ära Gorbatschows und Jelzins, als Moskau unsere Freunde und Verbündeten verriet und unsere geopolitischen Positionen kampflos preisgab. Daß in Georgien im August 2004 ein regelrechter Krieg in Gestalt permanenter regionaler Konflikte aufflammte, war die logische Folge unserer fundamentalen Irrtümer. Es lag auf der Hand, daß dieses Problem nicht so einfach zu lösen war. Ein wichtiger Punkt sind hier unsere außenpolitischen Prioritäten. Während Putins erster Amtszeit war es Rußland nicht möglich, diese Frage zu klären. Wir legten uns nicht darauf fest, welche westliche Macht wir unterstützen wollten: Stand Rußland auf der Seite der USA oder der Europäischen Union? Welchem politischen Lager in den Vereinigten Staaten sollten wir zuneigen: Den (imperialistischen) Republikanern oder den (globalistischen) Demokraten? Hatten wir in Amerika überhaupt irgendwelche Partner? Auch bezüglich der Gestal-

---

[101] Alu Alchanow (geb. 1957), ein ehemaliger Soldat, war zum Zeitpunkt des Mordes an Achmat Kadyrow tschetschenischer Innenminister. Im August 2004 wurde er zum Präsidenten Tschetscheniens gewählt. Im Februar 2007 enthob ihn Putin dieser Funktion und ernannte ihn dafür zum stellvertretenden Justizminister Rußlands.

[102] Die „Rosenrevolution" wurde von einer gewaltlosen, vom Westen unterstützten Protestbewegung in die Wege geleitet und führte im November 2003 zu einem Regimewechsel in Georgien. Sie wurde von vielen als Schachzug der USA zur Schwächung des russischen Einflusses gedeutet.

tung unserer Beziehungen zu den asiatischen Ländern war noch manches in der Schwebe. Wir erzielten hier zwar einige Fortschritte, verfielen jedoch abermals dem Irrtum, einen pro-amerikanischen Kurs einzuschlagen. Auch die Initiative zur Bekämpfung des „internationalen Terrorismus" scheiterte, als Amerika den Irak besetzte und (besonders im Süden des Landes) ständige Angriffe gegen die Zivilbevölkerung durchführte, obwohl diese weder Al-Kaida noch Saddam Hussein unterstützte. Nachdem Jelzin gegenüber den GUS-Staaten eine übervorsichtige Haltung an den Tag gelegt hatte, erwartete jedermann von Putin eine raschere Integration des postsowjetischen Raums. Anfänglich schienen sich diese Erwartungen zu bestätigen: Die Initiativen Nursultan Nasarbayews[103] wurden endlich vom Kreml unterstützt; 2000 wurde die Eurasische Wirtschaftsgemeinschaft aus der Taufe gehoben; 2002 folgte die Gründung der Organisation des Vertrags über kollektive Sicherheit. Bereits 1996 war eine Union zwischen Rußland und Weißrußland geschaffen worden.[104] Der Einigungsprozeß kam jedoch allmählich zum Stillstand; es wurden keine konkreten Maßnahmen ergriffen, sondern lediglich Deklarationen verabschiedet, und der Marsch in Richtung Integration wurde durch langwierige Detailfragen und private Differenzen verlangsamt. Doch auch auf diesem Feld schien sich alles weit günstiger zu entwickeln als vor Putin.

Wladimir Putins wichtigste Entscheidungen erfolgten auf dem Gebiet der Massenmedien. Er sorgte dafür, daß keine staatsfeindlichen Sendungen mehr ausgestrahlt wurden, was den Patriotismus und das Wiederaufleben nationaler Traditionen stärkte. Der Respekt gegenüber dem Staat und der Regierungspolitik wurde im großen und ganzen wiederhergestellt, und die Medien schwenkten sichtlich auf den neuen Kurs um. Während Putins erster Präsidentschaft, als er sich in der „wei-

---

[103] Nursultan Nasarbayew (geb. 1940) war von 1990 bis 2019 Präsident von Kasachstan.
[104] Diese Union ist eine Art Commonwealth, das 1996 von Rußland und Weißrußland gegründet wurde. Während Rußland auf eine Stärkung der Union hinarbeitete, verfolgte Weißrußland aus Furcht um seine Unabhängigkeit eine zurückhaltendere Politik. Beide Staaten waren Mitglieder der Eurasischen Wirtschaftsgemeinschaft und gehören auch ihrer Nachfolgeorganisation, der 2015 gegründeten Eurasischen Wirtschaftsunion, an.

ßen Phase" befand, war es ein reines Vergnügen, fernzusehen. Doch nach und nach vergaßen wir, wie es vor Putins Machtübernahme im Lande ausgesehen hatte; man gewöhnt sich leicht an gute Dinge, und die öffentliche Aufmerksamkeit wandte sich anderen Fragen zu. Das Fernsehen wurde in wachsendem Maße von Kanälen dominiert, die der Regierung gegenüber sehr voreingenommen waren und nach einem sorgfältig gestrickten Muster über den politischen Prozeß berichteten (was zu dessen fast vollständiger Lähmung führte). Die Gestaltung der Fernsehprogramme zeichnete sich durch vorsätzliche Mißachtung wichtiger und ernsthafter gesellschaftlicher, historischer und kultureller Themen aus. Die dominierende Rolle, die geistlose Spektakel, ungezügelter Voyeurismus, Vulgarität, Schamlosigkeit und Zynismus in den heutigen russischen Medien spielen, kann gar nicht hart genug gerügt werden. Und da sich diese Medien jetzt unter der Kontrolle einer „gelenkten Demokratie" befinden, werden unsere Klagen über diese Entwicklung an die russischen Behörden weitergeleitet. Leider ist die Form von Humor, die heutzutage im Fernsehen gezeigt wird, ein fragwürdiges Kennzeichen der „grauen Phase". Wenn der dicklippige Möchtegern-Schauspieler Maxim Galkin[105] „Rußlands Gesicht" ist, muß etwas faul sein im Staate Rußland.

Was die wirtschaftliche Entwicklung betrifft, war es Putin gelungen, die sozialen Spannungen erheblich zu verringern, indem er den Oligarchen den Fehdehandschuh hinwarf. Im Lichte dieser Tatsache schien die Dominanz liberaler Ökonomen in der nationalen Regierung als eine von Putins zeitweiligen Konzessionen. Doch Gref, Tschubais, Kudrin, Christenko[106] und ihr Widersacher Illarionow drängten weiterhin auf die Durchführung radikaler Schocktherapien im Stil Gaidars, gegen die selbst Jelzin in seinen letzten Amtsjahren halbherzigen Widerstand geleistet hatte. Drastische Erhöhungen der Gebühren für öffentliche Dienstleistungen, der Transportkosten sowie der Preise für Strom und Brennstoff blieben dem russischen Volk nur darum erspart, weil die Ölpreise auf den

---

[105] Maxim Galkin (geb. 1976) ist ein russischer Komödiant.
[106] Viktor Christenko (geb. 1957) war von 2004 bis 2012 Industrieminister.

Weltmärkten weiter stiegen. In der Zukunft werden auch kompetente Stabilisierungsmaßnahmen sowie günstige wirtschaftliche Rahmenbedingungen nicht ausreichen, um das gegenwärtige Ausmaß der Sozialausgaben sowie die entsprechende Indexierung der Einkommen beizubehalten. Das liberale Konzept, das Volk für öffentliche Dienstleistungen bezahlen zu lassen, ist lediglich der erste Schritt in Richtung einer neuen Welle liberaler Reformen und Privatisierungen. Die „graue Zone" schien in der Tat eine trübe Zukunft zu verheißen.

Die Formel „Patriotismus plus Liberalismus" war anfangs durchaus erfolgreich: Jedermann interpretierte sie nach seinem eigenen Gusto, und die meisten waren damit zufrieden. Die Liberalen wie Pawlowski, Tschubais und Surkow betrachteten den „Patriotismus" als bloße Tarnkappe, als Fassade zur Entschärfung des sozialen Drucks. Die Patrioten – die „Kerle aus Piter" sowie die „Silowiki"[107] – hielten die Restauration eines starken Staates sowie einer vertikalen Machtstruktur[108] für vordringlicher als die Restrukturierung der russischen Wirtschaft, waren aber zu Konzessionen bereit, solange Rußland seinen geopolitischen Einfluß und seine Unabhängigkeit bewahrte. Doch ab einem gewissen Zeitpunkt griff die Formel „Patriotismus plus Liberalismus" nicht mehr: Die Liberalen bemühten sich beharrlich, ihre Agenda durchzupeitschen, und versuchten, Putin vom wirtschaftlichen Liberalismus ins geopolitische Lager der Transatlantiker zu führen, um den liberalen Kurs zu vervollständigen; die Patrioten begriffen die negativen sozialen Auswirkungen der liberalen Wirtschaftsreformen und beharrten darauf, die Mechanismen des Marktes den nationalen und sozialen Bedürfnissen des Staates anzupassen. Nachdem sie Putins Formel zur Rechtfertigung ihrer Ausgangspositionen benutzt hatten, erhöhten beide Seiten ihre Erwartungen allmählich. Es gibt keinen Raum für weitere Kompromisse, und Putin wird eine neue Formel benötigen, um einen Ausweg zu finden.

---

[107] Als „Silowiki" bezeichnet man die Angehörigen der Armee und der Geheimdienste. Die Lobby der „Silowiki" vertritt jene Veteranen des russischen Geheimdienstes, die sich der Politik zugewandt haben.

[108] Putin prägte den Ausdruck „vertikale Macht" zur Definition seines Ziels, die Zentralisierung der politischen Macht innerhalb der föderalen Regierung sowie insbesondere im Präsidentenamt zu erreichen.

Als sich Putin noch in der „weißen Phase" seiner Herrschaft befand, ließ sich die Frage der Präsidentschaftswahlen leicht lösen: Die wesentliche Herausforderung bestand darin, die Wiederwahl des Präsidenten möglichst organisch und elegant zu organisieren, da niemand an Putins Sieg als solchem zweifelte. Putin war Putins idealer Nachfolger. Die Wahlen von 2008 (die Verfassung verbot es Putin, nach zwei aufeinanderfolgenden Amtszeiten abermals zu kandidieren) setzten das ganze System dem Risiko des totalen Zusammenbruchs aus. Putins Nachfolger durfte nicht schlechter sein als dieser, aber auch nicht besser. Er konnte die Politik Putins nicht mechanisch weiterführen, weil dessen größte Leistungen in die „weiße Phase" fielen und auf dem Kontrast zum vorherigen, zutiefst negativen Regierungsmodell aufbauten. Der Putin der „grauen Phase" konnte bereits nicht mehr auf diesen Bonus zählen. Um die Analogie mit den „Phasen" weiterzuführen: Am Ende der „grauen Phase" wartete eine weitaus finsterere „schwarze Phase", die unentrinnbar mit dem fatalen Datum 2008 verknüpft war. Ich habe die alarmierenden Symptome der „grauen Phase" in meiner obigen Analyse bereits aufgezählt. Nachdem wir diese Phase erreicht hatten, gab es meiner Überzeugung nach keinen Weg mehr zurück. Persönlich unterstütze ich Wladimir Putin nach wie vor. Alles in allem beurteile ich seine Präsidentschaft, seine wichtigsten Strategien und sein Potential positiv. Dies bedeutet freilich nicht, daß man die schwerwiegenden Probleme, mit denen Rußland gegenwärtig zu ringen hat, unterschätzen oder gar leugnen sollte.

Keine Zeit für Entspannung: Herausforderung durch neue Netzwerke

Nachdem wir die vier gefahrvollen Jahre der Medwedew-Präsidentschaft hinter uns gebracht hatten, machte es den Anschein, als hätte Wladimir Putin keine Bedrohung mehr zu fürchten. Seine Zustimmungsraten blieben recht hoch, und die Leistung seiner Partei „Einiges Rußland" spielte keine Rolle mehr. Dies sollte niemanden überraschen. Im Bewußtsein des

Volkes steht Putin für das Streben zur Wiederherstellung der russischen Souveränität, die – wie uns die Geschichte lehrt – für das russische Volk stets eine Priorität war. Heute liegt es klar auf der Hand: Putin ist nicht die „souveräne Demokratie". Putin ist einfach die „Souveränität", und das Konzept der Demokratie ist lediglich schmückendes Beiwerk. Putin mag ja durchaus an die Demokratie glauben, doch ist dies nicht von Bedeutung, weil viele Menschen aufrichtig an die Demokratie glauben, dieser Glaube jedoch nicht ausreicht, um Putin zu werden. Ehrliche Anhänger der Demokratie entwickeln sich nur allzu oft zum Gegenteil Putins, zu „Orangenrevolutionären",[109] zu Feinden Rußlands und des russischen Volkes. Darum geht es, wenn von „Putin" die Rede ist. Alle Aspekte seiner Herrschaft, die nicht mit der Souveränität in Zusammenhang stehen, sind zweitrangiger Natur. Das zentrale Motiv von Putins Handlungen besteht darin, Rußlands Souveränität angesichts der Globalisierung zu stärken und zu verteidigen. Und darum ist politische Kontinuität so wichtig.

Welchen Drohungen sieht sich Putin bei seinem Streben nach Souveränität nun gegenüber, und wer ist der „Feind" seines Plans?

Der Hauptfeind lauert nicht im Inneren unseres Landes, sondern außerhalb unserer Grenzen. Die Vereinigten Staaten von Amerika verändern die Art und die Methoden ihrer Zusammenarbeit mit anderen Staaten rasch und verfeinern die Technologie der sogenannten „Netzwerk-Kriege". Diese werden vor allem in der Sphäre der Information ausgefochten. Sie basieren auf dem Resonanzeffekt, was bedeutet, daß verschiedene, sonst nicht miteinander verknüpfte ideologische, gesellschaftliche, bürgerliche, wirtschaftliche, ethnologische sowie mit der Migration in Zusammenhang stehende Prozesse von äußeren Agenten ma-

---

[109] Ende 2004 und Anfang 2005 folgten den nationalen Wahlen in der Ukraine große, vom Westen unterstützte Proteste, die zur Folge hatten, daß Viktor Juschtschenko und nicht der zuerst zum Wahlsieger erklärte, relativ prorussisch gesinnte Viktor Janukowitsch Präsident wurde. Die Farbe, die Juschtschenkos Anhänger bevorzugten, war Orange, weshalb von einer orangenen Revolution gesprochen wurde. Ebenso wie die „Rosenrevolution" in Georgien ein Jahr zuvor galt die „orangene Revolution" vielen Russen als Versuch des Westens, Rußlands Macht innerhalb seiner Einflußsphäre zu schwächen.

nipuliert werden, um ein bestimmtes Ziel zu erreichen. Ein Netz-
werk-Krieg zielt in erster Linie darauf ab, den Gegner seiner
Souveränität zu berauben. Hierauf beruht das neue Modell der
Beziehungen zwischen allen Ländern, vor allem zwischen Rußland und den USA – ein Modell, das sich nicht auf eine einfache
Logik reduzieren läßt. Konzepte wie „Entweder Freunde oder
Feinde", „Entweder Konkurrenzkampf oder Partnerschaft" und
„Entweder Konfrontation oder Kooperation" sind nicht länger
gültig. Gegenwärtig stehen die Regierungen der anderen Länder
(einschließlich der Putin-Regierung in Rußland) den Herausforderungen des von den USA aus betriebenen „Netzwerk-Kriegs"
hilflos gegenüber. Sie sind nicht bereit, angemessen darauf zu
reagieren, teils aufgrund der ausgeprägten Unterschiede zwischen ihren historischen Traditionen, aber auch weil sie mit einer
enormen Anzahl technischer und wirtschaftlicher Probleme zu
ringen haben. Doch ist der globale „Netzwerk-Krieg" die trei-
bende Kraft der internationalen Politik, und weder Wladimir
Putin noch unsere Regierung ganz allgemein sind ausreichend
darauf vorbereitet, die Ernsthaftigkeit dieses neuen Problems
auch nur zu verstehen. Unsere führenden Männer sind Produkte
einer ganz anderen Denkschule, und das „Netzwerk" ist, gemeinsam mit den von ihm propagierten postmodernen Werten,
ein fataler Schwachpunkt, der für Rußlands Souveränität sowie
für Putin persönlich die größte Bedrohung darstellt.

Das „Chaos" und seine Strategien

Die heutigen USA repräsentieren einen einzigartigen Typus eines Imperiums. Dieses ist eine Thalassokratie – ein auf Seemacht
begründetes, dezentralisiertes, polyzentrisches und exzentri-
sches Imperium. Zwei postmarxistische Philosophen, der Amerikaner Michael Hardt und der Italiener Antonio Negri, erörtern
dieses Phänomen in ihrem Buch „Empire"[110] ausführlich. Unter
dem Begriff „Imperium" verstand man von alters her eine logische, regulierende, klar umrissene Entität, und das Konzept

---

[110] Michael Hardt und Antonio Negri: „Empire". Harvard University Press, Cambridge /
Massachussets 2000.

eines Imperiums war stets ein Synonym für den Sieg der Ordnung über das Chaos. Doch in der heutigen Welt nehmen Imperien einen paradoxen Charakter an, bei dem Ordnung lediglich vorgetäuscht wird, und die Imperien unserer Tage tendieren dazu, das Chaos heranzuzüchten, statt es zu überwinden. Im Verlauf der gesamten Geschichte hat es zwei Typen von Imperien gegeben: landgestützte und maritime. Im Gegensatz zu landgestützten Imperien wie dem römischen oder den eurasischen Reichen, die vertikale Machtstrukturen bevorzugten bzw. bevorzugen, ist das thalassokratische (maritime) amerikanische Imperium horizontal, auf Netzwerke gegründet, rhizomatisch[111] und knotenartig: Das Zentrum des Imperiums ist überall und nirgends zugleich. In einem Imperium solcher Art verschmilzt die Ordnung mit dem Chaos und erzeugt das, was Negri und Hardt „Chaord" nennen – eine Synthese von Chaos und Ordnung.

Die zentrale These, das wichtigste Argument, das fundamentale politische Ziel und die schärfste Waffe Amerikas in der heutigen Welt ist die Demokratie als sich selbst erhaltendes Virus. In der globalen Welt ist die Förderung der Demokratie eine effiziente Methode zur Ausbreitung des amerikanischen Einflusses. Die westliche Welt fußt auf dem Prinzip der entwickelten individuellen Initiative. Wird die westliche Demokratie auf Gesellschaften projiziert, die von einer Tradition des Individualismus geprägt sind, so schafft sie ein System, in dem die Demokratie als Motor der sozialen Entwicklung wirkt. Als die demokratischen Prinzipien der japanischen Gesellschaft aufgezwungen wurden, funktionierte dieses Modell, weil das Konzept des Individualismus in Japan sehr stark entwickelt ist. Wird die Demokratie jedoch Gesellschaften mit schwach ausgeprägtem Individualismus aufgenötigt, Gesellschaften des holistischen Typus, zerstört sie gewachsene Strukturen und erzeugt Chaos. In einem solchen System erfüllt die Demokratie zugleich eine schöpferische und eine völkermörderische Funktion. Die Formel der Ordnung tritt

---

[111] Das Wort „Rhizom" bedeutet „Wurzelgeflecht". Die Philosophen Gilles Deleuze und Félix Guattari verwendeten die Begriffe „Rhizom" und „rhizomatisch" als Metaphern für ein postmodernes Modell der Weltbeschreibung, das ältere, durch eine Baum-Metapher dargestellte hierarchische Strukturen ersetzt.

dem Chaos zwar entgegen, fördert es jedoch zugleich. Das amerikanische Imperium unserer Zeit bedient sich der Strategie des Chaos aktiv, indem es die demokratische Ideologie auf einen Raum nichtlinearer Prozesse überträgt, die Natur und die Proportionen der internationalen Beziehungen verändert, paradoxe Paradigmen der Entschlußfassung schafft und eine neue Geometrie von Macht, Projekten, Plänen und Konfrontation konstruiert. Rußland wird dem Globalismus nicht mit einem veralteten Antiglobalismus oder einem alternativen Globalismus erfolgreich widerstehen können, ohne sich die Gesetze des Netzwerks sowie die grundlegend neuen Proportionen dieser dynamischen, exzentrischen Strategie des Chaos zunutze zu machen.

Das Objektive und das Subjektive an Putins Kurs

Nachdem wir einige der Herausforderungen untersucht haben, denen sich Wladimir Putin gegenübersieht, gilt es, die Umrisse des neuen Kurses zu betrachten, den er zu steuern gedenkt. Die globalen geopolitischen Prozesse, der subjektive Zustand der russischen Gesellschaft und ihre psychologischen Reaktionen auf die Ereignisse der neunziger Jahre hatten zwangsläufig zur Folge, daß Jelzins Machtmodell einem alternativen Modell weichen mußte. Anderenfalls hätten die neuen, vom Ausland her agierenden Machthaber sowie die Entstehung eines Vakuums im internationalen Kräftegleichgewicht den Untergang Rußlands unvermeidlich gemacht. Während Jelzins Präsidentschaft begann sich Rußland von der internationalen Bühne zu verabschieden, und das weltweite Kräfteverhältnis veränderte sich rasch. Selbstverständlich spürten die Bürger Rußlands die katastrophale Natur dieser Veränderungen intuitiv, was bedeutete, daß Jelzins Erbe – verkörpert durch politische Figuren wie Gaidar, Tschernomyrdin,[112] Nem-

---

[112] Viktor Tschernomyrdin (1938–2010) war der Gründer des staatlich kontrollierten Erdgasförderungsunternehmens Gazprom. Er bekleidete im Verlauf der Jahre mehrere politische Führungspositionen; von 1993 bis 1998 war er Ministerpräsident der Russischen Föderation.

zow, Satarow,[113] Jumaschew, Jawlinski sowie durch Parteien wie die „Union der rechten Kräfte" und Jabloko – keine Chance mehr hatte.

Rußlands neuer politischer Kurs war eng mit Wladimir Putins Persönlichkeit verbunden. Damals stand Rußland am Scheideweg: Es konnte einfach aufhören, in der Form, in der wir es kennen, zu existieren, oder es konnte durch eine Serie von Reformen, wie sie Putin vorschlug, gesunden. Im Grunde hatte Putin, wollte er den Zerfall des Landes verhüten, keine andere Wahl, als diese Reformen durchzuführen. Als kompetenter und verläßlicher Mann begann er das einzige erfolgversprechende politische Programm in die Wege zu leiten, das ihm zur Verfügung stand. Putins politischer Kurs ist ein objektives Phänomen, und als umsichtiger Politiker befolgte er einfach einen Befehl: Einen Befehl, der ihm vom Volk, von der Geschichte Rußlands und von der globalen geopolitischen Lage erteilt worden war. Objektiv war die Wahl dieses Kurses recht einfach, subjektiv hingegen sehr schwierig. Tag für Tag sah der Präsident sich einem Schwarm von Lumpen gegenüber, die keine russische Wiedergeburt wünschten, im Interesse der amerikanischen Supermacht handelten und Putins Ziel sowie den natürlichen Verlauf der Dinge zu sabotieren versuchten.

Zu Putins Ehre zeigte er den antinationalen politischen Eliten die kalte Schulter, vor allem während seiner ersten Präsidentschaft. Er schenkte den diversen Gruppen kein Gehör, die ihn zu einer prowestlichen, antirussischen Politik sowie zur Schaffung einer „Zivilgesellschaft" verleiten wollten, die letzten Endes auf eine Kapitulation Rußlands und Putins politischem Selbstmord sowie zum Scheitern seines Kurses und zum Niedergang seines Landes und Volkes hinausgelaufen wäre. Er stellte sich den Forderungen dieser Eliten gegenüber taub und hörte statt dessen auf die Stimme der Geschichte, des Volkes und der Geopolitik. Putins Kurs fortzuführen, bedeutet, am gesunden Menschenverstand festzuhalten und Rußland als Nation zu bewahren. Wenn wir wollen, daß Rußland am Leben

---

[113] Georgi Satarow (geb. 1947) war ein Berater Jelzins. Nach dessen Rücktritt war er in verschiedenen Anti-Putin-Bewegungen aktiv.

bleibt, müssen wir in Putins Fußstapfen treten. Wollen wir dies nicht, dürfen wir über Alternativen nachdenken. Putins Kurs ist objektiver Natur und de facto der einzig mögliche; man kann lediglich darüber diskutieren, wie rasch wir auf ihm vorwärtsschreiten sollen. Letzten Endes wird man diesem Kurs aufgrund seiner objektiven Vorzüge folgen.

Allerdings weist diese Objektivität einen Schwachpunkt auf: Wladimir Putin hat es versäumt, eine neue Elite zu kreieren, die seine Nachfolge antreten kann; er hat es unterlassen, im subjektiven Bewußtsein der politischen Elite des heutigen Rußlands die Voraussetzungen für die Fortsetzung seines Kurses zu schaffen. Ein persönlicher Nachfolger mag sich ja durchaus finden lassen, aber es fehlt ein kollektiver Nachfolger in Gestalt einer neuen Elite. Die politischen Eliten in Rußland sind immer noch willkürlich zusammengewürfelt, ganz ähnlich, wie es in den 1990er Jahren der Fall war, und Putin hat nichts getan, um diese Tatsache sowie den daraus resultierenden ephemeren Charakter und die wankelmütige Mentalität der politischen und wirtschaftlichen Eliten zu eliminieren. Er setzte ihrer Machtgier keine Grenzen und ließ sie nach Lust und Laune ihren Geschäften nachgehen, statt hier, wie er es bei der Bekämpfung der Korruption tat, ein deutliches Zeichen zu setzen. Dies ist ein Schwachpunkt in seiner persönlichen Kontinuität und ein Schwachpunkt im Schema der Kontinuität an sich.

Unsere gegenwärtigen politischen Eliten zeichnen sich durch totale Inkompetenz und Subjektivismus aus. Dies trifft auch auf die Leute zu, die Putin in führende Positionen gehievt hat, weil auch sie, wie es in Rußland üblich ist, auf gut Glück in ihre Stellungen berufen wurden. Anstatt mit den negativen Tendenzen der politischen Eliten der Jelzin-Ära zu brechen, haben sie sich mit letzteren vermischt. Wenn sie trotz allem besser sind als diese, dann nur, weil sie Putins Befehle befolgen und Putin seinerseits den Befehlen der Geschichte und des russischen Volkes folgt, aber subjektiv gehören sie in dieselbe Kategorie. Subjektiv sind sie nicht erwacht; sie sind sich der historischen Bedeutung ihrer Mission nicht bewußt, verstehen das geopolitische Ziel nicht und empfinden keine Verantwortung gegenüber dem Gemeinwesen. Putin hat keine neuen, ihrer Aufgabe gewachsenen Politiker geschaffen; er hat den Prozeß der Gründung einer solchen Elite noch nicht einmal in Gang gesetzt. Formell würde sich niemand, der in Rußland eine wichtige Rolle anstrebt, gegen die Fortsetzung des gegenwärtigen Kurses aussprechen, doch die subjektive Unfähigkeit der politischen Elite wird während Putins gesamter Herrschaftszeit Machtkämpfe auslösen.

Wir wissen, daß die Gefahr einer massiven Erstarkung der Liberalen praktisch gleich null ist, weil kaum jemand etwas von einer solchen Alternative zu Putins Politik wissen will, weder die Volksmassen noch die Eliten. Wer sich diesem Kurs offen widersetzt, hat nicht die Spur einer Chance. Doch bezüglich der Frage, wie sichergestellt werden kann, daß das Land an Putins Kurs festhält, zeichnen sich am Horizont bereits heute gewisse katastrophale Entwicklungen ab, denen die intellektuelle Seichtheit der politischen Elite Rußlands zugrunde liegt.

Entgegen der Ansicht der breiten Massen kommt diese Gefahr keinesfalls von den „orangenen Revolutionären". Diese erwiesen sich in gewissem Sinne sogar als nützlich, weil die Unpopularität ihrer Position die gesunden Kräfte heute in Putins Lager treibt. Möglicherweise ist die Existenz von Randgruppen, die offen vom Westen und den Oligarchen unterstützt werden (was die Mehrheit der russischen Bevölkerung dazu bewegt, ihnen mit äußerstem Mißtrauen zu begegnen), der einzige Grund dafür, daß Putins Elite einen gewissen Zusammenhalt erkennen läßt, doch der Subjektivismus der an der Macht befindlichen, putinfreundlichen Kräfte läßt nichts Gutes ahnen. Die heutige Situation hätte durchaus geändert werden können, aber statt dessen wurden allerlei Desinformationsmanöver inszeniert, und die Dinge werden sich nur noch verschlimmern. Da Putin beschlossen hat, weiterhin die Verantwortung für das Land zu tragen, ist dies das erste Problem, das er lösen müssen wird.

Wenn es morgen Frühling wird

Gegenwärtig gibt es in Rußland kaum eine Politik, die diesen Namen verdient. Ein politischer Diskurs fehlt, weil niemand ein Bedürfnis danach verspürt. Die Elite braucht ihn nicht, weil eine klar umrissene politische Plattform die Macht der Regierung zwangsläufig beschränken und sie zwingen würde, Rechenschaft darüber abzulegen, ob ihre Handlungen, Leistungen und Erklärungen mit den festgelegten politischen Zielen, Richtlinien und Idealen übereinstimmen. Das Fehlen solcher Ziele, Richtlinien und Ideale bedeutet, daß es keiner solchen Rechenschaft bedarf. Wo es keinen politischen Diskurs gibt, sind Regierung und Behörden vollkommen frei von jeder Verantwortung. Solange man ihnen nicht auf den Pelz rückt, können sie tun, was ihnen beliebt.

Das Nichtvorhandensein eines politischen Diskurses scheint auch den Massen kein Bauchgrimmen zu bereiten. Hierfür gibt es mehrere Gründe. Zunächst einmal entwickelte das Volk in den neunziger Jahren einen regelrechten Abscheu vor der Politik. Es hatte die Nase voll von dem polternden, stupiden Trunkenbold Jelzin, seiner raffgierigen Tochter, der „Familie", den mächtigen, ränkeschmiedenden Oligarchen, dem Geschrei populistischer Politiker und den Veranstaltungen, die sich immer „gegen" etwas zu richten schienen (wogegen genau, wußte kein Mensch). Mit der Politik und dem politischen Diskurs verschwanden zugleich die Neurosen.

Zweitens freuten sich die Menschen unter Putins Präsidentschaft des Lebens. Sie genossen die Mischung von Härte und Toleranz, mit der Putin regierte. Sie applaudierten Putins Alpha-Politik und empfanden Genugtuung darüber, daß der Einfluß der Liberalen in der Regierung zurückgedrängt worden war. Sie schätzten das Gleichgewicht zwischen starker, väterlicher Fürsorge und beruhigender demokratischer Phraseologie. Jedermann konnte sich das aussuchen, was ihm am besten in den Kram paßte. Putins Diskurs war wie eine Therapie, wie die Sentenz eines buddhistischen Zen-Meisters, die zwar unvereinbare Gegensätze enthielt, dem Zuhörer jedoch jede intellektuelle Anstrengung ersparte.

Drittens versteht das russische Volk nichts von Politik; sie verwirrt es nur. Der Kommunismus als politisches Modell zerfiel in den neunziger Jahren, und seine Desintegration, die durch Sjuganows unfähige Führung der Kommunistischen

Partei noch gefördert wurde, dauerte auch nach der Jahrtausendwende an. Der Liberalismus kam bei den Russen ebenfalls nicht gut an. Der Nationalismus erschreckt uns mit seiner ekstatischen Energie. Angesichts dieser drei wenig verlockenden Optionen würde es einer ernsthaften Anstrengung bedürfen, um die Massen für die Politik zu begeistern. Selbst vorfabrizierte politische Rezepte sind nicht so leicht zu verstehen, von kreativem Denken auf dem Feld der politischen Theorie (jenseits von Liberalismus, Kommunismus und Faschismus) ganz zu schweigen. Man möge uns also mit solchen Rezepten verschonen. Vielleicht später einmal...

Dank dieser Dynamik gelangten Regierung und Volk zu dem „Vergeßt-die-Politik-Konsens". So entstand die Struktur der gegenwärtig vorherrschenden Apoliteia.[114] Deren Symbol ist die herrschende Partei der „parteilosen Mehrheit", die sich von politischen Diskussionen fernhält (meines Erachtens mit gutem Grund). In gewissem Sinn ist dies praktizierte Demokratie: Wenn die Mehrheit sich nicht um Politik kümmern will, soll man sie nicht dazu zwingen. Die Frage lautet nur, wie lange diese Dolce Vita[115] noch andauern wird. Wie lange werden wir in der Lage sein, die Politik zu vergessen?

Die Strategie von Medwedews potentieller Partei: Das Netzwerk

Wie sieht das mögliche Szenarium für die Rückkehr der Politik aus? Vor den Wahlen von 2018 hatte Putin einen unbestreitbaren Vorteil, doch war sein schließlich errungener Sieg nicht garantiert. Auch Medwedew hätte bei klugem Vorgehen eine Chance haben können. Die Unterstützung durch liberale PR-Spezialisten und Einflußagenten sowie internationale Rückendeckung war ihm gewiß. Um hierauf angemessen zu reagieren, hatte Putin seiner „Partei" (die immer noch ihrer Gründung harrt und möglicherweise auf der Allrussischen Volksfront basieren wird) mehr Substanz verliehen und sich klarer als bisher zu seinen Zielen

---

[114] Griechisch: Unpolitische Einstellung.
[115] Italienisch: Süßes Leben.

geäußert. All dies ließ im Vorfeld folgende Frage aufkommen: Er mußte sich dafür entscheiden, wessen Unterstützung er für die Wahl 2018 anstreben wollte. Den Intellektuellen war er nie besonders freundlich gesinnt. Der einfachste Weg wäre gewesen, den Stab seines Konkurrenten zu bestechen und Gewalt oder subversive Methoden anzuwenden. Das hat er nicht getan. Statt eine Alternative zur Politik Medwedews zu umreißen (was eine politische Formulierung des Konsenses erforderte, der zwischen Putin und dem Volk bereits de facto, nicht jedoch ideologisch existiert), hat er auf Kontinuität gesetzt.

Hier seien einige Bemerkungen über den internationalen Kontext eingeflochten. Man kann sich lebhaft ausmalen, mit welcher Ungeduld der Westen (insbesondere die USA) die Rückkehr der „Politik" in Rußland erwartet. Für Washington bietet dies eine große Chance, und die Amerikaner werden zweifellos all ihre Agenten in Rußland aktivieren, um ideale Voraussetzungen für die Radikalisierung unserer Nation zu schaffen. 2018 war das Jahr, in dem die ursprünglich für 2008 geplante, infolge Medwedews Wahl zum Präsidenten dann jedoch verschobene Orangenrevolution stattfinden sollte. Für den Westen schien dies der historisch günstigste Augenblick, um den Prozeß der Wiedergeburt Rußlands als souveräne Macht zu unterbrechen. Putins Wiederwahl hat diese Strategie vorerst durchkreuzt.

Zunächst sollte die liberale Schicht in Rußland aktiviert werden: Die zahlreichen Nichtregierungsorganisationen (NGOs), Stiftungen und radikalen Oppositionskräfte. Sie wurden damit beauftragt, in den Medien, der Expertengemeinschaft und unter der Jugend eine gesellschaftliche Atmosphäre zu schaffen, die ungünstig für Putin sein sollte. Das Anti-Putin-Netzwerk wurde aktiviert – nicht das nominelle Reservoir an Staatsbeamten in mittleren Funktionen (die „Tausendschaft des Präsidenten"[116]), sondern das außerhalb Rußlands aufgebaute

---

[116] 2008 kündigte Medwedew, der damals das Amt des Präsidenten bekleidete, ein Programm zur Schulung einer Reserve von Beamten auf allen Ebenen der Regierung an. Die fähigsten unter diesen Beamten, sagte er, würden unter der Bezeichnung „Tausendschaft des Präsidenten" in einer Datenbank registriert werden, damit man im Bedarfsfall jederzeit auf sie zurückgreifen könne.

unsichtbare Netzwerk. In den neunziger Jahren waren solche Netzwerke bei der Unterstützung Jelzins und der jungen Reformer äußerst erfolgreich gewesen. Zu befürchten stand, daß eine neue Spirale der Destabilisierung im Nordkaukasus folgen könnte. Inguschetien, Dagestan, Kabardino-Balkarien und zu einem gewissen Zeitpunkt auch Tschetschenien hätten zum Schauplatz militärischer Operationen werden können. Schließlich hatte der Westen auf diplomatischer Ebene seine dezidierte Unterstützung für einen „liberalen" Kandidaten ausgesprochen. Alles war jedoch vergeblich: Putin errang fast 77 Prozent der abgegebenen Stimmen.

Die Strategie von Putins Partei: Ideologie

Was ist für Putin nach der gewonnenen Wahl die erfolgversprechendste Strategie? Die Politisierung wird ihn dazu veranlassen, zu tun, was er stets auf „später" verschob und niemals anpackte: Die Ausarbeitung einer umfassenden Entwicklungsstrategie für Rußland und die Schaffung seines eigenen politischen Programms. Hinsichtlich dieser Strategie sind die Wünsche der Massen und die Lehren der Geschichte eindeutig. Das Volk erwartet von Putin Ordnung und Zentralisierung: Eine starke „väterliche" (paternalistische) Herrschaft, die vollumfängliche Wiederherstellung von Rußlands Machtposition auf der internationalen Bühne, die Verteidigung der russischen Souveränität sowie eine Rückkehr zum patriotischen Imperialismus. All diese Elemente sind bereits vorhanden, aber sie sind nicht klar definiert und werden nicht im Rahmen eines kohärenten Programms verwirklicht. Nun ist die Zeit hierfür gekommen.

Was allerdings jedermann von Putin erwartet hat, ist ein entschlossenes Vorgehen gegen die Oligarchen. Die Vertreibung von Gussinski, Beresowski, Newzlin[117] und Konsorten war für das Volk ein Geschenk. Die Inhaftierung von Chodorkowski

---

[117] Lenonid Newzlin (geb. 1959) war Vizepräsident von Yukos. Im Jahre 2003 siedelte er nach Israel über. 2008 wurde er in Rußland mehrerer Morde für schuldig befunden, und die russische Regierung forderte von Israel erfolglos seine Auslieferung.

sowie die Verurteilung Lebedews[118] zu einer gemeinnützigen Arbeit waren noch begrüßenswerter. Doch waren diese Schritte isolierte Aktionen, und das Volk braucht ein Programm zur Ausmerzung der Oligarchie als politisches und wirtschaftliches Phänomen. Dieses Programm sollte klar formuliert sein und exemplarisch und systematisch verwirklicht werden. Solange nicht alle „Ikonen" (von Abramowitsch bis hin zu Deripaska[119]) hinter Gittern sitzen, wird das Volk von Unzufriedenheit und Zweifeln geplagt werden. Übrigens ist die Inhaftierung dieser Personen weniger wichtig als eine eindeutige Kritik Putins an der Oligarchie, die in einfache und klare menschliche Worte zu kleiden ist. Solche Worte werden einen stärkeren Effekt haben als die Einkerkerung der Schuldigen. Die Russen sind nicht blutrünstig; wir haben einfach eine Vorliebe für gerechte, moralisch einwandfreie Worte.

Zu guter Letzt wird Putin die künftigen Pläne für Rußland klar umreißen müssen. Er muß die Aussagen seiner Münchner Rede mit zusätzlichen Erläuterungen untermauern; er muß erklären, was eine multipolare Welt bedeutet und warum Rußland eine solche braucht; er muß die Gefahren der liberalen These vom „Ende der Geschichte" schildern; er muß die Voraussetzungen für einen Aufschwung der russischen Wirtschaft erläutern und unsere Einflußsphären in der Welt umreißen. Er muß die tief in der russischen Kultur verwurzelten Werte (Familie, Moral, Gemeinschaftsdenken, Opferbereitschaft, Bewußtsein einer universalen Mission) stärken. Er wird uns eine Zukunft zeigen müssen, die ihm persönlich lieb ist.

Der fortgesetzte Einfluß Putins auf die Beamten, die „Silowiki" und jene, die gemeinsam mit ihm von St. Petersburg nach Moskau kamen, ist ein sehr wichtiger Faktor. Doch können diese Leute nicht von einem Tag auf den anderen in hochrangige politische Positionen berufen werden. Die Beamten und die „Silowiki" sind in noch höherem Ausmaß als die Massen ent-

---

[118] Alexander Lebedew (geb. 1959), ein ehemaliger KGB-Agent, zählte in den letzten Jahren des vergangenen sowie in den ersten Jahren des neuen Jahrhunderts zu den reichsten Oligarchen Rußlands. Später erlitt er viele geschäftliche Rückschläge, und seit 2012 ist sein Vermögen empfindlich geschrumpft.

[119] Der Geschäftsmann Oleg Deripaska (geb. 1968) gehört zu den reichsten Personen Rußlands.

politisiert. Sie haben etwas zu verlieren und werden sich bei einem wirklichen Kampf deswegen mehrheitlich auf die Seite der Sieger schlagen. Als Individuen sind sie größtenteils wertlos, und es lohnt sich nicht, allzu große Hoffnungen in sie zu setzen. Bevor man ihre Unterstützung gewinnen kann, muß man sie politisieren. Und um seine Anhänger zu politisieren, muß man eine Politik haben.

Nach dem Wahlgewinn von 2018 wird Putin, abermals gegen seinen Willen und in gewissem Grad auch gegen den Willen der Massen, ein politisches Programm entwerfen und die Entpolitisierung, der ach so passende und gemütliche Zustand der Apoliteia, (zumindest temporär) beenden müssen. Wenn die Umstände Putin dazu veranlassen, wird er unter anderem ernst mit der Entwicklung eines aussagekräftigen politischen und ideologischen Projekts machen müssen. Dies wäre an sich schon eine gute Sache, aber die Bedrohungen, denen sich Rußland gegenübersieht, erfordern einen solchen Schritt gebieterisch, auch wenn die Rückkehr der Politik in Rußland mit allerlei Risiken behaftet sein wird. Zu diesem Zeitpunkt könnte die widersprüchliche Natur sämtlicher früheren Reformen Putins sehr negative Auswirkungen haben: Der Separatismus wird zweifellos wieder erstarken, ebenso wie die im Land verbliebene fünfte Kolonne (die ein Werkzeug äußerer Einflüsse ist), der Zynismus der Oligarchen, der Niedergang unserer Industrie, die ungelösten sozialen Probleme und die vollkommen unzulängliche moralische Erziehung der jüngeren Generation. Kurz gesagt, wir riskieren einen Rückfall in die 1990er Jahre.

Kapitel 4

Putins Geopolitik

Der außenpolitische Kurswechsel

Wladimir Putins Präsidentschaft war zu Beginn des 21. Jahrhunderts nicht nur durch drastische innenpolitische Veränderungen, sondern auch durch den neuen außenpolitischen Kurs Rußlands geprägt. Die neue, eurasische Ausrichtung nahm mit Putins Besuchen in fernöstlichen Staaten Gestalt an. Daß sich die russische Politik nun zunehmend nach Osten wandte, war eine logische und höchst vernünftige Folge der Tatsache, daß sich die Regierung der geopolitischen Herausforderungen bewußt war, denen sich ihr Land unter den veränderten historischen Bedingungen gegenübersah. Die Kardinalfrage der Weltpolitik war damit auf dem Tisch: Werden wir in einer unipolaren Welt leben, in der die USA das einzige historische Subjekt und alle anderen ihre Vasallen sind, oder wird es möglich sein, eine multipolare Welt zu schaffen? Weder Rußland noch irgendeine andere große Regionalmacht sind allein in der Lage, der geopolitischen Macht Amerikas Paroli zu bieten. Rußlands einzige Chance, ein Subjekt der Geschichte zu bleiben, besteht im Aufbau einer langfristigen Allianz mit großen eurasischen Mächten, die über ein starkes demographisches, wirtschaftliches, militärisches und kulturelles Potential verfügen. Die Fernostreisen des neuen Präsidenten dienten der Festlegung des eurasischen außenpolitischen Kurses, der nach und nach zum Leitmotiv der russischen Politik wurde. Putin legte kühne geopolitische Initiativen vor und bemühte sich um deren Verwirklichung; hierzu gehörte die Belebung der Beziehungen Moskaus zu Berlin, Teheran, Delhi, Peking und Tokio. Alle diese Initiativen sind Bestandteile der eurasischen geopolitischen Strategie – der einzigen für Rußland in Frage kommenden –, und wir sind bereit, Putin bei der Verwirklichung seiner Mission jede mögliche Unterstützung angedeihen zu lassen.

Im Verlauf des Prozesses zur Schaffung enger Beziehungen mit asiatischen Ländern erwarb Rußland langfristige Partner bei seiner wirtschaftlichen und strategischen Entwicklung, legte den Grundstein für den Aufbau einer multipolaren Welt und rief dem Westen in Erinnerung, daß sein Anspruch auf internationale Hegemonie null und nichtig ist und weder von Rußland noch von zahlreichen anderen wichtigen Akteuren auf der weltpolitischen Bühne anerkannt wird. Die Schwerpunkte von Putins Asienreisen zu Beginn seiner ersten Amtszeit sowie eine Analyse der Stellungnahmen und Einschätzungen der verschiedenen regionalen Medien ließen erkennen, daß es sich bei diesen Reisen durchaus nicht um bloße Höflichkeitsbesuche handelte, sondern daß dadurch ein neuer, eurasischer Kurs eingeläutet wurde.

Territoriales Denken

In Rußland galt die Geopolitik lange als „bourgeoise" Pseudowissenschaft. Es sei daran erinnert, daß dieses Fach die Weltgeschichte als Auseinandersetzung zwischen zwei Arten von Zivilisation betrachtet: Seezivilisationen und Landzivilisationen. Für die Geopolitik ist der Raum nicht nur eine geographische, sondern auch eine qualitative Realität; er beeinflußt die Entwicklung der Zivilisation, die auf einem bestimmten Territorium entsteht, und prägt die psychologische Konstellation der dort lebenden Menschen. Dieser Zusammenhang zwischen Kultur, Tradition und Zivilisation einerseits und dem Territorium, auf dem sie entstehen und gedeihen andererseits, bildet die Grundlage der Geopolitik.

Als Begründer der politischen Geographie (der Vorgängerin der Geopolitik) gilt der Deutsche Friedrich Ratzel,[120] während der Begriff „Geopolitik" von dem schwedischen Wissenschaftler Rudolf Kjellén[121] geprägt wurde. Die Grundlagen der Geopolitik

---

[120] Friedrich Ratzel (1844–1901) war ein deutscher Geograph und Ethnologe, der versuchte, diese beiden Fächer in Gestalt einer „Anthropogeographie" zu verbinden. Er gilt als erster geopolitischer Denker Deutschlands.

[121] Rudolf Kjellén (1864–1922) war Politikwissenschaftler und saß auch als konservativer Abgeordneter im schwedischen Reichstag. Als Schüler Ratzels entwickelte er dessen Gedanken weiter. Sein Konzept der Geopolitik hat Haushofer und die deutschen geopolitischen Theoretiker stark beeinflußt.

wurden jedoch von dem englischen Wissenschaftler Sir Halford Mackinder in einem Artikel mit dem Titel „The Geographical Pivot of History"[122] dargelegt. Die Grundidee des Artikels war die Existenz eines Konflikts zwischen landgestützten und maritimen Zivilisationen. Für Mackinder besitzen landgestützte Zivilisationen gewisse Charakteristiken: Hierarchie, autoritäre Denkweise, Vorrang idealistischer Werte vor materiellen, Unterordnung des Individuums unter kollektive und gesellschaftliche Interessen. Maritime Zivilisationen hingegen, argumentierte Mackinder, zeichneten sich durch Individualismus, Plutokratie, Materialismus sowie die Vorstellung aus, daß es möglich sei, verschiedene Wertesysteme auf ihre finanzielle Grundlage zu reduzieren. Als Beispiele nannte er Rom als landgestützte und Karthago als maritime Zivilisation sowie England – die Königin der Meere – und seine kontinentalen Widersacher Frankreich und Deutschland. Die Hochburg der landgestützten Zivilisationen ist das, was geopolitische Denker als „heartland" (Herzland) oder „middle land" (Mittelland) bezeichnen. Hierunter sind die riesigen nördlichen und westlichen Regionen des eurasischen Kontinents zu verstehen, die geographisch und historisch mit dem Territorium Rußlands zusammenfallen – dem Russischen Imperium, der Sowjetunion und der Russischen Föderation.

Diese historische Betrachtungsweise bewog Mackinder zur Schlußfolgerung, daß die natürliche, vorausbestimmte Konfrontation zwischen diesen beiden Zivilisationstypen nicht auf einer Ideologie oder auf nationalen Interessen (welche auch zwischen Staaten mit demselben politischen System divergieren können) beruhen, sondern auf einem fundamentalen zivilisatorischen Gegensatz – einem Prinzip, das so grundlegend und absolut ist wie der Klassenkampf und der Kampf zwischen Arbeit und Kapital im Marxismus. Die Geopolitik schildert die dialektische Auseinandersetzung zwischen Land und Meer, die den Prozeß der historischen Entwicklung in Ländern und Zivilisationen beeinflußt.

---

[122] Sir Halford Mackinder, „The Geographical Pivot of History", in: The Geographical Journal of History, April 1904. Mackinder (1861–1904) war ein englischer Geograph und Direktor der London School of Economics. Er war ein Pionier, der die Geographie als akademisches Fach einführte, und gilt auch als Vater der Geopolitik.

Auf Rußland übertragen, ist die geopolitische Analyse eine Methode zur Definierung strategischer Interessen, auf deren Grundlage man die natürliche und organische Konfrontation zwischen
Rußland (unabhängig von dem dort herrschenden politischen System, das demokratisch, kommunistisch oder zaristisch sein kann)
und der westlichen Welt (mit den englischsprachigen Ländern wie
den USA und ihrem wichtigsten europäischen Verbündeten Großbritannien als Speerspitze) untersucht. Deshalb beweist die Anwendung der geopolitischen Theorie auf die Geschichte, daß die
Konfrontation zwischen dem russischen Imperium und der britischen Krone durch fundamentale geopolitische Parameter vor-
ausbestimmt worden war. Alle großen Konflikte der zweiten Hälfte
des 19. sowie der ersten Hälfte des 20. Jahrhunderts sind im Rahmen dieser Konfrontation zu sehen. Hierzu gehörten der Krim-
krieg, die Balkankriege, die kriegerischen Auseinandersetzungen
in Afghanistan und Zentralasien, die Intervention in China anno
1900 und sogar der Russisch-Japanische Krieg, bei dem die Briten
die Hand im Spiel hatten. Auf soziopolitischer Ebene waren all
diese Kriege Teile einer Konfrontation zwischen zwei Monarchien.
Damals wurde dieser große Konflikt als Zusammenprall imperia-
ler (kolonialer und imperialistischer) Interessen gesehen. Später,
nach der bolschewistischen Machtübernahme in Rußland, entwik-
kelte sich derselbe Konflikt zu einer ideologischen Konfrontation
zwischen Sozialismus und Kapitalismus, doch seine geopolitische
Essenz blieb dieselbe. Die geopolitische Analyse vermag auch eine
Erklärung dafür zu liefern, daß der Übergang zu neuen ideologischen Modellen in Rußland, das liberale und demokratische Werte
offiziell übernommen hat, den geopolitischen Gegensatz zum liberalen, demokratischen Amerika keineswegs entschärft hat.

Die Geopolitik läßt die ideologischen Faktoren hinter dem
Kalten Krieg weniger relevant erscheinen, indem sie sie in ihr
Modell einbettet. Dies bedeutet keinesfalls, daß die Ideologie
keine bedeutsame Rolle spielen würde – eine solche spielt sie
sehr wohl, und daran wird sich auch künftig nichts ändern.
Doch gilt es, die Ideologie vor allem als eine Art von Sublimie-
rung der Geopolitik zu betrachten. Die Entwicklung hat gezeigt, daß sich die Beziehungen zwischen Rußland und dem
Westen ungeachtet unserer Abkehr von der Ideologie, die an-

geblich zum Konflikt zwischen der UdSSR und den USA führte, nicht verbessert haben. Der Westen begegnet Rußland nach wie vor mit Mißtrauen, Unverständnis und Argwohn. Die NATO dehnt sich nach Osten aus und hat unsere Verbündeten, die Serben, bombardiert. Wir machen auch weiterhin Konzessionen, aber man hält uns vor, daß Rußland „ein kriminelles oligarchisches Regime hat", daß die Russen „ein falsches Modell der Demokratie haben" usw. Dies heißt, daß der Westen stets Vorwände finden wird, um Rußland als Feind zu behandeln, und dieses Verhalten hat geopolitische Wurzeln.

Die geopolitische Herangehensweise ist wichtig, weil sie den ideologischen Rauchvorhang lichtet. Außer geopolitischen Erwägungen hat der Westen keinen Grund, den Konfrontationskurs mit Rußland weiterzuführen, was den Erfolg von Zbigniew Brzezinskis Ideen und seines Buchs „The Grand Chessboard"[123] erklärt. Klammert man die Geopolitik aus, so haben die Amerikaner keine Argumente zur Erklärung dieser Situation, und wir auch nicht. Rußland ist zum demokratischen Staat geworden; es besitzt ein Mehrparteiensystem und einen demokratisch gewählten Präsidenten, was bedeutet, daß sein Wertesystem formal dem westlichen gleicht. Doch der entscheidendste Teil unserer Zivilisation hat sich als grundlegend verschieden erwiesen. Um Rußland den ihm gebührenden Platz in der heutigen Welt zu sichern, brauchen wir die Geopolitik. Diese ist keine kurzlebige modische Marotte, sondern unser Schicksal.

In Anbetracht des fundamentalen Dualismus einer Weltzivilisation, die in zwei rivalisierende Systeme zerfällt, konzentriert sich die Geopolitik heutzutage auf zwei globale Zentren, die USA und Rußland. Dort wird die geopolitische Theorie durch die Praxis erhärtet: Sie bestimmt den Prozeß der Beschlußfassung und den globalen Einfluß der beiden Staaten. Die geopolitisch einflußreichste Organisation in den Vereinigten Staaten ist der CFR (Council on Foreign Relations).[124] Als seine be-

---

[123] Zbigniew Brzezinski. The Grand Chessboard: American Primacy and its Geostrategic Imperatives. New York: Basic Books, 1997.

[124] Der Council on Foreign Relations ist ein privater Thinktank, dessen Ursprünge in die Zeit der Friedensverhandlungen nach dem Ersten Weltkrieg zurückgehen. Seinem Selbstverständnis nach will er die Weltpolitik im Sinne friedlicher Konfliktlösungen und im Geiste des Multilateralismus beeinflussen.

deutendsten Theoretiker gelten der 2017 verstorbene Zbigniew Brzezinski sowie Henry Kissinger.[125] Beide übten auch einen starken Einfluß auf zwei internationale Organisationen aus, die wichtige geopolitische Entscheidungen fällen – die Trilaterale Kommission sowie der Bilderberg-Club. Über den CFR bestimmt die Geopolitik die Haltung der meisten amerikanischen Kongreßabgeordneten, Republikaner wie Demokraten, zu strategischen Schlüsselfragen. Dies beweist den universalen Charakter der Geopolitik. Sie bildet die Grundlage des amerikanischen strategischen Denkens. Die hauptsächlichen Werte der Amerikaner werden anhand geopolitischer Prinzipien, Überlegungen und Notwendigkeiten formuliert; zur Diskussion steht lediglich, auf welchem Wege diesen Werten am wirksamsten Nachdruck verschafft werden kann. Man vergleiche beispielsweise Francis Fukuyamas These vom „Ende der Geschichte" sowie Samuel Huntingtons Theorie vom „Zusammenstoß der Zivilisationen".[126] Beide Verfasser sagen voraus, der Westen werde seinem System und seinen Werten weltweit zum Durchbruch verhelfen. Während Fukuyama die Schaffung einer universalen Weltmacht „heute und jetzt" forderte, meinte Huntington, dieses Projekt lasse sich nicht sofort verwirklichen, weil in der internationalen Arena noch zu viele Widersprüche bestünden. Allerdings waren sich die zwei Autoren über das zu verfolgende Ziel einig: Beide plädierten für den Aufbau eines westlich orientierten Weltstaates unter amerikanischer Führung und die Gründung einer Weltregierung. Fukuyama argumentierte, nun – nach dem Kollaps der UdSSR und des sozialistischen Systems – sei die günstigste Zeit für einen solchen Schritt gekommen; Huntington hingegen stellte sich auf den Standpunkt, die Zivilisationen der Welt müßten zuvor noch einen komplexen Prozeß der Schaffung neuer politischer

---

[125] Henry Kissinger (geb. 1923) war von 1969 bis 1973 nationaler Sicherheitsberater des US-Präsidenten und von 1973 bis 1977 US-Außenminister. Von 1977 bis 1981 war er Direktor des CFR.

[126] Samuel Huntington (1927–2008) war ein amerikanischer Politologe, der durch seinen 1993 in der Zeitschrift „Foreign Affairs" publizierten Essay „The Clash of Civilizations" Aufsehen erregte. Später erweiterte der Autor seine Thesen in einem Buch mit demselben Titel. Er sah voraus, daß die nach dem Zusammenbruch des Kommunismus entstehende neue Weltordnung durch Zusammenstöße zwischen kulturellen Blöcken wie dem Westen und der islamischen Welt gekennzeichnet sein werde.

Blöcke und der Integration in dieselben durchlaufen. Die Differenzen zwischen Fukuyama und Huntington waren tiefgreifender Natur, doch argumentierten beide strikt im Rahmen ein und desselben geopolitischen Modells.

Seit dem Beginn der Konfrontation zwischen der atlantischen Welt und dem Osten (Eurasien) ist Rußland das zweitgrößte Zentrum geopolitischen Denkens. In bezug auf ihr geopolitisches Gewicht sind Rußland und Amerika immer noch vergleichbar. Die amerikanischen Strategen denken stellvertretend für die ganze westliche Welt und die gesamte maritime Zivilisation, während die russischen Geopolitiker gezwungen sind, für den Rest der kontinentalen Welt, der landgestützten Zivilisation Eurasiens, zu denken.

Die wichtigste geopolitische Institution in Rußland ist das Zentrum für Geopolitische Studien. Es arbeitet mit parlamentarischen Organen, dem Sicherheitsrat, den Exekutivorganen und der Regierung zusammen und entwickelt wichtige Komponenten der russischen geopolitischen Strategie. Bezüglich seiner Funktionen ist das Zentrum für Geopolitische Studien das Gegenstück zum Council on Foreign Relations, besitzt jedoch leider längst nicht dessen Gewicht, weil die nationalen Führer die überwältigende Bedeutung einer geopolitischen Strategie noch nicht ausreichend begriffen haben. Dies ist jedoch lediglich ein technisches Problem und eine Zeitfrage. Neben dem Zentrum für Geopolitische Studien existiert noch eine Reihe anderer Institutionen, die sich ebenfalls „geopolitische Zentren" nennen, sich im allgemeinen jedoch nur darum mit Geopolitik befassen, weil dies dem Trend entspricht. In den meisten Exekutivorganen bestehen wichtige Sektionen, die – auch wenn ihre Namen dies nicht verraten – eng mit geopolitischen Forschungen verbunden sind. Das Gesamtbild zeigt, daß in Rußland eine geopolitische Schule entsteht und die Geopolitik den Status einer eigenen Wissenschaft erwirbt. Deshalb gibt es „geopolitische" Institute mit wohlklingenden Namen, aber ohne Substanz, und umgekehrt Institutionen, die offiziell nicht für Geopolitik zuständig sind, sich aber sehr wohl mit dieser beschäftigen.

Während die westliche Geopolitik zwangsläufig atlantisch ausgerichtet ist, weist die russische nicht minder zwangsläufig eine eurasische Orientierung auf. Es ist dies keine Frage der Wahl, sondern des nationalen Überlebens. Entweder zielt unsere Strategie auf die Bewahrung Rußlands als Alternative zum Westen ab, oder Rußland wird einfach aufhören zu existieren, und wird zu einem östlichen Wurmfortsatz des Westens werden. Es gilt auch darauf hinzuweisen, daß es zwischen den beiden globalen geopolitischen Polen Zwischenzonen gibt, das sogenannte „Rimland" oder die Küstengebiete. Sie haben ihre eigene Version der Geopolitik, vertreten beispielsweise durch die europäische Schule, deren hervorragendster Exponent, Yves Lacoste,[127] Berater des ehemaligen französischen Präsidenten Mitterrand war und die interessante geopolitische Zeitschrift „Herodotus" herausgibt. Er analysiert geopolitische Fragen in kleinerem Rahmen und vermeidet jene Generalisierungen, die für ihre amerikanischen und russischen Vertreter typisch sind und es auch für die deutsche Geopolitik Karl Haushofers[128] waren. Durch ihre Sachlichkeit zeichnen sich auch die Werke von Pierre Béhat (z.B. „Une géopolitique pour l'Europe: Vers une nouvelle Eurasie?"[129]) sowie das aus der Feder von Pierre Gallois[130] stammende Buch „Géopolitique: Les voies de la puissance"[131] aus.

Im Gegensatz zu letztgenannten Autoren betrachteten die deutschen Geopolitiker die Frage in globalem Maßstab. Haushofer war ein dezidierter Gegner des Zweifrontenkrieges. Seiner Ansicht nach war Deutschland, geopolitisch gesehen, kein unabhängiger Pol, sondern das „Rimland", ein Zwischenraum zwischen Atlantismus und Eurasiertum, und mußte deshalb zwischen einem Bündnis mit der Sowjetunion oder mit England wählen. Schloß es sich mit der UdSSR zusammen, so wur-

---

[127] Yves Lacoste (geb. 1929) hat viele Studien zu geopolitischen Fragen verfaßt und leitet das französische Institut für Geopolitik.

[128] Karl Haushofer (1869–1946) war ein deutscher General, der dazu beitrug, die Geopolitik in Deutschland zum akademisch anerkannten Fach zu machen.

[129] Pierre Béhat. Une géopolitique pour L'Europe: Vers une nouvelle Eurasie? Paris: Editions Desjonqueres, 1992.

[130] Pierre Gallois (1911–2010) war Brigadegeneral in der französischen Luftwaffe. Nachdem er während des Zweiten Weltkriegs als Mitglied einer Bomberbesatzung in der Royal Air Force gedient hatte, war er im französischen Verteidigungsministerium tätig und trug entscheidend zu Frankreichs Beschluß zum Aufbau einer eigenen atomaren Streitkraft bei. Später tat er sich als Geopolitiker hervor und sprach sich entschieden gegen die NATO-Intervention in Serbien im Jahre 1999 aus.

[131] Pierre Gallois. Géopolitique: Les voies de la puissance. Paris: Plon, 1990.

de es dadurch automatisch zum Gegner Englands, und umgekehrt. Wie wir alle wissen, blieb Hitler gegenüber diesen
Warnungen taub und praktizierte eine halsbrecherisch riskante
Geopolitik. Dies war nicht bloß ein Fehler. Es war ein kolos-
sales Verbrechen gegen das deutsche und das russische Volk
und de facto gegen die ganze Welt. Solcher Art können die Folgen eines falschen geopolitischen Modells sein! In geopolitischen Fragen können inkompetente Berater oder Analytiker
unabsehbaren Schaden anrichten.

Alles in allem läßt sich festhalten, daß eine europäische geopolitische Schule existiert und sich in dem Maße, wie sich
Europa dem Status eines unabhängigen politischen Subjekts
annähert, aktiv entwickeln wird. Doch vorderhand ist sie lediglich ein im Entstehen begriffenes Phänomen. In Europa gibt
es noch keine großen, von einer Regierung unterstützten geopolitischen Institute. Sämtliche Forschungen wurden oder werden von individuellen Spezialisten wie dem Österreicher Heinrich Jordis von Lohhausen, den Franzosen Lacoste, Béhar und
Gallois sowie dem Belgier Robert Steuckers durchgeführt.

Als Wissenschaft hat die Geopolitik zahlreiche Gegner, bei denen es sich in aller Regel entweder um reine Marxisten oder um
eingefleischte Liberale wie Soros[132] handelt. Sie erklären ihre eigenen, recht totalitären Ideen für universal und stellen den Einfluß des geographischen Raums auf Geschichte und Politik in Abrede. Nichtsdestoweniger wird die Wissenschaft der Geopolitik
zu einer neuen Denkweise und einer neuen politischen Sprache
des 21. Jahrhunderts, ohne die man keines der innen- oder außenpolitischen Probleme Rußlands verstehen kann. Heutzutage muß
jeder beliebige politische Führer oder Spitzenmanager territorial
denken und in Übereinstimmung mit geopolitischen Kriterien
operieren. Wenn Putin ernsthaft danach trachtet, Rußlands Status
als geopolitisches Subjekt wiederherzustellen, kommt auch er
nicht umhin, in geopolitischen Kategorien zu denken.

---

[132] George Soros (geb. 1930) ist ein US-Milliardär mit ungarischen Wurzeln, der seinen
Reichtum zur Förderung liberaler Anliegen in aller Welt nutzt. Während des Kalten
Krieges finanzierte er viele Dissidentengruppen in Osteuropa und der Sowjetunion,
und er unterstützt in den betreffenden Ländern auch weiterhin prowestliche und liberale Anliegen. Seine Kritiker machen geltend, Soros sei ein Agent amerikanischer
außenpolitischer Interessen.

Patriotische Aufklärung

Die USA marschieren zielstrebig in Richtung Weltherrschaft. Diese ist das offizielle Projekt ihrer Außenpolitik, gleichgültig wer gerade an der Macht ist, die Neokonservativen oder die Demokraten. Strategisch gesehen kontrollieren sie die Welt, indem sie die Küstenzone des eurasischen Kontinents beherrschen, von wo aus sie immer weiter in dessen Inneres vorstoßen. Für Rußland und den postsowjetischen Raum kann dieses Große Schachspiel nur eines bedeuten: Die von den Vereinigten Staaten dominierte unipolare Welt wird auf unsere Kosten entstehen, und dies wird durch Kräfte bewerkstelligt werden, die von außerhalb des eurasischen Kontinentes operieren. Das Szenarium ist im ganzen postsowjetischen Raum ein und dasselbe: Proamerikanische Kräfte, unterstützt durch lokale Nationalisten, stürzen schwankende prorussische Regierungen und leiten in Rußlands Peripherie Zyklen der Instabilität ein, besonders dort, wo die ethnische Zusammensetzung der Bevölkerung Konflikte innerhalb der betreffenden Nationen begünstigt. Der strategische Plan der USA für das nächste Jahrzehnt besteht darin, Moskau die Kontrolle über die GUS-Staaten zu entziehen und mit der Desintegrierung der Russischen Föderation selbst zu beginnen.

Besonders die Lage im Kaukasus ist eine direkte Folge der westlichen Pläne zur Förderung der amerikanischen Hegemonie. Die Verwirklichung dieser Pläne ist in vollem Gange und wird „Projekt für das neue amerikanische Jahrhundert" genannt.[133] Die „Rosenrevolution" in Tiflis war eine entscheidend wichtige Etappe auf diesem Weg. Während Schewardnadse[134] zwischen Washington und Moskau lavierte, wurde der junge proamerikanische Nationalist Micheil Saakaschwili an die

---

[133] Das „Projekt für das Neue Amerikanische Jahrhundert" (Project for the New American Century) war ein anno 1997 gegründetes privates Institut, das bis zu seiner Auflösung im Jahre 2006 als Sprachrohr für neokonservatives Denken diente. Sein Ziel bestand in der Entwicklung von Wegen zur Bewahrung und Ausdehnung der amerikanischen Vorherrschaft im 21. Jahrhundert; viele seiner Mitglieder waren Angehörige der Bush-Regierung oder übten zumindest Einfluß auf diese aus.

[134] Eduard Schewardnadse (1928–2014) war von 1992 bis zu seinem Sturz während der Rosenrevolution im Jahre 2003 Präsident Georgiens.

Macht gebracht, was einen Meilenstein bei der Verwirklichung
des Plans zur Destabilisierung des eurasischen geopolitischen
Gebäudes mittels Ausnutzung seiner Schwachpunkte darstellte. Ihm folgte der heimtückische Schlag der Zentralregierung in
Tiflis gegen die prorussische Region Südossetien am 8. August
2008. Die sofortige und energische Reaktion Rußlands war für
die Urheber des Destabilisierungsplans zwar ein Rückschlag,
bewog sie aber keineswegs zum Einlenken, denn schon nach
einer kurzen Atempause fuhren die USA mit der Bewaffnung
Georgiens fort. Anno 2010 hielt Wladimir Putin hinsichtlich der
bevorstehenden Zunahme der Gewalt im Kaukasus unmißverständlich fest: „Ich konstatiere, daß die Absichten der heutigen
amerikanischen Regierungen klar zu erkennen sind. Es gilt jedoch noch auf andere Punkte hinzuweisen. Beispielsweise ist
die Wiederaufrüstung Georgiens gegenwärtig in vollem Gange.
Wozu? Das ist die Realität – etwas, was wir mit eigenen Augen
sehen. Ohne die Aufrüstung [Georgiens] hätte es vor zwei Jahren keine Aggression gegeben, und es wäre kein Blut vergossen
worden. Übrigens waren unsere Partner genau über die Geschehnisse im Bild, einschließlich unserer europäischen Verbündeten. Doch niemand reagierte. Und was haben wir jetzt?
Sie [die Georgier] haben die Situation bis hin zum Krieg eska-
liert. Und jetzt nimmt die Wiederaufrüstung ihren Fortgang."[135]

Das atlantische Erbe Gorbatschows und Jelzins in Putins Umgebung

Unter Gorbatschow und Jelzin vollzog Moskau einen Bück-
ling nach dem anderen vor Washington und räumte ohne jegliche Gegenleistungen sämtliche Hindernisse auf dem Weg zur
amerikanischen Weltherrschaft weg: Der Warschauer Pakt und
die UdSSR stellten sich auf die Seite der USA und bezogen damit Position gegen sich selbst. Dieses Verhalten läßt sich am
treffendsten als „geopolitischer Verrat" im wahrsten Sinne des
Wortes charakterisieren. Nach Wladimir Putins Machtübernahme unternahm Rußland energische Anstrengungen, um

[135] Interview mit Putin in der Zeitung „Kommersant" vom 30. August 2010.

von der selbstzerstörerischen Strategie der neunziger Jahre abzurücken. Putin wurde dank seinem Schneid gewählt, dank seiner Entschlossenheit, mit dem Ausverkauf russischer Interessen auf innen- und außenpolitischem Gebiet Schluß zu machen. Er reagierte angemessen auf Basajews[136] Einfall in Dagestan, was ihm geopolitische Legitimierung und die Unterstützung des Volkes einbrachte, unterließ es während seiner ersten Amtszeit jedoch, einen geopolitischen Wendepunkt einzuleiten. Die prowestlichen atlantischen Experten, die er von der Jelzin-Ära geerbt hatte, verleiteten Putin in solch entscheidenden Momenten zu einer prowestlichen Politik, und jeder Kompromiß mit dem Atlantismus war gleichbedeutend mit einem Schlag gegen Moskaus eigene strategische Interessen. Seine Solidarität mit Washington im Kampf gegen den sogenannten „internationalen Terrorismus" brachte Rußland keine greifbaren Vorteile: Hinsichtlich der Nordkaukasusfrage übt der Westen auch weiterhin Druck auf den Kreml aus, und die amerikanischen Militärstützpunkte in Zentralasien sind der nationalen Sicherheit Rußlands nicht gerade förderlich.

Aufgrund der Wühlarbeit der atlantischen Gruppe in der Umgebung des Präsidenten konnte Putins patriotische Strategie während seiner ersten Amtszeit den kritischen Punkt, ab dem sie eine unumkehrbare Selbstdynamik entwickelt hätte, nicht erreichen, was Rußland daran hinderte, entschlossen auf dem Pfad zu seiner geopolitischen Wiedergeburt voranzuschreiten.

Südossetien: Eine Bewährungsprobe für die russische Geopolitik

Der widersprüchliche Charakter von Putins geopolitischer Position trat in seinen Beziehungen zu Saakaschwili zutage, der in den Sattel gehoben worden war, um den Konflikt mit Rußland zu verschärfen, den russischen Einfluß letztendlich voll-

---

[136] Schamil Basajew (1965–2006) war der Führer der radikalen islamistischen Fraktion der tschetschenischen Rebellen. Er kämpfte in beiden Tschetschenienkriegen und beteiligte sich zu Beginn der neunziger Jahre auch am Kampf gegen die georgische Regierung. 2006 wurde er vom russischen Inlandsgeheimdienst liquidiert.

ständig aus Georgien zu verdrängen und die notwendigen Bedingungen für die Stationierung amerikanischer Streitkräfte im Kaukasus zu schaffen. Dieser Plan war ein Bestandteil von Bushs „Initiative für den Größeren Mittleren Osten",[137] und sah unter anderem Schritte zur weiteren Destabilisierung des Nordkaukasus vor. Der Mord an Achmat Kadyrow und der Aufstand in Inguschetien, gefolgt von dessen permanenter Destabilisierung sowie Guerilla-Aktivitäten in der dagestanischen Stadt Kisljar, waren zentrale Punkte dieses Plans, der auch Unruhen in Kabardinien sowie einen neuen Zyklus von Spannungen in Karatschai-Tscherkessien vorsah. Seine atlantischen Berater sowie direkter Druck aus Washington überzeugten den russischen Präsidenten, daß sich Saakaschwili mit der Rückgewinnung der abtrünnigen Region Adscharien zufriedengeben werde und sich das Problem hierdurch lösen lasse. Dies war ein gefährlicher politischer Irrtum. Saakaschwili handelte auch weiterhin in strikter Übereinstimmung mit der in Washington formulierten Agenda: Je sklavischer Rußland dem georgischen Beispiel folgt, desto besser. Die USA betrachten Rußland nicht als ebenbürtigen Partner, sondern als Land, dem man ständig neue Konzessionen abtrotzen kann. Nachdem er Rußland dazu gebracht hatte, Abaschidse in Adscharien fallenzulassen, bestand Saakaschwili auf die „Amtsenthebung" von Kokoity[138] in Südossetien und Bagapsch[139] in Abchasien. Als Moskau hiergegen Einspruch erhob, entschied sich Washington wie üblich dafür, die Konfrontation noch zu verschärfen.

Die Tragödie in Südossetien vom August 2008 wurde für Wladimir Putin zu einem ernsthaften Test: Würde er auf ein Machtwort verzichten und dem liberalen, prowestlichen Präsidenten Dmitri Medwedew, unter dem er damals Premierminister war, freie Hand lassen, oder würde er in fundamentalen strategischen

---

[137] Die Bush-Regierung enthüllte diesen Plan im Jahre 2004 vor dem G8-Treffen als Bestandteil eines Vierzigjahresplans zur Demokratisierung des Mittleren Ostens. Er stieß vielerorts auf Kritik, nicht zuletzt, weil keine der Nationen, deren Umgestaltung geplant war, auch nur konsultiert worden war.

[138] Eduard Kokoity (geb. 1964) war von 2001 bis 2011 Präsident von Südossetien. Er wandte sich entschieden gegen die Anerkennung der georgischen Oberhohheit über Südossetien und sprach sich für dessen Anschluß an Rußland aus.

[139] Sergei Bagapsch (1949–2011) war von 2005 bis zu seinem Tod Präsident der Republik Abchasien. Zuvor war er Premierminister gewesen.

Fragen, die mit der Bewahrung der russischen Souveränität zusammenhingen, auch weiterhin seinen Kurs durchsetzen?

Südossetien: Präsident Putins geopolitische Wahl

Im August 2008 stand Wladimir Putin am Scheideweg: Seine politische Legitimität (Patriotismus und Eurasiertum) zwangen ihn, Südossetien aktiv zu unterstützen. Die Lage war besonders brisant, weil der Gegner, dem Saakaschwili den Fehdehandschuh hingeworfen hatte, nicht einfach ein rebellischer Clan war, sondern das alte, kriegerische Volk der Osseten, das sich vor langer Zeit freiwillig Rußland angeschlossen und historisch als russischer Vorposten im Kaukasus fungiert hatte. Auch das zur Russischen Föderation gehörende Nordossetien wird sich nie und nimmer mit einer permanenten Trennung Südossetiens von Rußland abfinden. Hätte er sich in Südossetien ebenso passiv verhalten wie in Adscharien, hätte Wladimir Putin seine Legitimität in den Augen des patriotisch gesinnten Lagers der russischen Gesellschaft, das seine Machtbasis bildet, für immer eingebüßt, und dessen war er sich vollumfänglich bewußt. Die Preisgabe Südossetiens wäre für ihn eine persönliche Katastrophe gewesen und auf einen Verrat an seiner Mission zur Wiederherstellung der russischen Großmachtposition hinausgelaufen. Andererseits war eine drastische Reaktion auf die Beschießung der südossetischen Hauptstadt Zchinwal durch die georgische Armee mit erheblichen Risiken behaftet: Sie würde zwangsläufig zu schweren Spannungen mit den USA führen und konnte auch direkte Sabotage durch die amerikanischen Agenten, die viele strategische Stellen in der russischen Wirtschaft kontrollieren, sowie durch die Expertengemeinde und die Medien heraufbeschwören.

Mit jedem neuen Schritt, den die USA zur Untergrabung der russischen Position unternahmen, verlor der Kompromiß zwischen Patriotismus und prowestlichem Liberalismus, der während der ersten acht Jahre von Putins Amtszeit als Grundlage seiner geopolitischen Formel gedient hatte, an Plausibilität. Man kann sich lebhaft vorstellen, wie schwer Putins Wahl war: Würde er Partei für sein Land und sein Volk ergreifen und dem

Koloß jenseits des Ozeans die Stirne bieten, oder würde er sich dem Druck des Kolosses beugen und damit Rußland und seine nationale Geschichte verraten?

Heute steht Putin wiederum am Scheideweg: Er muß sich entscheiden, ob er seine Kontrolle über das Land lockern will, wie es die neuerdings wieder erstarkte liberale und atlantische Fraktion um Medwedew herum wünscht, oder ob er seiner Verantwortung gegenüber Rußland und seinem Volk gerecht werden, eine neue Ära patriotischer Geschichte einleiten und Rußland seinen Status als Weltmacht wiedergeben will. Die Münchner Rede von 2007, die im Westen wie eine Bombe einschlug, wurde zu Putins eigentlicher politischer Plattform: „Es war tatsächlich die Wahrheit. Ich habe die Wahrheit gesagt", meine Putin dreieinhalb Jahre später. „Ich war mir der Bedeutung dieser Dinge damals einfach noch nicht bewußt… Sie [die NATO-Staaten] gaben uns irgendwelche Versicherungen und taten dann genau das Gegenteil. Tatsächlich haben sie uns in jeder Hinsicht an der Nase herumgeführt! Während unseres Truppenrückzugs aus Osteuropa versprach uns der NATO-Generalsekretär, die UdSSR könne wenigstens sicher sein, daß sich die NATO nicht über ihre gegenwärtigen Grenzen hinaus ausdehnen werde. Und was ist aus diesem Versprechen geworden? Ich habe sie direkt gefragt, aber sie haben nichts zu sagen. Sie haben uns auf primitivste Weise betrogen. Übrigens muß ich leider sagen, und ich werde dies gleich jetzt ohne zu zögern tun: Taktiken wie der Betrug sind in der Politik gang und gäbe, wenn es um globale Fragen geht, und wir müssen uns das künftig stets vor Augen halten."[140]

Wladimir Putins Münchner Rede wurde zum Programm seiner Rückkehr als politische Figur, die endlich den Pfad zur Wiedergeburt Rußlands beschritten hatte. In dieser Hinsicht darf das Jahr 2012 als Wendepunkt gelten. Putin kann nur dann als historische Gestalt wiederkehren, wenn er seine Mission zur Wiederherstellung der russischen Großmachtrolle akzeptiert hat. Ansonsten würde alles, was er zuvor gesagt und getan hat, sinnlos. Rußland wartet auf einen Politiker, der ihm zur Wiedergewinnung seiner früheren Größe verhilft.

---

[140] Interview mit Putin, in: Kommersant, 30. August 2010.

Putin: Ich entsage dem Teufel

In jüngster Zeit sind die wichtigsten Aspekte von Wladimir Putins Erklärungen bezüglich der neuen russischen Außenpolitik, die sich mit seinem festen Entschluß, unserem Land seine Großmachtposition zurückzugeben und es zum unabhängigen und einflußreichen Akteur auf der internationalen Bühne zu machen, zusehends deutlich geworden. Zum ersten Mal teilt Putin der Welt mit, wie er Rußlands Rolle innerhalb der G8 sieht. Dies wirft seinerseits Licht auf die Pläne des Kremls zur Gestaltung seiner Beziehungen zum Westen und zum Rest der Welt. „Ich weiß, daß es Leute gibt, die unser Land aus tiefstem Herzen hassen. Sie leben immer noch im letzten Jahrhundert und sind alle Spezialisten auf dem Feld der Sowjetologie. Obwohl die Sowjetunion verschwunden ist, sind sie immer noch da, weil sie keine andere Beschäftigung haben… Niemand will, daß die G8 zu einer Gruppe fetter Katzen wird, weil die Unterschiede und das Ungleichgewicht auf der Welt zunehmen", erklärte Putin als Antwort auf die Unterstellungen der damaligen US-Außenministerin Condoleezza Rice, der es nicht in den Kram paßte, daß Rußland turnusgemäß den Vorsitz über die G8 übernommen hatte.[141]

Putins Metapher von den „fetten Katzen" und seinem Hinweis auf die „goldene Milliarde"[142] lag ein sehr legitimes geopolitisches Konzept zugrunde. Die G7, also die G8 minus Rußland, war ein Klub der am höchsten entwickelten Staaten (die man bisweilen auch die „Erste Welt" nennt). Am anderen Ende der Skala stehen aufstrebende Märkte (die „Dritte Welt"). Früher hatte die UdSSR als „Zweite Welt" gegolten, ein spezifisches geographisches Gebilde, welches technologisch, wirtschaftlich und gesellschaftlich weniger entwickelt war als der Westen, aber stärker entwickelt als die Länder der „Dritten Welt". Während Jelzins Präsidentschaft versuchte Rußland verzweifelt, sich für die „Erste Liga" zu qualifizieren und war bereit, hierfür

---

[141] Putin gab diese Erklärung bei einer Pressekonferenz im Kreml am 31. Januar 2006 ab.
[142] Mit diesen Ausdrücken werden in Rußland jene bezeichnet, die in den wohlhabenden Nationen des Westens leben.

alles und jedes zu opfern, auch seine traditionellen Einflußsphären in Asien einschließlich des Fernen Ostens. Um jeden
Preis Teil des Westens werden, auch auf Kosten des Zerfalls
Rußlands – das war der Kurs, den die prowestlichen Politiker
einschlagen wollten. Doch bei seinem Versuch, der „goldenen
Milliarde" beizutreten, verlor Jelzins Rußland nicht nur seine
Position als Großmacht, sondern geriet gegenüber dem Westen
noch stärker in Rückstand. Das Land lief Gefahr, in den Hinter-
hof der Zivilisation abzudriften. Als Ergebnis wurden wir fast
schon zum Bestandteil der „Dritten Welt". Der doppelzüngige
Westen ermunterte Moskau geradezu zum Selbstmord und
nahm es zur Belohnung für seine Unterwürfigkeit in die G7[143]
auf, die dadurch zur G8 wurde, wobei er nicht vergaß, die Stützpunkte der NATO näher an unsere Grenzen heranzuschieben
und die postsowjetischen Territorien häppchenweise aus unserem Einflußbereich herauszulösen. Wladimir Putin bereitete
diesem Spuk ein Ende. Seine Devise lautete: Rußlands Status als
„Zweite Welt" unter allen Umständen bewahren. Die Beharr-
lichkeit, mit der er diese unabhängige und auf eine weitgehen-
de Autarkie des Landes abzielende Politik verfolgte, brachte
ihm seitens des Westens wachsende Feindschaft ein.

Putins Rußland wird sich seiner globalen Mission mehr und
mehr bewußt; hierdurch trägt es zur Schaffung eines Gegen-
gewichts gegen die unilaterale Dominanz des „Reichen Nor-
dens" sowie zum Aufbau einer gerechten Weltordnung bei, die
den Interessen und Wünschen aller Länder und Zivilisationen
Rechnung trägt. Gegenwärtig reicht das strategische Potential
Rußlands nicht aus, um allein ein Gegengewicht gegen den
westlichen Pol zu schaffen, wie dies in der Sowjetära der Fall
war. Doch verfügt es über enorme Energiereserven und gehört
weiterhin zu den am stärksten entwickelten Ländern, was ihm
die Möglichkeit bietet, für all die Gedemütigten und Beleidig-
ten zu sprechen. Im Jahre 2006 hielt Putin unzweideutig fest:
„Zuerst einmal haben wir immer noch genug Raketen, und
darüber hinaus bauen wir unsere nukleare Abschreckungs-

---

[143] Die Mitgliedschaft Rußlands dauerte von 1998–2014. Anlaß zum Ausschluß Rußlands war die Rückgliederung der Krim.

fähigkeit aus. […] Vor zwei Jahren haben wir erfolgreich Raketen getestet, wie es zuvor noch keine gab und die kein anderes Land vor uns abgefeuert hat. Es sind dies sehr fortschrittliche Waffen, für die es keine Rolle spielt, ob es ein Raketenabwehrsystem dagegen gibt." Seither ist klar, daß sämtliche Attacken der fanatisch antirussischen „Sowjetologen", die unser Land immer noch im Geiste des Kalten Krieges bekämpfen, auf eine entschlossene Antwort unsererseits stoßen werden. Hinsichtlich seiner Gegner im Westen ließ Putin einmal folgende Bemerkung fallen: „Es ist sinnlos, mit ihnen zu argumentieren… Was kann man solchen Leuten schon sagen? Ihnen sagen wir kurz und bündig: ‚Schert euch ins Pfefferland!', und damit hat es sich."[144] Indem er den sogenannten „Sowjetologen" empfahl, sich ins Pfefferland zu scheren, erteilte Putin zugleich der atlantischen Geopolitik eine Abfuhr, die ihrem Wesen nach gegen jeden kontinentalen Staat in der Mitte Nordost-Eurasiens gerichtet ist, ob es sich bei diesem nun um das Russische Imperium, die UdSSR oder das neue, demokratische Rußland handelt. Seine drastische Ausdrucksweise erinnerte an eine orthodoxe Erwachsenentaufe, bei welcher sich der Getaufte nach Westen wendet, wo der Sturz Luzifers erfolgte, dreimal ausspuckt und jedes mal sagt: „Ich entsage dem Teufel."

Nennen wir die Dinge ruhig beim Namen: Wladimir Putins Verhalten und seine Aussagen sind Zeichen einer historischen Wende: Sie bekräftigen die Wiederherstellung unseres Status als „Zweite Welt" und signalisieren, daß wir bei dem komplexen, aber gerechten Aufbau einer neuen, multipolaren Welt eine Führungsrolle zu spielen gedenken.

---

[144] Wladimir Putin: „Den Kritikern antworten wir: ‚Schert Euch ins Pfefferland'", in: Komsomolskaja Prawda, 2. Februar 2006.

Kapitel 5

Putins eurasische Revolution

Wladimir Putin und die konservative Revolution

Während seiner ersten Amtszeit konnte Präsident Putin die Agenda, die er für die Nation vorgesehen hatte, nur ansatzweise enthüllen. Viele erwarteten von ihm ein klares und konkretes Programm, doch neigt Putin zu allgemeinen Aussagen: Er präsentiert eine Idee und läßt sehr viel Spielraum für deren Interpretation. Doch nach und nach schienen sich die verschiedenen Bestandteile des Puzzles zu einem Gesamtbild zusammenzufügen. Der rätselhafte, wortkarge, bald unzufrieden die Stirn runzelnde, bald lächelnde Putin ließ uns zu guter Letzt wissen, daß sein Präsidentschaftsprogramm sich in einem einzigen Wort zusammenfassen ließ: Konservatismus.

So regierte Putin während seiner beiden ersten Amtsperioden im Sinn und Geist eines „konservativen Programms" und ließ keinen Zweifel aufkommen, daß er auch in seiner dritten, durch die vierjährige Präsidentschaft Medwedews unterbrochenen Amtszeit hieran festzuhalten gedachte. Doch was bedeutet „Konservatismus" im modernen Rußland?

Die Essenz des Konservatismus

Der Konservatismus in seinem allgemeinsten Sinn bedeutet eine positive Einstellung gegenüber der Vergangenheit. Er hält die politische und gesellschaftliche Vergangenheit eines Staates als Rollenmodell hoch und ist bestrebt, die Kontinuität der nationalen und kulturellen Wurzeln des Volkes zu bewahren.

Sämtliche konservativen Denkschulen betrachten die Vergangenheit als positives Phänomen. Auch wenn nicht alles an der Vergangenheit als gut gilt, wird ein Konservativer von echtem Schrot und Korn keine Periode in der Geschichte seines Volkes und Staates in lauter schwarzen Farben malen.

Außerdem fußt der Konservatismus auf der Prämisse, daß Volk und Staat eine bestimmte geschichtliche Mission besitzen, die von einem universalistischen religiösen Messianismus bis zum demütigen Bewußtsein der Bedeutung der nationalen Identität reichen kann. Gegenwart, Vergangenheit und Zukunft sind in den Augen eines Konservativen in einem gemeinsamen Projekt miteinander verwoben, das ein klares nationales Ziel anpeilt. Wenn er eine politische oder wirtschaftliche Entscheidung fällt, fragt der Konservative stets die Vergangenheit um Rat und macht sich Gedanken über die Zukunft. Ein Konservativer denkt in den Kategorien von Epochen und historischen Meilensteinen und läßt sich nicht von der Aussicht auf raschen Gewinn blenden. Sein zeitlicher und geographischer Horizont ist stets breit, und er weiß traditionelle Werte zu schätzen.

Ein Konservativer ist ein leidenschaftlicher Träger der nationalen Kultur und versucht, sich an deren Normen zu orientieren. Ein Konservativer stellt an sich selbst hohe Anforderungen und fordert von sich strikte Disziplin, vom obligatorischen Gebet bis hin zur kalten Dusche am Morgen. Ein Konservativer stellt Pflicht, Ehre, das öffentliche Wohl, Treue zur Tradition und seinen guten Ruf stets über Bequemlichkeit, Nutzen, Profit oder Popularität.

Ein Konservativer legt Zurückhaltung an den Tag, bedient sich einer vorsichtigen Sprache und vermeidet leere Phrasen. Ein Konservativer ist höflich und trägt immer eine Ersatzbrille bei sich, selbst wenn er mit einer ausgezeichneten Sehkraft gesegnet ist.

Ein Konservativer empfindet Beklemmung über die objektive Realität und wählt die Bücher, die er liest, sorgfältig aus. Ein Konservativer betrachtet sich selbst nie als solchen.

Ein Konservativer lächelt, zieht seine Mundwinkel hoch und drückt seine Meinungen und Gefühle nie durch Gesten aus.

Wer diese Bedingungen nicht erfüllt, ist kein echter Konservativer, sondern nur…

Fundamentaler Konservatismus

Der Konservatismus beruht auf einer Philosophie. Konservativ sein heißt, nein zu den heutigen Zuständen sagen, da diese als zutiefst unbefriedigend empfunden werden.

Es gibt einen fundamentalen Konservatismus, der Traditionalismus genannt wird. Der Traditionalismus ist eine Form des Konservatismus, die davon ausgeht, daß die heutige Welt in ihrer Gesamtheit und nicht nur in gewissen Aspekten verdorben ist. Die Idee des Fortschritts, die technische Entwicklung, Descartes' Dualismus zwischen Subjekt und Objekt, Newtons Uhrmacher-Argument, die zeitgenössische positivistische Wissenschaft und die darauf basierende Wissenschaft und Pädagogik sowie das, was wir Moderne und Postmoderne nennen – all das ist schlecht.

In den Augen eines Traditionalisten findet einzig und allein Gnade, was bereits vor der Moderne existiert hat. Im 20. Jahrhundert, wo es keine gesellschaftliche Plattform für einen solchen Konservatismus mehr zu geben schien, erschien aus dem Nichts eine Gruppe von Denkern und Philosophen und begann, radikal und konsequent die traditionalistische Position zu verteidigen: René Guénon,[145] Julius Evola,[146] Titus Burckhardt,[147] Leopold Ziegler[148] sowie andere als Traditionalisten bekannt gewordene Autoren. Sie alle vertraten ein Programm

---

[145] René Guénon (1886–1951) war ein französischer Schriftsteller und Begründer dessen, was als traditionalistische Schule des religiösen Gedankens bekannt geworden ist. Der Traditionalismus ruft zur Ablehnung der modernen Welt mitsamt ihren Philosophien auf und befürwortet statt dessen eine Rückkehr zur Spiritualität und Lebensform der Vergangenheit. Guénons zentrale Werke sind „Die Krise der Neuzeit" und „Die Herrschaft der Quantität und die Zeichen der Zeit".

[146] Julius Evola (1898–1974) war der bedeutendste italienische Vertreter der traditionalistischen Schule, was bedeutet, daß er die Moderne verwarf und statt dessen eine Weltanschauung vertrat, die auf den Lehren der alten heiligen Texte beruht. Sein Hauptwerk ist „Revolte gegen die moderne Welt".

[147] Titus Burckhardt (1908–1984) war ein Schweizer Kunsthistoriker und Anhänger der traditionalistischen Schule.

[148] Leopold Ziegler (1881–1958) war ein deutscher Philosoph. Obgleich er kein Vertreter der traditionalistischen Schule im engeren Sinne war, wies sein Denken Ähnlichkeit mit dieser auf, und er stand in Kontakt mit Mitgliedern dieser Schule sowie solchen der Konservativen Revolution.

des fundamentalen Konservatismus, porträtierten die traditionelle Gesellschaft als zeitloses Ideal und die moderne Welt (die Moderne) sowie ihre Grundsätze als Produkt des Niedergangs, der Entartung, der Kastenvermischung und des Hierarchiezerfalls; für diese Denker steht die Moderne für eine Verlagerung des Schwerpunkts vom Spirituellen zum Materiellen, vom Himmel zur Erde und vom Ewigen zum Vergänglichen. Fundamental konservativ gesinnte Menschen finden sich heute sowohl in orthodoxen als auch in katholischen Kreisen. Sie verwerfen die Moderne in Bausch und Bogen und vertreten die Überzeugung, daß religiöse Gesetze zeitlos gültig sind und daß die heutige Welt mitsamt ihren Werten eine Verkörperung des Antichrist ist und ihrem Wesen nach nichts Gutes zu bieten hat. Unter den russischen Altgläubigen sind solche Vorstellungen weit verbreitet. Im Ural existiert immer noch eine Union von Parakletikern, die kein elektrisches Licht benutzen, weil es „Luzifers Licht" sei, und ausschließlich Föhrenholzsplitter sowie Kerzen verwenden; auch bestehen Sekten, die den Genuß von Kaffee streng verbieten. Als eine Gruppe junger Männer im Rußland des achtzehnten Jahrhunderts im Übereinklang mit der vorherrschenden Mode karierte Hosen zu tragen begann, beriefen die Fedosevaner[149] in der Stadt Kimri eine Versammlung ein, die bisweilen als „Hosen-Versammlung" bezeichnet wird und bei der darüber debattiert wurde, ob Träger karierter Hosen exkommuniziert werden sollten. Ein Teil der Anwesenden beharrte auf den Ausschluß der Betreffenden aus der Gemeinde, der andere Teil stimmte gegen diese Maßnahme.

Die USA besitzen ihre eigene konservative Tradition, die selbstverständlich die Priorität der nationalen Interessen Amerikas unterstreicht. Der amerikanische Konservatismus, der eine unverkennbare messianische Komponente aufweist – Motto: Die amerikanische Zivilisation ist der Gipfelpunkt der Menschheitsgeschichte –, achtet die Vergangenheit und erstrebt die Bewahrung und Stärkung der amerikanischen Großmachtposition. Die amerikanischen Konservativen bekennen sich zu patriotischen Werten sowie zu den religiösen, politischen, so-

---

[149] Eine Gemeinde von Altgläubigen.

zialen und kulturellen Normen, die sich im Verlauf der historischen Entwicklung ihres Landes herausgebildet haben. Dies ist nur natürlich. Infolgedessen blüht der amerikanische Konservatismus: Die USA habe auf internationaler Ebene unglaubliche Erfolge erzielt, was ihren Bürgern berechtigten Stolz einflößt und sie von der Richtigkeit ihrer Werte überzeugt. In Amerika wird der fundamentale Konservatismus von einem erheblichen Teil der republikanischen Wählerbasis vertreten, und Fernsehprogramme, in denen protestantische Fundamentalisten gegen alles Moderne und Postmoderne wettern, werden von Millionen von Zuschauern verfolgt.

Doch führt die unkritische Nachahmung des „republikanischen" amerikanischen Konservatismus durch Rußland zu absurden Ergebnissen: Es stellt sich nämlich heraus, daß die „zu bewahrenden Werte" nicht nur dem historischen und traditionellen Rußland fremd sind, sondern auch in der heutigen russischen Gesellschaft grundsätzlich keinen Anklang finden können.

Rußland ist ein altes kontinentales Imperium mit einem starken kollektivistischen Geist, einer traditionell straffen Regierungsform und einen sehr spezifischen Messianismus. Die USA sind ein verhältnismäßig junges konservatives Land mit einer maritimen Zivilisation, das gezielt zum Laboratorium zur Erprobung „progressiver" bürgerlich-demokratischer Prinzipien gemacht worden ist, die ihren Ursprung in den Lehren extremistischer protestantischer Sekten haben. Was in der amerikanischen Zivilisation als achtenswert gilt, ist für die Russen eine Sünde und eine Schmach. Was die Amerikaner respektieren, ist uns ein Greuel, und umgekehrt.

Rußland bewegte sich auf den Osten und die USA auf den Westen zu. Jawohl, sie haben gewonnen, und wir haben verloren. Sie haben sich als stärker erwiesen. Doch unserer Logik zufolge ist Gott nicht die Macht, sondern die Wahrheit. Das sagt ein gesunder und konsequenter russischer Konservatismus. Natürlich sagt der amerikanische Konservatismus genau das Gegenteil.

Der Globalismus kann in den USA selbst verteidigt oder angegriffen werden. Er ist das amerikanische Projekt zur Erringung der Weltherrschaft; manche Amerikaner unterstützen dieses Projekt, andere nicht. Doch uns in Rußland wurde der Globalismus von außen aufgezwungen. Wir können uns mit ihm abfinden, unsere Niederlage eingestehen und uns das amerikanische Wertesystem zu eigen machen. Diese Position ist, wie die Kollaboration mit einem siegreichen Gegner ganz allgemein, durchaus möglich. Allerdings wäre sie das Gegenteil von Konservatismus.

Alle Völker besitzen ihre eigene Form des Konservatismus, weil jede Nation ihr eigenes Wertesystem entwickelt und dieses ihre nationale Identität darstellt. Die kulturellen Folgeerscheinungen der amerikanischen Geschichte haben mit jenen der russischen Geschichte nichts gemein. Ein Konservativer ist seinen Traditionen, seinem Volk und seinen Idealen gegenüber stets loyal, nicht nur, wenn diese triumphieren, sondern auch, wenn sie von allen bespuckt und verachtet werden.

Liberaler Konservatismus

Der zweite Typus von Konservatismus ist der „Status Quo-Konservatismus" oder liberale Konservatismus. Er sagt ja zum Modernismus als dem heutzutage vorherrschenden Trend, versucht jedoch auf jeder Stufe der Verwirklichung dieses Trends, ihn zu bremsen. „Bitte nehmt euch Zeit; tun wir es nicht heute, verschieben wir es auf später." Der Liberalkonservative Francis Fukuyama[150] war zunächst zum Schluß gelangt, die Politik habe abgedankt und sei im Begriff, durch einen „globalen Marktplatz" ersetzt zu werden, von dem Nationen, Staaten, ethnische Gruppen, Kulturen und Religionen verschwinden würden (das ist Liberalismus in seiner reinsten Form), korrigierte seine Einschätzung später jedoch und meinte nun, man dürfe nichts übereilen und solle den Postmodernismus in aller Ruhe, ohne Revolution, einführen. Er stellte sich jetzt auf den Standpunkt, es sei notwendig, die Nationalstaaten zeitweilig zu stärken (was auf eine liberal-konservative Position hinauslief).

Ein Liberalkonservativer hegt die Befürchtung, die immer raschere Demontage der Moderne – denn auf eine solche läuft die Postmoderne hinaus – könne einen Rückschritt in die Prämoderne heraufbeschwören. Beispielsweise fürchtet der zum

---

[150] Francis Fukuyama (geb. 1952), US-amerikanischer Politikwissenschaftler, schrieb 1992 das vielbeachtete Buch „Das Ende der Geschichte".

Liberalen konvertierte frühere Linksextremist Jürgen Habermas,[151] die Postmoderne werde das Subjekt zerstören, die Menschheit ins Chaos stürzen und die unheimlichen Schatten der Tradition wieder heraufbeschwören.

Rechtskonservatismus

Während der Liberalkonservatismus ein Unding und, um Samuel Johnson[152] zu paraphrasieren, nichts weiter als „die Fluchtburg des Halunken" ist, ist der Rechtskonservatismus sehr wohl akzeptabel und natürlich. Im heutigen Rußland ist ein Rechtskonservativer jemand, der die Wiederherstellung der imperialen Größe seines Vaterlandes, die wirtschaftliche Prosperität der Nation und die Wiedergeburt der moralischen Werte sowie der Spiritualität des Volkes wünscht. Er ist der Überzeugung, daß dieses Ziel durch die kompetente Nutzung von Marktmechanismen sowie ein System religiöser, monarchistischer und zentristischer Werte erreicht werden kann.

Ein solcher Rechtskonservatismus kann sich auf kulturell-politische Fragen (die Festigung der traditionellen Religionen, die Wiederbelebung nationaler Gebräuche, die Restauration eines Segments sozialer, öffentlicher und politischer Institutionen) oder aber auf wirtschaftliche Aspekte konzentrieren. Bezüglich der Wirtschaft muß sich ein rechtskonservatives Projekt logischerweise in Übereinstimmung mit der Theorie der „nationalen Wirtschaft" entwickeln, das von dem deutschen Ökonomen Friedrich List[153] konzipiert und in Rußland von Graf Sergei Witte[154] in die Praxis umgesetzt wurde. Dieses Projekt läßt sich als „wirtschaftlicher Nationalismus" bezeichnen.

---

[151] Jürgen Habermas (geb. 1929) wird zu den führenden Vertretern der Frankfurter Schule gezählt.

[152] Samuel Johnson (1709–1784) war ein englischer Dichter und Essayist. Laut seinem Freund und Biographen James Boswell sagte Johnson einmal: „Der Patriotismus ist die letzte Fluchtburg des Halunken. "

[153] Friedrich List (1789–1846) war ein deutscher Philosoph und Wirtschaftswissenschaftler, Vorkämpfer des Deutschen Zollvereins und des Eisenbahnwesens.

[154] Sergei Witte (1849–1915) war ein Berater der beiden letzten russischen Zaren. Er überwachte die Industrialisierung Rußlands. Aus seiner Feder stammte das Oktobermanifest von 1905, das eine Antwort auf die im selben Jahr ausgebrochene Revolution und den Ruf nach demokratischen Reformen darstellte und eine Vorstufe der Verfassung des Russischen Imperiums bildete.

Stark vereinfacht läßt es sich wie folgt zusammenfassen: Ein vollkommen freier Binnenmarkt mit rigidem Zollkontroll-system und einer strengen Überwachung fremder Wirtschafts-aktivitäten im Interesse der einheimischen Unternehmer. Eine nationale Wirtschaft sieht keine Verstaatlichung großer Monopole vor, sondern legt den Schwerpunkt auf die Konsolidie-rung großer Unternehmen abseits politischer Autoritäten; der klar erkennbare Zweck dieser Maßnahme besteht in der Erarbeitung eines kollektiven Konzepts zur Förderung der Mission der Nati-on, der Stärkung des Landes sowie der Schaffung von Wohlstand für alle Angehörigen der Nation. Verwirklichen läßt sich dieses Programm durch einen gewissen „patriotischen Kodex", der be-deutet, daß nationale Geschäftsleute moralische Verantwortung gegenüber Land, Volk und Gesellschaft zu übernehmen haben. Dieses Modell entspricht im heutigen politischen Spektrum unge-fähr dem, was üblicherweise als „rechtes Zentrum" bezeichnet wird. Es macht den Anschein, daß Putin selbst diese Form des Konservatismus anderen konservativen Modellen vorzieht.

Linkskonservatismus

Der Begriff „links" wird im allgemeinen nicht mit dem Konser-vatismus assoziiert. Die Linke will den bestehenden Status ver-ändern, während die Rechte ihn zu bewahren trachtet. Doch in der politischen Geschichte Rußlands ist jener Sektor der Öffent-lichkeit, der sich zu einem „linken" Wertesystem bekennt, stets äußerst einflußreich und stark gewesen, und das Gemeinschafts-denken kann, sowohl im orthodoxen Konziliarismus[155] als auch im sowjetischen Kollektivismus, auf eine lange und ungebroche-ne politische und wirtschaftlichen Tradition zurückblicken. Für eine sinnvolle Kombination von Sozialismus und Konservatis-mus traten bereits die russischen Narodniki (Volkstümler) des 19. Jahrhunderts ein, die sich nationalen Fragen widmeten, zu-gleich jedoch auch für eine gerechte Verteilung des materiellen Reichtums eintraten. Der Linkskonservatismus existierte auch in

---

[155] In der Orthodoxie bedeutet der Begriff „Konziliarismus", daß die Kirche von einem Rat von Bischöfen und nicht von einem einzigen geleitet werden sollte.

anderen Ländern – als sozialer Katholizismus[156] in Frankreich und Lateinamerika und als Nationalbolschewismus in Deutschland (Niekisch,[157] Wolffheim,[158] Heinrich Laufenberg [159] usw.). Ein namhafter Vertreter des sozialen Konservatismus war Georges Sorel,[160] Verfasser der Schrift „Réflexions sur la violence".[161] Für ihn kämpften Linke und Rechte (Monarchisten und Kommunisten) gegen einen gemeinsamen Feind – die Bourgeoisie. Der Linkskonservatismus steht dem russischen Nationalbolschewismus von Nikolai Ustrjalow[162] nahe, der in der linken, marxistischen Ideologie russische nationale Mythen aufspürte.

In der heutigen russischen Politik ist der soziale (linke) Konservatismus vollkommen legitim. Unsere Linkskonservativen trachten danach, Rußlands zivilisatorische Werte zu verteidigen, unsere geopolitische Macht zu stärken und eine nationale Wie-

---

[156] Die katholische Soziallehre greift regelmäßig Themen auf, die mit der sozialen Gerechtigkeit in Zusammenhang stehen; sie lehnt Kapitalismus und Sozialismus ab und spricht sich für eine gerechte Verteilung des Wohlstands aus. Sie wurzelt in der von Papst Leo XIII. stammenden Enzyklika „Rerum Novarum" aus dem Jahre 1891.

[157] Ernst Niekisch (1889–1967) war ein deutscher Publizist, der anfänglich Kommunist war, jedoch in den zwanziger Jahren versuchte, Kommunismus und Nationalismus zu verschmelzen. Er gab die Zeitschrift „Widerstand" heraus und nannte sich selbst sowie seine Anhänger „Nationalbolschewisten". Den Nationalsozialismus verwarf er als zu wenig sozialistisch. 1937 wurde er zeitweise eingesperrt. Im Jahre 1945 unterstützte er die Sowjetunion und siedelte in die DDR über, doch nach der Niederschlagung des Volksaufstands im Jahre 1953 verlor er seine Illusion über den Charakter des dortigen Regimes und kehrte in den Westen zurück.

[158] Fritz Wolffheim (1888–1942) war ein Kommunist, der 1919 als einer der ersten die Idee des Nationalbolschewismus entwickelte. Später wurde er Mitglied einer nationalistischen Organisation, die sich „Liga für das Studium des deutschen Kommunismus" nannte und der auch einige Nationalsozialisten angehörten, doch aufgrund seiner jüdischen Abstammung vermochte er die dort geknüpften Beziehungen nicht zu nutzen. 1936 wurde er in das Konzentrationslager Ravensbrück eingeliefert, wo er 1942 umkam.

[159] Heinrich Laufenberg (1872–1932) war ein Kommunist, der 1919 als einer der ersten in Deutschland das Konzept des Nationalbolschewismus formulierte.

[160] Georges Sorel (1847–1922) war ein französischer Philosoph, der als Marxist begann und später die Theorie des Revolutionären Syndikalismus begründete. Er war der Ansicht, revolutionäre Bewegungen brauchten Mythen und dürften nicht vor organisierter Gewalt zurückschrecken. Seine Lehren haben sowohl die kommunistischen als auch die faschistischen Bewegungen maßgeblich beeinflußt.

[161] Georges Sorel, Réflexions sur la Violence, 1908; dt.: „Über die Gewalt".

[162] Nikolai Ustrjalow (1890–1937) war ein slawophiler Philosoph, der nach der Russischen Revolution aus der UdSSR floh und sich der antisowjetischen Weißen Bewegung anschloß. Nachdem er anfangs eine radikal antikommunistische Position bezogen hatte, versuchte er später, gewisse Elemente des Sowjetkommunismus mit dem russischen Nationalismus zu verbinden. 1935 kehrte er in die Sowjetunion zurück, da er meinte, nationalbolschewistische Ideen würden dort mittlerweile akzeptiert, doch wurde er wegen Spionage verhaftet und 1937 während der großen Säuberung erschossen.

dergeburt in die Wege zu leiten. Für die Linkskonservativen läßt sich all dies am wirksamsten mittels der Verstaatlichung der Rohstoffe und der großen privaten Firmen sowie durch die Verstärkung der Regierungskontrolle auf den Gebieten der Energie, des Transports, des Kommunikationswesens usw. erreichen. Dieser soziale Konservatismus kann sich auf die Legitimität und Natürlichkeit der sowjetischen Haltung in dieser Frage berufen und sie als Teil der allgemeinen nationalen Dialektik betrachten. Man kann den Sozialkonservatismus als Variante der Konservativen Revolution einstufen. Definitionsgemäß müssen der linke und der rechte Konservatismus letztlich ein gemeinsames Ziel besitzen: Die Wiederbelebung der Staatlichkeit, die Wahrung der nationalen Identität, die Festigung der russischen Position auf der internationalen Bühne und die Treue gegenüber unseren kulturellen Wurzeln. Auf welchem Wege diese gemeinsamen Ziele erreicht werden sollen, darüber gehen die Meinungen zwischen den beiden Denkschulen freilich auseinander.

Konservative Revolution

Es gibt noch eine andere, hochinteressante Variante des Konservatismus, die üblicherweise als Konservative Revolution bezeichnet wird und die den Konservatismus dialektisch mit dem Modernismus verbindet. Zu den prominentesten Vertretern dieser Denkrichtung gehörten Martin Heidegger, Ernst Jünger,[163]

---

[163] Ernst Jünger (1895–1998) war der berühmteste unter den konservativen Revolutionären Deutschlands, doch war dies lediglich eine Phase in seiner langen und facettenreichen Laufbahn. Im Ersten Weltkrieg kämpfte er in der deutschen Armee, zu der er sich als Freiwilliger gemeldet hatte, und erhielt für seine hervorragenden Waffentaten den höchsten preußischen Orden Pour le Mérite. Nach dem Krieg avancierte er zu einem Schriftsteller und Philosophen, griff mit Aufsätzen ins politische Geschehen ein, experimentierte mit Drogen und reiste um die Welt. Den Nationalsozialismus lehnte er von Anfang an ab; er blieb in Deutschland und konnte weiter veröffentlichen. Mit Beginn des Zweiten Weltkriegs als Hauptmann reaktiviert, nahm er am Westfeldzug teil und war bis 1944 beim deutschen Militärbefehlshaber in Frankreich in Paris stationiert, wo er bedeutend mehr Zeit darauf verwendete, sich mit Picasso, Cocteau und anderen Vertretern des Kulturlebens zu treffen, als militärisch tätig zu werden. Mit seiner „Friedensschrift" beeinflußte er den Kreis um Graf Stauffenberg, der im Juli 1944 versuchte, Hitler zu ermorden. Nach dem Zweiten Weltkrieg entwickelten sich Jüngers politische Ansichten allmählich in Richtung auf eine Art aristokratischen Anarchismus hin. Sein Bruder Friedrich Georg Jünger (1898–1977) war ebenfalls Veteran des Ersten Weltkriegs, Vertreter der Konservativen Revolution, Schriftsteller und Philosoph.

Carl Schmitt,[164] Oswald Spengler,[165] Werner Sombart,[166] Othmar Spann,[167] Friedrich Hielscher[168] und Ernst Niekisch.

Das philosophische Paradigma der Konservativen Revolution entspringt der unter Konservativen allgemein verbreiteten Sicht der Welt als objektiver Prozeß der Degradierung, die in der Moderne ihren Tiefpunkt erreicht hat. Doch im Gegensatz zu den Traditionalisten stellen sich die konservativen Revolutionäre folgende Frage: Warum läßt Gott, der Schöpfer dieser Welt, das Böse einfach geschehen, und warum sind Gottes Feinde auf dem Siegespfad? Man kann diese Frage dahingehend beantworten, daß das wunderbare Goldene Zeitalter, nach dem sich die konservativen Fundamentalisten zurücksehnen, den Keim seines Niedergangs bereits in sich trug. Aus diesem Grund antworten die konservativen Revolutionäre den Traditionalisten: „Ihr wollt in jene Epoche zurückkehren, in welcher der Mensch erst die anfänglichen Symptome der Krankheit entwickelt hatte, einen Keuchhusten, und ihr erzählt uns, wie gut es dem Menschen damals ging, während derselbe Mensch heutzutage auf dem Totenbett

---

[164] Carl Schmitt (1888–1985) war ein deutscher Jurist, der über politische Wissenschaft, Geopolitik und Verfassungsrecht schrieb. Während der Weimarer Republik war er einer der führenden Verfassungsrechtler Deutschlands. Er unterstützte den Nationalsozialismus nach dessen Machtübernahme eine Zeitlang, wandte sich jedoch später von ihm ab. Obwohl nach 1945 ohne Professur, blieb er auf dem Feld der Rechtswissenschaft sowie der Philosophie weiterhin sehr einflußreich.

[165] Oswald Spengler (1880–1936) war ein deutscher Philosoph, der als einer der wichtigsten konservativen Revolutionäre während der Weimarer Republik gilt. Sein bedeutendstes Buch ist das 1922/1923 entstandene epochale Werk „Der Untergang des Abendlandes", in dem er die Theorie ausbreitete, alle Zivilisationen durchliefen einen unvermeidlichen Zyklus von Perioden, in dem auf eine Entwicklung zum Höheren ein Niedergang folge. In unserem heutigen Zeitalter, meinte Spengler, sei das Abendland in seine Zerfallsperiode eingetreten.

[166] Werner Sombart (1863–1941) war ein deutscher Ökonom und Soziologe, der Kapitalismus und Demokratie aufs schärfste kritisierte.

[167] Othmar Spann (1878–1950) war ein österreichischer katholischer Philosoph, dessen konservative Ansichten auf den Idealen der deutschen Romantik beruhten. Ihm wird das Verdienst zugeschrieben, die Idee des korporativen Staates entwickelt zu haben, die schon bald zu einem integralen Bestandteil des Faschismus werden sollte und nach Spanns Meinung überall zum Segen der Menschheit verwirklicht werden kann. Nichtsdestoweniger war er kein Anhänger des Nationalsozialismus; nach dem Anschluß Österreichs von 1938 wurde er kurzzeitig verhaftet. Es wurde ihm verboten, seine Lehrtätigkeit an der Universität Wien, wo er seit 1919 tätig gewesen war, fortzusetzen. 1945 bemühte er sich erfolglos um eine Wiedereinstellung.

[168] Friedrich Hielscher (1902–1990) war ein deutscher Denker, der mit der Konservativen Revolution sympathisierte und sein ganzes Leben lang ein aktiver Neuheide war. Im Dritten Reich war er Angehöriger des Widerstands.

liegt. Ihr begnügt Euch damit, einen Hustenden einem Sterbenden gegenüberzustellen. Wir konservativen Revolutionäre wollen herausfinden, wie die Infektion als solche entstand und warum der Mann zu husten beginnt. Wir glauben an Gott und an die Vorsehung. Doch glauben wir ebenfalls, daß der Urquell, Gott selbst, der Göttliche Quell, den Plan hegte, dieses eschatologische Drama zu inszenieren." Aus der Perspektive dieser Vision ist die Moderne ein Paradox. Sie ist nicht bloß eine Krankheit unserer Tage, sondern die in der heutigen Welt erfolgte Entdeckung eines Phänomens, das bereits in der den Traditionalisten so teuren Vergangenheit Wurzeln schlug. Diese Erkenntnis der konservativen Revolutionäre macht die Moderne keineswegs besser, erschüttert jedoch die eindeutig positivistische Position der Traditionalisten.

Die Grundformel der Konservativen Revolution stammt von Arthur Moeller van den Bruck und lautet wie folgt: „Die Konservativen haben versucht, der Revolution Einhalt zu gebieten, aber wir müssen sie jetzt führen." Wer sich zu den Revolutionären gesellen will, muß folglich als Bestandteil ihrer pragmatischen Politik die zerstörerischen Tendenzen der Moderne erkennen und den Keim identifizieren, der den Anstoß zu diesen Tendenzen gegeben hat – nämlich die Moderne selbst. Diese muß der Konservative dann sorgfältig und dauerhaft aus seiner Existenz ausmerzen und hierdurch Gottes geheimem, parallelem und subtilem Plan zum Durchbruch verhelfen. Die konservativen Revolutionäre geben sich nicht wie die Liberalkonservativen damit zufrieden, den Fortschritt der Moderne zu verlangsamen, und wollen auch nicht wie die Traditionalisten in die Vergangenheit zurückkehren, sondern die Wurzel allen Übels in der Grundstruktur der Welt ausreißen.

Die konservative Wahl

Der zeitgenössische russische Konservatismus muß zugleich nichtkommunistisch, nichtliberal und nichtmonarchistisch sein, und zwar aus folgenden Gründen: Das kommunistische Dogma hat stets bestritten, daß das kommunistische Regime eine Fortsetzung des Zarismus gewesen sei, und beurteilt die demokratischen Reformen der jüngsten Vergangenheit extrem negativ; der Liberalismus ist zu revolutionär und beharrt auf einem radikalen Bruch sowohl mit der sowjetischen Vergangenheit als auch mit dem zaristischen Erbe; der Monarchismus will sowohl die sowjetische als auch die jüngste liberal-demokratische Periode aus der nationalen Geschichte tilgen.

Die Besonderheit des russischen politischen Lebens im 21. Jahrhunderts liegt darin, daß seine hauptsächlichen Phasen einander bezüglich des jeweils verfolgten Konzepts direkt und schroff widersprachen und nicht im Rahmen einer natürlichen Kontinuität aufeinander folgten, sondern durch Revolutionen und radikale Turbulenzen. Dies stellt für die Formel des heutigen russischen Konservatismus eine ernsthafte Herausforderung dar: Die Kontinuität und Identität Rußlands und des russischen Volkes sind auf der Oberfläche der Gesellschaft nicht klar erkennbar; um konservative Prinzipien konsequent durchzusetzen, heißt es Anstrengungen unternehmen, die uns auf die Stufe einer neuen historischen, politischen, zivilisatorischen und nationalen Konsolidierung erheben. Der heutige russische Konservatismus ist noch keine ausgereifte Kraft; seine Schaffung ist eine Aufgabe, die es zu verwirklichen gilt.

Ein konsequenter russischer Konservatismus muß die historischen und geographischen Schichten unserer nationalen Existenz miteinander verbinden. Es sei dem Leser in Erinnerung gerufen, daß die Eurasier die Sowjetherrschaft in den ersten Jahren der UdSSR als zivilisatorische Fortsetzung des Russischen Imperiums sahen.

Der heutige russische Konservatismus läßt sich nicht losgelöst vom Eurasiertum analysieren, der eine Synthese der politischen Geschichte Rußlands auf der Grundlage einer einzigartigen geopolitischen und zivilisatorischen Methodologie darstellt. Betrachtet man Rußland aus eurasischer Perspektive, so erkennt man sein unzerstörbares Wesen und seine historische Identität – von einem Mosaik slawischer, türkischer und ugrischer Stämme über die Kiewer Rus[169] und das Großfürstentum Moskau bis hin zu den großen kontinentalen Imperien – dem

---

[169] Die Kiewer Rus gilt als Urzelle Rußlands, deren Hauptstadt Kiew war und aus der die heutigen Staaten Rußland, Ukraine und Weißrußland hervorgegangen sind. Sie dauerte vom zehnten bis zum dreizehnten Jahrhundert.

ersten „weißen" und dem zweiten „roten" – und dem heutigen demokratischen Rußland, das noch etwas unschlüssig über seinen künftigen Kurs ist, sich jedoch mittlerweile gefunden hat und zu einem neuen historischen Sprung ansetzt.

Ich bin überzeugt, daß die politische Geschichte uns schon sehr bald zwingen wird, unsere Positionen zu klären und unsere Rhetorik zu präzisieren. Für uns gibt es keine andere Wahl als den Konservatismus: Sowohl die außen- als auch die innenpolitischen Entwicklungen werden uns dazu zwingen, uns für ihn zu entscheiden. Doch was werden wir mit dem revolutionären Geist tun, dem Willen zur Revolte, der lodernden Flamme der Rebellion, die insgeheim im russischen Herzen glimmt und uns den Schlaf raubt, indem sie uns aufruft, ihr in ferne Lande zu folgen? Meiner Meinung nach sollten wir unsere kontinentale Stärke in ein neues konservatives Projekt investieren. Möge dieses zu einer neuen Form unserer Revolution werden, der Konservativen Revolution, der Nationalen Revolution im Namen eines großen Traums.

Putin, der Konservatismus und die Silowiki

Das grundlegende Paradigma Putins und seiner Anhänger ist meiner Ansicht nach ein universaler Konservatismus, der vom aufgeklärten Liberalkonservatismus bis hin zum sozialen und zum fundamentalen Konservatismus reicht. Die Alternativen hierzu sind der Liberalismus und der Atlantismus. Diese Ideologien haben bei dem Personal, das der Präsident von seinen Vorgängern übernommen hat und das nach wie vor an seinen Sesseln klebt, sowie unter vielen seiner Experten und Berater weiterhin zahlreiche Anhänger. Putin selbst unterstützt die Idee der wirtschaftlichen und gesellschaftlichen Mobilisierung zwecks Stärkung der nationalen Souveränität Rußlands. Diese Politik kann als „aktiver Konservatismus", „radikaler Konservatismus" oder sogar als Aufruf zu einer konservativen Revolution interpretiert werden. Putin möchte dem Konservatismus eine gewisse Konsistenz und politische Widerstandsfähigkeit verleihen. Dieser Prozeß verlangsamt sich jedoch infolge der Trägheit und Passivität der Staatsbeamten, der zentristi-

schen Parteien und möglicherweise auch der Massen zusehends;
die Politik wird durch eine Umgebung behindert, die ihre Stoß-
kraft abschwächen läßt. Es gibt keine intellektuelle Speerspitze,
keine Institutionen und keine politischen Instrumente, die zur
Durchsetzung dieses Programms befähigt wären. Dies ist der
Grund dafür, daß Putin in vielen seiner Reden einen sehr lauen
Konservatismus vertritt, so daß man sich des Eindrucks nicht
erwehren kann, es gehe nur um die Befriedigung bestimmter
Wünsche und um die Erhaltung des Status quo. Hier liegt der
grundsätzliche Widerspruch Putins und seiner Herrschaft:
Subjektiv begreift und anerkennt Putin die Notwendigkeit aktiver konservativer Maßnahmen, um das Land aus der Stag-
nation herauszuführen, aber er kann solche Maßnahmen nicht
angemessen durchsetzen, denn seine Initiativen werden von
Angehörigen seiner engsten Umgebung permanent sabotiert.

Die zweite Quelle des Widerstands gegen einen aktiven Konservatismus sind die Oligarchen. Sie sehen keine Notwendigkeit zur Stärkung der nationalen Regierung und sind mit dem
Status quo vollauf zufrieden. Sie wollen dem Konservatismus
entweder die Zähne ziehen, ihn jeder ideologischen Grundlage
berauben und dekonstruieren (Pjotr Aven und die Alfa-Bank[170])
oder aber nach und nach ein rein liberales System einführen.

Die dritte Gruppe, von welcher der Widerstand ausgeht, sind
die eingefleischten Liberalen. Sie sind zahlenmäßig schwach;
ihr Paladin ist Anatoli Tschubais, dessen Interesse primär der
Wirtschaft und der Verwaltung gilt und nicht der Ideologie. Allerdings muß man festhalten, daß sich Tschubais dem offiziellen Kurs nicht aktiv widersetzt, sondern ihn wohlwollend
ignoriert, wobei er der Regierung gegenüber loyal bleibt.

Es läßt sich jedoch nicht ausschließen, daß große Unternehmen reprivatisiert werden, wie es in den neunziger Jahren geschah. Das Phänomen der Reprivatisierung findet sich in vielen kapitalistischen Ländern, wo der Staat und die staatlichen
Institutionen beim Erwerb von Eigentum eine sehr bedeutende
Rolle spielen. Die Bürokratie rotiert, und wenn sich die neuen

---

[170] Pjotr Aven (geb. 1955) ist ein Geschäftsmann, der 1991/1992 Außenhandelsminister
sowie Rußlands Vertreter bei der G7 war. Heute leitet er die Alfa-Bank, die größte
Kommerzbank Rußlands.

Staatsbeamten einmal bestechen ließen, werden sie schon bald nach weiteren Schmiergeldern gieren, auch wenn die Eigentümer der betreffenden Unternehmen der Ansicht sind, bereits genug gezahlt zu haben. In Rußland reifen die Bedingungen für eine Reprivatisierung heran. Die gesetzlichen Voraussetzungen für eine solche lassen sich jederzeit schaffen, und sie kann politisch als Zwischenphase beim Renationalisierungsprozeß oder als Patriotismus verkauft werden.

Das erste Szenarium bestünde in der Verstaatlichung nationaler Ressourcen mit anschließender Reprivatisierung, die als „Veränderung in der Struktur der Betriebsleitung" ausgegeben würde. Das zweite Szenarium wäre eine öffentliche Entlarvung der antipatriotischen Einstellung der Oligarchen (die z.B. eine teure Jacht oder einen ausländischen Fußballverein gekauft haben), mit anschließender strafrechtlicher Verfolgung der Schuldigen unter dem Druck des Volkszorns. Dann wird das Eigentum einen neuen, patriotischen Besitzer finden. Die betreffenden Betriebe werden zwar nicht besser geführt werden als zuvor, aber die Staatsbeamten werden zufrieden und das Volk wird für eine gewisse Zeit ruhiggestellt sein; manche werden gewinnen, andere verlieren, und der eine oder andere wird hinter Gitter wandern...

Die Strafverfolgungsbehörden befolgen jetzt Putins ursprüngliche Strategie, die drauf abzielte, Ordnung im Lande zu schaffen. In der russischen Gesellschaft spielen diese Institutionen eine sehr gewichtige Rolle. Die von ihnen benutzte Technik ist veraltet; sie verwenden immer noch Geräte wie das Computermodell IBM 386.[171] Sie reagieren sehr zögerlich auf Wladimir Putins Initiativen, und ihnen unterlaufen ständig Pannen, die sich nicht vor der Öffentlichkeit verbergen lassen.

Wladimir Putin und das Imperium

„Die russischen Führer, insbesondere Premierminister Wladimir Putin, wollen das Russische Imperium wiederherstellen", meinte der frühere US-Verteidigungsminister Robert Gates. Laut Gates „erschweren diese imperialistischen Absichten die

---

[171] Das Computermodell IBM 386 wurde Mitte der achtziger Jahre entwickelt.

amerikanisch-russischen Beziehungen". Laut dem Washingtoner Verteidigungsminister sind diese „imperialistischen Absichten" für Putin charakteristischer als für Medwedew. Putin tut alles, um Rußland zu einem führenden Land in der internationalen Arena zu machen, und dies bereitet den Amerikanern arges Kopfzerbrechen – und den Briten desgleichen. „Sind die Russen dazu verurteilt, einen weiteren Versuch zum Aufbau eines Imperiums zu unternehmen?", fragt Geoffrey Hoskings, Professor am University College in London, in seinem Buch „Rulers and Victims: The Russians in the Soviet Union".[172] „Was werden die Russen wählen: Den gegenwärtigen Zustand, der für sie gleichbedeutend mit territorialen Verlusten ist, oder ein neues Imperium?", fragt sich Hoskings.

Nochmals: Wer sind Sie, Herr Putin?

Diese zu Beginn von Putins Präsidentschaft gestellte Frage wurde während des Übergangs der heutigen politischen Sprache in Rußland von der Moderne zur Postmoderne gestellt. Die klassische Moderne der Aufklärung sieht Putin als Menschen, als Persönlichkeit mit besonderen Charakterzügen, und weniger als Politiker. In der Postmoderne ist eine Persönlichkeit eine Leerstelle und besteht lediglich aus Fragmenten eines Diskurses in einem sprachlichen Kontext. Wladimir Putins Image basiert nicht auf der Kenntnis seiner Person oder der Analyse seiner Handlungen, sondern auf diskursiven Spielen.

Wenn Menschen, die unseren Präsidenten gut kennen, hören, was man im Westen über diesen erzählt, fallen sie aus allen Wolken. Im Westen wird nämlich ein groteskes Zerrbild von Putin gezeichnet, das herzlich wenig mit der Wirklichkeit zu tun hat. Dort stellt man Putin als Protegé der reaktionärsten Kreise und eines verruchten Geheimdienstes dar, als Menschen ohne politische Zukunft und ohne jeden Respekt vor der Demokratie. Wir in Rußland haben es allerdings mit einem ganz anderen Putin zu tun.

---

[172] Geoffrey Hosking. Rulers and Victims: The Russians in the Soviet Union. Belknap Press: Cambridge/Massachussets, 2006

Putin als Symbol für den Aufbau eines Imperiums

Das neue, große Rußland, das innerhalb des eurasischen Raums entstehen soll, ist die Idee eines neuen, souveränen Imperiums. Diese Idee ist ihrer Natur nach nicht sowjetisch, weil die sowjetische Ideologie tot ist, aber auch nicht russisch, weil hier kein gemeinsamer religiöser Anspruch vorliegt. In seiner neuen Phase propagiert das Eurasiertum die Wiederbelebung des Eurasischen Großraums, der die Stelle des früheren Russischen Reichs und der Sowjetunion einnehmen soll. Dieses Projekt steht in fundamentalem Gegensatz zur Denkweise der prowestlichen und atlantischen Kreise Rußlands. Putin verdankt seine Position zwar dem atlantischen Regime Jelzins, er hat Jelzins Politik jedoch innerhalb von kaum sechs Jahren grundlegend revidiert. Anfangs sah sein Konzept vor, Rußland in die westliche Weltordnung zu integrieren, um es, wie er sagte, zu einem „normalen Land" zu machen. Heute hängt unser politisches Establishment, von anrüchigen Randgruppen abgesehen, einer ganz anderen Idee an: Rußland ist ein großes Land, ein Land, das die ihm gebührende Rolle in der Welt beansprucht und eine unabhängige Politik verfolgt, die dem globalistischen Druck widersteht und dem Projekt der unilateralen Welt eine Absage erteilt. Es ist dies ein geopolitisches Programm für den Aufbau eines Imperiums. Das Eurasiertum hat heute zwei Hauptgegner: Die liberal-demokratische, prowestliche Ideologie sowie den engstirnigen Nationalismus, der Rußland als mononationalen Staat präsentiert. Präsident Putins Politik orientiert sich an diesem eurasischen Kodex.

Jean Parvulesco: „Das kann einfach nicht sein…"

Was an dem für seine extravaganten Phantasien bekannten französischen Schriftsteller Jean Parvulesco besonders bemerkenswert ist, ist die Tatsache, daß sich fast alle seine Voraussagen mit der Zeit bewahrheiten. In Artikeln, die er im Zeitraum von 1976 bis 1979 in der italienischen Zeitschrift „Orion" veröffentlichte, schilderte er eine Situation, die in den Jahren 1991 bis 1993 in Rußland tatsächlich eintrat. Er sah ein „rotbraunes" Bündnis zwischen Kommunisten und Nationalisten sowie die Gründung liberaler Institutionen voraus, die mit dem Westen kooperieren und die große Sowjetunion zerstören würden. Damals meinten viele Leser seiner Artikel, Parvulesco sei übergeschnappt. Der Bolschewismus erschien als unüberwindlicher Riese und der Sowjetblock als dessen unerschütterliches Bollwerk. Auch wir, seine Freunde, sagten damals: „Das kann einfach nicht sein, Jean! Das ist Unsinn!" Seine Antwort lautete: „Warte nur ab, Alexander!"

In der Artikelfolge schrieb Parvulesco, im russischen Militär und Geheimdienst gebe es Leute, die in geopolitischen Perspektiven dächten und mit der Idee der Schaffung eines Imperiums auf kontinentaler Ebene liebäugelten. Er prophezeite, früher oder später werde aus dem Geheimdienst ein Mann hervorgehen, der das geopolitische Potential Rußlands zum Aufbau eines Imperiums nutzen, die kommunistische Ideologie jedoch über Bord werfen und sich statt dessen an den Werten orientieren werde, die unauslöschlich in der russischen Geschichte verankert seien. Er werde der Orthodoxie zu einer neuen Blüte verhelfen, die nationale Identität des Landes wiederbeleben und den vor dem Kommunismus in Rußland gültigen Werten wieder zum Durchbruch verhelfen. Dies behauptete Parvulesco in den siebziger Jahren, als sich noch niemand eine solche Entwicklung vorstellen konnte, und zwanzig Jahre später erschien Putin.

Parvulesco erkannte Putins Bedeutung sofort. „Er ist ein Mann des Schicksals. Ich habe immer über ihn geschrieben. Ich habe über ihn geschrieben, schon lange bevor ich seinen Namen kannte."

In Parvulescos Schriften existiert Putin nicht bloß als Person. Zentrale Motive sind das Eurasische Imperium und dessen Aufbau mit Putin als Instrument seines Aufbaus.

Ob Putin hinter den Kulissen vom russischen Geheimdienst dazu auserkoren wurde, dieses Imperium zu schaffen, bleibt ein Mysterium. Man kann diese These weder widerlegen noch beweisen. Das Projekt „Wladimir Putin und das Eurasische Imperium" ist nicht einfach eine Frage von Vergangenheit, Gegenwart und Zukunft. Ein Visionär agiert in einem Raum, in dem Vergangenheit und Zukunft koexistieren. Viele biblische Propheten haben den Plan der Ewigkeit geschildert, und Parvulesco, der weder Visionär noch Prophet war, hat dasselbe getan.

Das Eurasische Imperium als Bestandteil des festgelegten Laufs der Dinge

Parvulesco zeichnet ein frappierendes Bild von Putin, das sich sowohl von der offiziellen russischen als auch von der westlichen Darstellung unseres Präsidenten grundlegend unterscheidet. Er sieht Putin als Schlüsselfigur der Weltgeschichte und stellt ihn auf eine Stufe mit Gestalten wie Alexander dem Großen, Napoleon, de Gaulle, Stalin, Hitler und Lenin. Kein scheinbar noch so unbedeutendes Detail entgeht der Aufmerksamkeit dieses Autors: Eine beiläufige Bemerkung Putins oder eine Handbewegung während einer Auslandreise reichen für Parvulesco aus, um uns einen postmodernen Einblick in die Dialektik des Imperiums zu ermöglichen.

Was Putin und seine Umgebung über dieses überraschende und anziehende Bild einer historischen Person denken, ist weniger wichtig als die Art und Weise, in der wir die Essenz und den Kontext des imperialen Projekts interpretieren, in dessen Rahmen solche Transformationen möglich sind. In seinem Gedicht „Wenn nicht mehr Zahlen und Figuren" schrieb der deutsche Romantiker Novalis:[173] „Wenn nicht mehr Zahlen und Figuren/Sind Schlüssel aller Kreaturen/[…] Wenn man in Märchen und Gedichten/Erkennt die wahren Weltgeschichten/Dann fliegt vor einem geheimen Wort/Das ganze verkehrte Wesen fort." Nur vollkommen unfähige und geistig tiefstehen-

---

[173] Novalis war das Pseudonym des Dichters und Philosophen Georg Philipp Friedrich Freiherr von Hardenberg (1772–1801). Das Gedicht „Wenn man in Zahlen und Figuren" entstammt dem Romanfragment „Heinrich von Ofterdingen".

de Menschen wie der frühe Ludwig Wittgenstein oder die Positivisten können behaupten, ein Forscher brauche „atomare Fakten".[174] Solche Fakten gibt es nicht; nach ihnen haben Menschen gesucht, die dabei größere Ernsthaftigkeit an den Tag legten als die heutigen russischen Philister und bei denen es sich um scharfsinnige Geister handelte. Putin als „Person an sich" existiert einfach nicht, und die von Jean Parvulesco präsentierte Version verdient ernsthafte Beachtung, weil sie intellektuell, stilistisch und visuell um die Metaphysik unseres Großraums und unseres großen Volkes kreist. Deshalb versteht Putins Mission am besten und am realistischsten, wer ihn als „Erbauer des großen Eurasischen Imperiums" sieht. Während der trostlose Unfug, den man über ihn und seine Anhänger verbreitet, schon bald in Vergessenheit geraten wird, wird Putin als Begründer eines Imperiums überleben, mag er diese Deutung auch selbst zurückweisen. Er wird auch weiterhin das Porträt unserer Epoche sein – nicht nur sein eigenes Porträt, sondern dasjenige Rußlands. Das Eurasische Imperium bildet einen unabänderlichen Bestandteil des festgelegten Laufs der Dinge. Dies verstehen ein Robert Gates und ein Geoffrey Hoskings sowie die gesamte westliche Elite, die über die heutige Welt regiert. Das Eurasische Imperium bestand, besteht und wird immer bestehen, und Putin ist offenkundig mit ihm verbunden.

Das Eurasiertum als Ideologie des neuen Präsidenten

Die eurasische Ideologie steht in völligem Übereinklang mit der historischen Mission, der sich Wladimir Putin gegenübersieht. Die Hauptprobleme der heutigen politischen Situation sind das Fehlen einer wirklichen Konsolidierung der politischen Klasse um Putin, der Wankelmut der zentristischen Par-

---

[174] In der Philosophie des logischen Atomismus ist eine atomare Tatsache die einfachste Form einer Tatsache; sie besteht aus einer einzigen Eigenschaft eines spezifischen, individuellen Dings wie seiner Farbe. Unter der Annahme, daß die Sprache die Realität widerspiegelt, kann man dann davon ausgehen, daß die Welt aus äußerst einfachen und leicht verständlichen Tatsachen besteht.

teien, die Bereitschaft gewisser hochrangiger Beamter, den Präsidenten mit Unterstützung mancher einflußreicher Kräfte in Medien und Intelligenz direkt anzugreifen, sowie die Hartnäckigkeit der antirussischen Position in der EU und manchen republikanischen Kreisen in den USA.

Daß die Entwicklung der gegenwärtigen politischen Lage auch weiterhin dermaßen schleppend verlaufen wird und daß gewisse Schlüsseltendenzen (Scheinstabilität und Status quo) noch sehr lange Bestand haben werden, ist unwahrscheinlich. Es empfiehlt sich, das eine oder andere alternative Szenarium ins Auge zu fassen. In einer kritischen Situation ist das Eurasiertum für den Präsidenten die optimale Ideologie. Das Eurasiertum wird die Substanz der politischen Position des Präsidenten stärken – eine Substanz, die sich zu Beginn seiner ersten Amtszeit abzeichnete, dann aber verwässert, ausgehöhlt und durch Taschenspielertricks und seichte Shows ersetzt wurde, die von politischen Strategen inszeniert worden waren.

Das Eurasiertum wird eine patriotische Politik (eine nationale Idee) mit aktivem politischem Inhalt erfüllen. Es vermag nicht nur die mehrheitlich passiven Kräfte zu mobilisieren, die für eine Stärkung der russischen Staatlichkeit eintreten (die Mehrheit der Russen, sowohl der Staatsbeamten als auch der Massen), sondern auch die aktiven Schichten der Gesellschaft, welche diesem Projekt neutral oder gar negativ gegenüberstehen (nationale und religiöse Minderheiten, Intelligenz, Geschäftsmagnaten). Kleine Menschen werden für ein großes Rußland kämpfen!

Das Eurasiertum entwirft ein unzweideutiges Szenarium für eine internationale Strategie: Der Mittelweg zwischen Globalismus und Isolationismus. Er stellt eine „teilweise Globalisierung" im Sinne einer „Globalisierung der Großräume" dar. Dieses Modell setzt eine differenzierte Haltung gegenüber anderen „Großräumen" voraus: Dem europäischen, dem amerikanischen, dem pazifischen, dem arabischen. Dies erlaubt es Rußland, sein internationales Potential zu akkumulieren und in eigenem Interesse geschickt zwischen den Interessen der anderen geopolitischen Pole zu manövrieren.

Die Entscheidung für eine konsequent eurasische Politik bedeutet, daß allen Kräfte, die den Präsidenten unterstützen,

sowie darüber hinaus allen gesellschaftlichen Schichten, die erkennen, wie wichtig die Stärkung des russischen Staates für sie
ist, ein konkretes politisches Ziel vorgegeben wird.

Der mögliche Prozentsatz an Wählern, die heute hinter Putin
stehen und ihn, wenn er sich eindeutig auf einen eurasischen
Kurs festlegt, mit verdoppeltem Enthusiasmus unterstützen
werden, ist weit größer als die Anhängerschaft der ideologisch
lauen, künstlichen Parteien, die nur ein geringes Potential zur
Mobilisierung der Massen besitzen und keine kohärente Politik
vertreten. Außerdem wird eine kluge Umsetzung der eurasischen Ideologie in die Praxis dem Präsidenten die Möglichkeit
bieten, einen gewissen Teil der national und sozial orientierten
Wählerschaft zu gewinnen.

Das Eurasiertum liefert eine solide Grundlage für einen
„Kreuzzug" gegen den Extremismus und diverse terroristische
Ideologien – radikaler Islam, nationaler Separatismus, Groß-
machtchauvinismus und sozialer (linker) Radikalismus. Abgesehen davon, daß er die Notwendigkeit einer entschlossenen
Opposition gegen solche Strömungen ideologisch untermauert, bietet er auch eine positive Alternative zu letzteren, und
zwar in Gestalt der Werte, die das Eurasiertum vertritt und
hochhält: Traditioneller Islam, die Rechte der Völkerschaften
und deren ethnokulturelle Autonomie (ohne die Perspektive
einer politischen Segregation), geopolitischer eurasischer Patriotismus und ein gemäßigtes, betont soziales Wirtschaftssystem. Das Eurasiertum zerstört die Gegenseite nicht nur
ideologisch, sondern zieht auch die zaudernden Massen an, die
sonst in Opposition zu der russischen Staatlichkeit und dem
Präsidenten treten könnten.

Das Eurasiertum hat für alle wichtigen wirtschaftlichen
Schichten der russischen Gesellschaft eine eigene Formel. Um
die Gunst der Wähler für sich zu gewinnen, wendet er sich an
die „entrechtete Mehrheit", an die hart arbeitenden Schichten,
denen die meisten jener Russen angehören, die sich an den
Wahlen beteiligen. Hier wird der Schwerpunkt auf der sozialen
Rhetorik liegen (soziale Gerechtigkeit, Verstaatlichung der Bodenschätze etc.). Die Kader des Eurasiertums werden hingegen
aus Vertretern der Mittelklasse und der Kleinunternehmer so-

wie einer angemessenen Zahl effizienter und energischer Beamter bestehen, die fähig sind, die Massen zu mobilisieren. Den mächtigen russischen Magnaten wird das Eurasiertum den direkten Zusammenhang zwischen ihren Geschäften und dem geopolitischen Schicksal des russischen Staates vor Augen führen (für alle großen nationalen und transnationalen Unternehmen in den USA, Europa, Japan usw. spielen geopolitische Aspekte ebenfalls eine wesentliche Rolle). Somit befriedigt das eurasische Wirtschaftsmodell die Forderung der Masse nach sozialer Gerechtigkeit, fördert die Initiative der Mittelschicht und erweckt bei den Magnaten das Bewußtsein für ihre geopolitische Verantwortung.

Das Eurasiertum ist heute die ideologische Grundlage der Eurasischen Partei, die in naher Zukunft neu belebt werden wird. Diese Partei hegt keine opportunistischen Ambitionen und gedenkt nicht, mit anderen parteipolitischen Projekten zu rivalisieren. Die Eurasische Partei[175] sieht sich nicht als Alternative zu den anderen Putin-freundlichen Parteien des Landes, sondern als politisches und ideologisches Laboratorium zur Erarbeitung einer nationalen Strategie und Ideologie für den neuen Präsidenten. Unter diesen Umständen kann sie sich rasch von einer Parteiideologie über eine Präsidenten-Ideologie zu einer Staatsideologie entwickeln.

Putin und die eurasische Integration

Der Prozeß der Integration auf dem Territorium der ehemaligen Sowjetunion war für die russischen Geopolitiker stets ein delikates Thema. Nachdem an die Stelle der UdSSR ein amorpher Staatenbund mit unbestimmten Funktionen und dem nichtssagenden Namen „Gemeinschaft unabhängiger Staaten" getreten war, erfolgte zunächst keine ernsthafte Entwicklung in Richtung umfassender Integration. Schuld daran war keinesfalls die mangelnde Bereitschaft der Führer der neuen Staaten; einige von ihnen, insbesondere der ka-

---

[175] Die 2002 gegründete Eurasische Partei ist der politische Arm der Eurasien-Bewegung.

sachische Präsident Nursultan Nasarbajew, setzten sich aktiv für die wirtschaftliche und politische Integration der GUS-Länder ein. In den neunziger Jahren ließ die weißrussische Führung lebhaftes Interesse an einer solchen Entwicklung erkennen. Der Grund dafür, daß die Integration im postsowjetischen Raum ins Stocken geriet, lag in der fehlenden Bereitschaft der russischen Führer, dieses Projekt zu ihrem Herzensanliegen zu machen.

Während der ganzen neunziger Jahre dachten die russischen Führer in jenen seltenen Augenblicken, in denen sie überhaupt zu intellektuellen Anstrengungen fähig waren, die Rettung werde vom Ausland kommen; Rußland werde in die Familie der fortgeschrittenen, demokratischen Nationen aufgenommen werden und dort ein glückliches, schönes, bourgeoises Leben führen. Das Erwachen kam Ende der neunziger Jahre: Nach dem Bombenkrieg gegen Jugoslawien und dem Beginn des zweiten Tschetschenienkrieges gingen der herrschenden Elite allmählich die Augen auf: Wenn der Westen Rußland je schlucken wird, dann nur Stück für Stück. Die Gefahr eines Zerfalls unseres Landes zwang die Regierenden nicht nur zur Stärkung der „vertikalen Macht", sondern auch zu einer Außenpolitik, die diesen Namen verdiente, und zwar insbesondere zu einem Ausbau der Beziehungen zu den GUS-Staaten. Während sich Rußland damit begnügt hatte, bilaterale Verhandlungen mit Weißrußland zu führen, hatte sich Washington bereits eifrig um eine multilaterale Integration der GUS-Staaten bemüht und bei der Gründung von Organisationen wie GUAM[176] Pate gestanden.

Wladimir Putin erkannte als erster, daß unser früherer Kurs uns in eine Sackgasse geführt hatte. Während seiner Präsidentschaft entschied sich Rußland für den Weg der fortgesetzten wirtschaftlichen, militärischen und politischen Integration der GUS-Staaten (von der Schaffung der Eurasischen

---

[176] Die Abkürzung GUAM steht für „Georgien, Ukraine, Aserbaidschan und Moldawien". Diese Organisation wurde 2001 als Instrument zur Förderung von Demokratie und Wirtschaftsreformen in den betreffenden Ländern gegründet, mit dem Fernziel einer Intgegration mit Europa. Da die GUS die Reintegration dieser Staaten mit Rußland anstrebt, galt die Schaffung von GUAM in Rußland als amerikanisches Komplott zur Herauslösung dieser Staaten aus der russischen Wirtschaftssphäre.

Wirtschaftsgemeinschaft bis hin zu den Verhandlungen über die Gründung einer Union mit Weißrußland). Heute ist es ausgesprochen schwierig, sich die russische Außenpolitik und die globalen internationalen Beziehungen überhaupt ohne die Organisation des Vertrags über kollektive Sicherheit,[177] die Eurasische Wirtschaftsgemeinschaft, die Schanghaier Organisation für Zusammenarbeit[178] und die Gemeinsame Freimarktzone[179] vorzustellen. All diese Organisationen wurden während Putins Präsidentschaft aus der Taufe gehoben. Außerdem ist die Rolle Rußlands, Weißrußlands und Kasachstans als Säulen der eurasischen Integration auf dem Territorium der GUS-Staaten in ganz und gar nicht unerheblichem Maße den von gegenseitigem Vertrauen geprägten persönlichen Beziehungen zwischen Wladimir Putin, Alexander Lukaschenko und Nursultan Nasarbajew zu verdanken. Dank diesen guten Beziehungen arbeiten die drei Staaten recht eng zusammen, um ein noch höheres Ausmaß an Integration zu erreichen. Daß alle drei Länder der im Jahre 2006 auf Wladimir Putins Initiative gegründeten Zollunion beitraten, war die logische Folge dieser Entwicklung.

Ich möchte hier Klartext reden: Ohne Putins Engagement wäre eine Fortsetzung der Integrationspolitik sehr problematisch gewesen. Beispielsweise erlitt diese Politik einen Rückschlag, als der Ölkonzern Gazprom Sanktionen gegen Weißrußland verhängte, die darauf abzielten, das verbündete Nachbarland zur Zahlung höherer Preise zu veranlassen, wie sie nach der orangenen Revolution von der nun antirussisch ausgerichteten Ukraine verlangt wurden. Auch Kasachstan ist gegen solche Dolchstöße nicht gefeit: Nach der Unterzeichnung des Abkommens über den Bau einer Pipeline längs der Küste des Kaspischen Meeres wird Kasachstan sein Erdgas

---

[177] Der 1992 gegründeten Organisation des Vertrags über kollektive Sicherheit gehören die GUS-Staaten Rußland, Armenien, Kasachstan, Kirgistan, Tadschikistan und Weißrußland an. Aserbaidschan, Georgien und Usbekistan hatten diesem Bündnis anfangs ebenfalls angehört, waren jedoch später aus ihm ausgetreten.

[178] Die Schanghaier Organisation für Zusammenarbeit wurde 2001 als militärisches und wirtschaftliches Bündnis zwischen China, Rußland, Kasachstan, Kirgistan, Tadschikistan und Usbekistan gegründet.

[179] Die Gemeinsame Freimarktzone beruht auf einem Vertrag zur Zusammenarbeit zwischen Rußland, Weißrußland und Kasachstan.

durch ein Gazprom-Pipelinesystem an Europa liefern und von den Preisen abhängig sein, welche diese Firma festlegt. Nasarbajew hätte als Partner viel lieber einen Mann, der dieses gigantische Erdgasförderunternehmen im Interesse Rußlands sowie im gemeinsamen Interesse der Zollunion und der Eurasischen Wirtschaftsunion notfalls an die Kandare nehmen würde. Der einzige Weg zu einer diesbezüglichen gegenseitigen Verständigung mit der Mehrheit der GUS-Staaten, insbesondere Weißrußland und Kasachstan, besteht darin, den Integrationsprozeß einem Mann wie Wladimir Putin anzuvertrauen.

Kasachstan entschied sich dafür, den Vertrag über den Bau der kaspischen Pipeline zu unterzeichnen, wobei es die Gasprom-Preise im Glauben akzeptierte, Putin werde die Vereinigung des postsowjetischen Raums erfolgreich abschließen, und dann werde auch die Frage nach dem Transport von Energieträgern befriedigend gelöst werden. Die Aktionen Putins sowie der russischen Führungsspitze im allgemeinen (besonders des Außenministeriums) haben in jüngster Vergangenheit bestätigt, daß Putin bei der Intensivierung der eurasischen Integration eine Schlüsselrolle spielen wird.

Am 3. Oktober 2011 erschien in der Zeitung „Iswestija" aus Wladimir Putins Feder ein bahnbrechender Artikel über die Schaffung der Eurasischen Union.[180] Putin vertrat darin die These, daß die Eurasische Union ähnlich wie die Europäische Union ein einziger Wirtschaftsraum sein wird, in dem Freizügigkeit herrscht und keine Grenzkontrollen mehr durchgeführt werden. Die von Putin nach der Veröffentlichung dieses Artikels ergriffenen Schritte zeigen, daß dies keine leeren Worte waren. Daß er Projekte wie die Gründung der Zollunion, die Schaffung einer freien Wirtschaftszone in der GUS usw. konsequent zu verwirklichen begann, beweist, daß wir es hier mit einer klaren Strategie und einem klaren Programm zu tun haben.

---

[180] Eine englische Übersetzung dieses Artikels findet sich unter: www.russianmission. eu/en/news/article-prime-minister-vladimir-putin-new-integration-project-eurasia-future-making-izvestia-3-

Das Projekt der Wiederkehr Putins:
Die Multipolare Welt

Die Eurasische Union ist durchaus kein rein wirtschaftliches Projekt, auch wenn Putin ihre ökonomischen Aspekte gebührend unterstreicht. Ginge es einzig und allein um die Wirtschaft, könnte es mit der Gründung der Eurasischen Wirtschaftsgemeinschaft, der Gemeinsamen Freimarktzone und der Zollunion ja sein Bewenden haben. Doch wenn Putin von einer Eurasischen Union spricht, spielt er auf etwas sehr viel Umfassenderes an. Da der kasachische Präsident Nasarbajew dieses Modell entwickelt hat, und da unsere eurasische Bewegung schon seit vielen Jahren für die eurasische Integration und die Begründung einer Eurasischen Union wirbt, kann ich guten Gewissens sagen, daß dieses Projekt die Dimensionen einer rein ökonomischen Union bei weitem übersteigt: Es ist politischer Natur, und Putin hat sich seine Verwirklichung zur Aufgabe gemacht. Während Medwedew seine Präsidentschaft mit einem Modernisierungsprogramm begann, leitete Putin seine Rückkehr auf den Präsidentensessel mit der Schaffung der Eurasischen Union ein.

Was ist die Eurasische Union? Sie ist letzten Endes Ausdruck einer politischen Philosophie, die auf drei Grundpfeilern fußt. Der erste ist die Notwendigkeit der Schaffung einer multipolaren Welt als Gegenentwurf zu der unipolaren Welt, die auf der amerikanischen Hegemonie basiert und von Putin in seiner Münchner Rede so vehement kritisiert wurde. Dieser Entwurf sieht keineswegs die Begründung einer globalen „Welt ohne Pole" mit einem nichtexistenten Zentrum vor, die in Wirklichkeit lediglich die Herrschaft der transnationalen Korporationen und die Herrschaft der globalen Elite kaschieren würde. Putin schwebt weder eine „Welt ohne Pole" noch eine unipolare Welt vor. Er redet einer multipolaren Welt mit mehreren regionalen Polen das Wort. Das Gleichgewicht zwischen ihnen erzeugt ein gerechtes System der Verteilung von Macht und Einflußzonen.

Das Prinzip der multipolaren Welt führt uns zum zweiten der drei Grundpfeiler der eurasischen politischen Philosophie – der Integration des postsowjetischen Raums. Dieser widmet Putin gegenwärtig seine hauptsächliche Aufmerksamkeit. Rußland allein kann in der künftigen multipolaren Welt kein vollwertiger und unabhängiger Pol sein. Um einen solchen zu schaffen, benötigt Rußland Alliierte und Integrationsprozesse im postsowjetischen Raum. Es braucht Kasachstan, Weißrußland, die Ukraine, Moldawien, Armenien und möglicherweise auch Aserbeidschan. Es braucht Zugang zu den Tiefen Zentralasiens, verkörpert durch Kirgistan, Tadschikistan sowie unter Umständen Usbekistan, ja sogar Turkmenistan. Dies ist ein langfristiges Ziel, aber die Begründung eines Pols der multipolaren Welt ist eine unabdingbare Notwendigkeit. Wenn wir unser energetisches, wirtschaftliches, militärisches und strategisches Potential sowie unsere territorialen Zonen, wo die Bodenschätze sowie ihre Versorgungsrouten liegen, vereinen, werden wir zu einer echten Weltmacht und zu einem Hauptakteur auf der internationalen Bühne werden. Wir werden als Zivilisation in die internationale Arena zurückkehren und dadurch der multipolaren Welt endgültig zum Durchbruch verhelfen.

Der dritte Grundpfeiler der eurasischen politischen Philosophie ist Rußlands Übergang von dem liberal-demokratischen Modell, das in den neunziger Jahren vom Westen kopiert wurde, zu einem einzigartigen, russischen Entwicklungsmodell. Die Besonderheit unserer Gesellschaft besteht darin, daß wir keine bürgerliche Nation im eigentlichen Sinne sind; eine Zivilgesellschaft nach amerikanischem oder europäischem Muster, die auf individualistischen, liberalen Prinzipien beruht, hat bei uns keine Tradition. Das russische Wertesystem ist vom westlichen grundlegend verschieden und gilt nicht nur um den russischen Kern herum, sondern auch unter den zahlreichen ethnischen Gruppen – nicht Nationen! –, die auf dem Gebiet Rußlands, im postsowjetischen Raum leben und gemeinsam mit den Russen eine zivilisatorische Einheit bilden. Innenpolitisch beruht das Eurasiertum auf folgenden Faktoren: Eine einheitliche Strategie, ein einheitlicher Staat und verschiedene ethnische Gruppen, die keinesfalls nationale oder politische Einheiten darstellen, sondern Bestandteile des geistigen Schatzes unseres gemeinsamen Staates sind. Im Sommer 2011 betonte Putin die Notwendigkeit, zwischen Nation und Ethnie zu unterscheiden. Eine Nation entspricht einem einzigen, einheitlichen Staat, in dem jedoch zahlreiche verschiedene Ethnien leben können. Es ist hier sehr wichtig, sowohl den separatistischen Nationalismus (Nationalismus der „kleinen Völker") als auch den Nationalismus der „großen Völker" zu vermeiden. Diese nationalistischen Modelle sind mit der eurasischen Natur unserer Gesellschaft unvereinbar. Wenn wir unsere Einflußzone bewahren, ja sogar erweitern wollen, müssen wir Eurasier sein, und unsere Politik muß sich an der politischen Philosophie des Eurasiertums orientieren. All dies hat Putin ausdrücklich betont, als er mit der Verwirklichung seines eurasischen Projekts begann.

Meiner Ansicht nach wird unser politisches System schon in naher Zukunft gründlich erneuert werden, und das Kräfteverhältnis zwischen Zentrum und Regionen wird sich in doppelter Hinsicht ändern.

Einerseits werden Begriffe wie derjenige der „nationalen Republik" innerhalb Rußlands meiner Überzeugung nach verschwinden. Parallel dazu werden die Rechte ethnischer Minderheiten jedoch erweitert und die verschiedenen sprachlichen, religiösen und kulturellen Gemeinschaften der russischen Territorien durch eine gezielte Politik wiederbelebt werden. Anders gesagt, es gilt ein eurasisches Modell zu schaffen, das sich radikal von der Idee der Schaffung einer individualistischen Zivilgesellschaft unterscheidet und Rußland zugleich zentralisiert und dezentralisiert. Diese eurasische politische Philosophie muß von Putin verkörpert werden, und zwar mit allem Nachdruck. Als Eurasier weiß ich genau, was für Aktionen im Anschluß an die erwähnten wichtigen strategischen Schritte als nächste auf der Agenda stehen werden.

Das Eurasiertum

Die einzige Strategie, die dem historischen Moment, den neuen Kräfteverhältnissen sowie der allgemeinen Stimmung der Massen angemessen Rechnung trägt, ist das Eurasiertum.

Dieses kann für Rußland zur zentralen, echten Idee sowie zur Strategie werden, an der unter allen Umständen festzuhalten ist. Eine solche nationale Idee hat es in Rußland bisher nicht gegeben: Das Land war meist hin- und hergerissen zwischen dem Liberalismus, der vorherrschenden Ideologie der korrupten prowestlichen Massen, und den diversen inkonsequenten und widersprüchlichen Elementen des Nationalismus, die darauf hinausliefen, der Desintegration Rußlands Vorschub zu leisten. Aus diesem Grund bin ich zutiefst überzeugt, daß Putin auf das eurasische Modell setzen muß.

Während der nächsten Jahre kann sich Putins Präsidentschaft nicht an dem Modell seiner vorhergehenden Amtsperioden orientieren. Seine Legitimität schmilzt rasch dahin und kann ohne neue Initiativen nicht mehr lange Bestand haben. Die Periode, in der die Technologie die Ideologie völlig verdrängte, Strategien durch PR-Kampagnen ersetzt wurden und Popsongs sowie Gags das Fehlen nationaler Ideen notdürftig kaschierten, ist jetzt vorbei. Die Herausforderungen der neuen Phase sind unvergleichlich ernsthafter als diejenigen, denen sich Putin früher gegenübersah und die er zu meistern vermochte. Falls Putin versucht, innen- und außenpolitisch zu den alten Modellen Zuflucht zu nehmen, wird der Zusammenbruch nicht allzu lange auf sich warten lassen. Wir sind in einen neuen Zyklus eingetreten, und um sich durchzusetzen und erneute Legitimität zu gewinnen, bedarf Putin einer neuen Strategie.

Lange Zeit wurden dem Präsidenten bei der Verwirklichung einer solchen neuen Strategie ständig Steine in den Weg gelegt. Alle Versuche, ihn für eurasische Ideen zu gewinnen, wurden entweder von PR-Spezialisten blockiert, welche diese Ideen bis zur Unkenntlichkeit entstellten, oder von ideologischen Feinden – liberalen und prowestlichen Elementen – sabotiert. Will Putin heute als legitimer Herrscher anerkannt werden, wird er sich auf das Eurasiertum stützen müssen, weil dieses dem multireligiösen und multiethnischen Geist Rußlands entspricht, als Grundlage für die Integration des postsowjetischen Raums dient und auf internationalem Parkett die Notwendigkeit des Aufbaus einer multipolaren Welt sowie die Schaffung eines polyzentrischen Modells rechtfertigt. Außenminister Lawrow[181] beruft sich oft auf den Polyzentrismus. Er hat die Eurasische Union während einer UNO-Sitzung erwähnt. Dies war bemerkenswert, denn zuvor hatten unsere Führer nie vor einem hochrangigen Forum von dieser Union gesprochen. Doch ist diese seit langem die Lieblingsidee des kasachischen Präsidenten Nasarbajew, und sie ist das Leitmotiv unserer eigenen Eurasischen Bewegung. Früher hat es im öffentlichen Diskurs unseres Landes keinen Raum für diese Idee gegeben; in offiziellen Reden existierte sie schlicht und einfach nicht. Die Leute im Regierungsapparat des Präsidenten, die während der Jelzin-Ära für die Ideologie unseres Landes verantwortlich waren, setzten der Idee der Eurasischen Union stets beharrlichen Widerstand entgegen. Doch dies ist mittlerweile Vergangenheit, und daß Putin selbst von der Eurasischen Union spricht, verheißt Gutes für die Zukunft.

Die Verwirklichung dieses Projekts wird kompetente Leute, Entschlossenheit und politischen Willen erfordern. Dies ist ein großes Problem. Putin kann unter Umständen von dieser Idee abgebracht werden, und alles bisher von ihm Gesagte kann im nachhinein zu leerer Rhetorik werden. Die für ideologische und politische Fragen zuständige Mannschaft um Putin verfügt über beträchtliche Erfahrung in der Unterdrückung ideologischer Bestrebungen und ist sehr wohl dazu fähig, eine Idee in eine PR-Kampagne oder eine Farce zu verwandeln.

Auch die westlichen Länder werden keine Anstrengungen scheuen, um die eurasische Integration zu vereiteln, denn diese stellt eine Alternative zu ihrer eigenen Weltordnung dar. Es läßt sich nicht ausschließen, daß man Putin gewaltsam zum Verzicht auf diese Idee zwingen wird, weil für die Gegenseite allzu viel auf dem Spiel steht. Er wird für sein Projekt kämpfen müssen. Meiner Ansicht nach hätte er dieses bereits im Jahre 2001 präsentieren können, aber man kann davon ausgehen, daß er durch Druck davon abgebracht wurde.

Wenn Putin nach einem „Trägheitsmodell" handelt und sich auf die Ratschläge halb totalitärer, halb postmodernistischer Be-

---

[181] Sergei Lawrow (geboren 1950) ist seit 2004 russischer Außenminister.

rater verläßt, wird er wahrscheinlich Schiffbruch erleiden. Er wird zum Feind des Westens erklärt werden und zugleich sein Vertrauenskapital in patriotischen Kreisen verspielen. Putin wird von zwei Seiten in die Zange genommen werden: Die Liberalen werden ihn angreifen, und die Patrioten werden ihm ihre Unterstützung versagen. Seine einzige Hoffnung ist das Eurasiertum. Wenn Putin nicht bald zum erklärten Eurasier wird, wird es meiner Meinung nach mit ihm vorbei sein. Er hatte recht, als er sagte: „Rußland wird entweder groß oder gar nicht sein."

Europäische Union und eurasische Union

Die Eurasische Wirtschaftsgemeinschaft und die Zollunion können als ökonomische Sektoren der Eurasischen Union gelten. Die Mitgliedsstaaten dieser Organisationen sind der Kern der Eurasischen Union. Allerdings ist diese auch ein Projekt der politischen Integration. Nursultan Nasarbajew regte an, sich am Modell der Europäischen Union zu orientieren. Er hat sogar eine Verfassung der Eurasischen Union geschrieben, die sich an jene der Europäischen Union anlehnt. Dies wirft eine weitere Frage auf: Was ist die Europäische Union – eine Konföderation, ein Nationalstaat oder eine neue Form der Organisierung eines politischen Raums, eines „postmodernen Staates", wie er Robert Cooper[182] vorschwebt?

Vermutlich braucht die Europäische Union eine besondere politische Theorie – eine Theorie der multipolaren Welt. Ihre Subjekte und Akteure sollten nicht traditionalistische modernistische Staaten sein (wie nach dem Westfälischen Frieden),[183]

---

[182] Robert Cooper (geb. 1947) ist ein ehemaliger britischer Diplomat, der später für die Europäische Union tätig war und gegenwärtig Mitglied des European Council on Foreign Relations ist. Am 7. April 2002 veröffentlichte er in der Zeitung „The Guardian" einen Essay mit dem Titel „The New Liberal Imperialism", in dem er die Idee eines „postmodernistischen Staates" aufs Tapet bringt. Der vollständige Text findet sich bei: www.theguardian.com/world/2002/apr/07/1

[183] Der Dreißigjährige Krieg (1618–1648) endete mit dem Westfälischen Frieden, durch den die Nationen Europas gegenseitig ihre territoriale Integrität anerkannten. Manche Historiker sind der Ansicht, dieser Friede sei der erste Schritt bei der Entwicklung des heutigen Systems der internationalen Beziehungen gewesen.

sondern Zivilisationen: Eine Zivilisation als Union. Das gesamte internationale System sollte im Hinblick auf dieses Ziel revidiert werden. Dies bedeutet, daß die Europäische Union ein neues politisches Gebilde mit gewissen Merkmalen eines konföderierten Staates werden sollte, der auf Subsidiarität und weitgehender regionaler Autonomie fußt und zugleich gewisse Elemente jenes strategischen Zentralismus aufweist, der für klassische Imperien kennzeichnend ist.

Die Idee einer Eurasischen Union ist jene einer alternativen Postmoderne, die sich sowohl von der auf den Staat zentrierten Moderne als auch von den Imperien der Prämoderne abhebt. Ihr Hauptunterschied zur letzteren besteht darin, daß die Grundsätze der politischen Organisation eines internationalen Systems auf der Grundlage einer Zivilisation zu einem rationalen Konstrukt werden und in technischen Begriffen gedacht und beschrieben werden. Eine Zivilisation kann als Trägheitszustand und als Projekt existieren. Das Eurasiertum schlägt ein Projekt vor, also ein im voraus festgelegtes, attraktives Ziel.

Heute spricht Putin von der Eurasischen Union als Zwischenprojekt zwischen Europa und der asiatisch-pazifischen Region, doch dieses Zwischenprojekt ist lediglich der Anfang. Die Europäische Union wurde nicht an einem Tag geschaffen, und die Tatsache, daß dem politischen Aspekt bei ihrer Integrierung keine ausreichende Bedeutung beigemessen wurde, hatte bestimmte Auswirkungen, die sich heute bemerkbar machen. Die Wirtschaft ist eine sehr unsichere Größe und bestimmt den Lauf der Geschichte nicht. Die Integration hat auf der Grundlage eines Projekts, einer Idee und eines gemeinsamen historischen Schicksals zu erfolgen – auf der Grundlage der gemeinsamen Zivilisation und des gemeinsamen Wertesystems. Dies ist eine starke Kombination, die jedes Hindernis überwinden kann. Sie sollte als Basis für die Herausbildung einer spezifischen Identität für Rußland selbst dienen.

Putin wird mit größter Entschlossenheit handeln müssen. Der kritische Augenblick naht, und er wird sich gezwungen sehen, zur Tat zu schreiten, ob er will oder nicht.

Um die Idee der Eurasischen Union zu verwirklichen, muß das gesamte existierende internationale System kritisch überdacht werden. Die Union ist einzig und allein möglich, wenn sie auf der Theorie der multipolaren Welt beruht: Dies sollte der Ausgangspunkt sein und nicht technische Maßnahmen der wirtschaftlichen Integration. Die Schaffung einer Freimarktzone ist sicherlich ein sehr wichtiger Schritt in Richtung Ausdehnung der Zollunion auf die ganze GUS, doch die Krise der Europäischen Union lehrt uns, daß die Wirtschaft allein nicht für eine dauerhafte Integration ausreicht. Ohne eine gemeinsame politische Idee und ohne richtige Geopolitik kann nichts Stabiles geschaffen werden. Diesem Umstand heißt es beim Aufbau der Eurasischen Union stets gebührend Rechnung tragen.

Das Eurasiertum ist eine politische Philosophie, die sich nicht in Schablonen wie „rechts" und „orthodox-monarchistisch" oder „links", „kommunistisch" und „sozialistisch" – geschweige denn „liberal" – zwängen läßt. Es ist ein originelles, im Verlauf des ganzen 20. Jahrhunderts mühsam errichtetes Gedankengebäude. Es blickt auf eine hundertjährige Geschichte zurück. Somit verfügt diese politische Philosophie über eine Geschichte und einen Kanon von Texten, was für jede Doktrin sehr wichtig ist; aus eurasischer Perspektive sind bereits verschiedene geschichtliche Epochen analysiert worden. Die eurasische Philosophie nahm nach dem Ersten Weltkrieg Gestalt an. Sie umfaßt die Werke von Pjotr Sawizki und Nikolai Trubezkoi, und in den sechziger und siebziger Jahren kamen die Schriften von Lew Gumiljow dazu.[184] Wir sind in den achtziger Jahren zu dieser Bewegung gestoßen und führen ihre Denkrichtung seither fort. Wir analysieren die Geschehnisse, die sich im Verlauf der letzten 25 Jahre abgespielt haben, aus eurasischer Perspektive. Das Eurasiertum ist eine hundert Jahre alte politische Philosophie, die nicht einfach entwickelt und dann über Bord geworfen wurde; es besteht seit seiner Begründung ununterbrochen. Im heutigen Rußland existiert es als ein Kompendium politischer Philosophie, das auf drei Hauptsäulen beruht.

---

[184] Lew Gumiljow (1912–1992) war ein russischer Anthropologe, der ethnische Differenzen mit geographischen Faktoren zu erklären versuchte, insbesondere in seinem Buch „Ethnogenese und Biosphäre". Er hat das moderne Eurasiertum stark beeinflußt.

Die drei Säulen Putins

Erstens: Auf dem Gebiet der Außenpolitik muß die Theorie der multipolaren Welt eine entscheidende Rolle spielen. Als Dozent für die Soziologie internationaler Beziehungen an der Soziologischen Fakultät der Staatlichen Universität Moskau habe ich zu meinem Erstaunen bemerkt, daß die Theorie einer multipolaren Welt in diesem Fachgebiet einfach nicht existiert, obgleich sie vom Eurasiertum vollumfänglich entwickelt worden ist. Das Eurasiertum ist eine Theorie der multipolaren Welt (TMPW) und nicht bloß ein Wunsch nach Multipolarität.

Wenn wir die Hauptprinzipien der TMPW zusammenfassen, ergeben sie folgendes Bild: Eine multipolare Welt ist insofern eine radikale Alternative zu der (heute bestehenden) unipolaren Welt, als sie weltweit von der Existenz mehrerer unabhängiger und souveräner Zentren mit globalstrategischer Einflußnahme ausgeht.

Diese Zentren sollten materiell hinreichend unabhängig und dafür gerüstet sein, ihre Souveränität gegen eine direkte Invasion durch einen potentiellen Feind zu verteidigen, der durch die stärkste Macht der heutigen Zeit personifiziert wird. Diese Forderung impliziert die Fähigkeit, der materiellen und militärstrategischen Hegemonie der USA und der NATO-Staaten zu widerstehen.

Die Zentren sind nicht verpflichtet, die Universalität der westlichen Normen und Werte (Demokratie, Liberalismus, freier Markt, Parlamentarismus, Menschenrechte, Individualismus, Kosmopolitismus usw.) als Conditio sine qua non[185] anzuerkennen und können vollständig unabhängig von der geistigen Hegemonie des Westens sein.

Eine multipolare Welt bedeutet keine Rückkehr zum bipolaren System, weil es heute keine Kraft gibt, die allein imstande wäre, der materiellen und geistigen Hegemonie des Westens und seiner Führungsmacht, den USA, Paroli zu bieten. Deshalb muß es mehr als zwei Pole geben.

---

[185] Bedingung, ohne deren Erfüllung etwas unmöglich ist.

Die multipolare Welt macht kein großes Getue um die Souveränität der bestehenden Nationalstaaten. Souveränität bleibt ein abstrakter juristischer Begriff, wenn ihr kein ausreichendes strategisches, wirtschaftliches und politisches Potential Nachdruck verleiht. Der Status eines Nationalstaates genügt im 21. Jahrhundert nicht, um ein souveränes Subjekt zu sein. Wahre Souveränität kann nur von einem Aggregat, einer Staatenkoalition besessen werden. Das heute immer noch existierende System des Westfälischen Friedens spiegelt die Wirklichkeit der gegenwärtigen internationalen Beziehungen in keiner Weise wider und bedarf einer Revision.

Multipolarität ist kein Synonym für Bipolarität oder Multilateralismus, weil sie das Zentrum (den Pol) weder der Jurisdiktion einer Weltregierung noch dem Klub der USA und ihrer demokratischen Alliierten („dem globalen Westen") unterstellt und sich auch nicht auf subnationaler Stufe von NGOs (Nichtregierungsorganisationen) oder anderen Organisationen der Zivilgesellschaft Vorschriften erteilen läßt.

Diese sechs Punkte stecken den Rahmen für weitere Entwicklungen ab und fassen die Hauptzüge der Multipolarität knapp zusammen. Allerdings ist diese Zusammenfassung, auch wenn sie unser Verständnis der Multipolarität fördert, noch lange keine vollständige Theorie, sondern lediglich eine Einleitung, ein Anstoß zu künftigen umfassenden theoretischen Überlegungen.

Zweitens: Aus der Multipolarität ergibt sich gebieterisch die Notwendigkeit einer Integration des postsowjetischen Raums. In einem historischen Kontext kann man diese als Restauration des Russischen Imperiums und der UdSSR unter veränderten Bedingungen bezeichnen. So wie sich das Russische Imperium von der Sowjetunion unterschied, wird sich die Eurasische Union von beiden unterscheiden. Eine neue ideologische Grundlage, neue Mechanismen, neue Akteure, neue Integrationsmodelle – all das hebt die Eurasische Union von ihren Vorgängern ab. Was für das Zarenreich die Kolonisierung nichtrussischer Gebiete und für die Sowjetunion eine sozialistische Revolution war, ist in unserem Fall ein freiwilliges, spezifisches Integrationsmuster, das demjenigen der Europäischen Union ähnelt und auf dem bereits 1994 von Nursultan Nasarbajew entworfenen Modell beruht.[186] Somit existiert die Theorie der Integration des postsowjetischen Raums bereits, und sie bildet die zweite Säule der eurasischen politischen Philosophie.

Die dritte und letzte Säule ist die sozialpolitische Struktur Rußlands. Das Eurasiertum besitzt zu dieser Frage sein eigenes, spezifisches Konzept. Wir lehnen die Schaffung eines Nationalstaates ab, weil dieser zu einer Nivellierung der auf dem Territorium Rußlands lebenden ethnischen Kulturen führen würde. Ebenso verwerfen wir die Idee einer auf den Prinzipien des Individualismus basierenden Zivilgesellschaft, wie sie von der EU vertreten wird, sowie den ethnischen Separatismus, das Streben ethnischer Gruppen nach politischer Unabhängigkeit. Für die Russische Föderation sieht das Eurasiertum eine einzige strategische Führung und parallel dazu eine Vielfalt ethnischer Kulturen vor. Innerhalb der Russischen Föderation darf es keine Attribute politischer Unabhängigkeit (Souveränität oder auch nur den Status einer nationalen Republik) geben. Ramsan Kadyrow hatte völlig recht, als er im Jahre 2010 den Titel „Präsident von Tschetschenien" ablegte und sich fortan nur noch „Oberhaupt von Tschetschenien" nannte. Dies muß zur Norm werden.

Der nächste notwendige Schritt ist die Abschaffung des Status nationaler Republiken. Es sei mit aller Deutlichkeit betont, daß das Eurasiertum mitnichten beabsichtigt, die ethnischen, religiösen oder kulturellen Rechte irgendwelcher auf dem russischen Territorium lebender Gruppen einzuschränken. Sowohl die Nationalisten als auch die Liberalen beschuldigen uns, dies tun zu wollen, aber wir halten es mit Konstantin Leontjew und seiner Theorie der „blühenden Komplexität".[187]

---

[186] Nasarbajew umriß die Idee einer Eurasischen Union im Mai 1994 in einem Vortrag an der Staatlichen Universität Moskau.

[187] Konstantin Leontjew (1831–1891) war ein konservativer Philosoph, der sich gegen Demokratie und Liberalismus aussprach und die Ansicht vertrat, ein Bündnis zwischen Rußland und östlichen Nationen wie Indien und China könne ersterem helfen, sich gegen westliche Einflüsse zu verteidigen. Lange vor Oswald Spengler stellte er die These auf, daß jede Zivilisation verschiedene Zyklen durchlaufe und einen Höhepunkt sowie einen Niedergang erlebe. In seinem Buch „Der Osten, Rußland und das Slawentum" bezeichnete er die zweite Phase im historischen Zyklus einer Zivilisation als „blühende Komplexität".

Die Verfassung der Russischen Föderation wurde auf der Grundlage westlicher Modelle geschrieben und trägt unseren kulturellen Besonderheiten nicht Rechnung. Sie enthält zahlreiche sich gegenseitig widersprechende Punkte. Beispielsweise erklärt sie die Subjekte der Föderation zu unabhängigen Staaten, hält aber anschließend fest, daß einzig und allein die Russische Föderation Souveränität besitzt. Diese Verfassung kann jedermann nach freiem Ermessen interpretieren: Eurasisch, nationalistisch, liberal oder separatistisch. Die Verfassung war in erheblichem Umfang für die blutigen Konflikte der neunziger Jahre verantwortlich. Wladimir Putin interpretiert die Verfassung auf vernünftige Weise: Die Führer der Subjekte der Föderation werden heute direkt vom Kreml ernannt, was natürlich impliziert, daß diese Subjekte keine souveränen Staaten sind.

Unsere eurasische Politik schafft also nicht nur optimale Voraussetzungen für die Wahrung der territorialen Integrität unseres Staates, sondern auch für eine künftige Integration des postsowjetischen Raums, ohne daß die Rechte der verschiedenen dort lebenden Völkerschaften hierdurch auch nur im geringsten geschmälert werden. In unserem Modell haben nicht einmal die Russen ein eigenes föderales Subjekt, und sie benötigen auch kein solches. Wir sind der staatsbildende Kern. Die Russen können ihre Sprache sprechen, wo immer sie wollen, und alle Bürger der Russischen Föderation, ob Russen oder Nichtrussen, müssen der russischen Sprache mächtig sein.

Die Rechte der nationalen Minderheiten werden durch die Verfassung gewährleistet. Ethnische Prozesse sind ein höchst komplexes Phänomen. Als Spezialist für ethnische Soziologie kann ich sagen, daß sich keine definitive Nomenklatur ethnischer Gruppen erstellen läßt. Diese Gruppen verschwinden, entstehen und spalten sich auf. Manche ethnischen Gemeinschaften, wie etwa die Mischar-Tataren[188] und die Kryaschen-Tataren,[189] ziehen eine klare Trennlinie zwischen sich selbst und

---

[188] Die Mischar-Tataren stellen eine Untergruppe der Wolgatataren dar.
[189] Die Kryaschen-Tataren bilden eine Untergruppe der Wolgatataren. Im Gegensatz zu den meisten anderen Tataren sind sie orthodoxe Christen.

anderen Volksgruppen. Man kann sie aufgrund ihrer Religion oder anderer Faktoren als eigenständige ethnische Gruppen einstufen, und sie können sich selbst als separate kulturelle oder sogar ethnokulturelle Gemeinschaften sehen.

Dies ist der Grund dafür, daß ethnische Gruppen keinen legalen Status erhalten dürfen. Nichtsdestoweniger müssen die Behörden getreu der Verfassung die Rechte aller Ethnien und Völker respektieren, die auf dem Territorium der Russischen Föderation leben.

Das Eurasiertum weiß Antworten auf alle Fragen, von der Reform des Wohnungsbaus und der öffentlichen Dienste bis hin zum Gesundheitswesen. Sozialpolitisch tendiert das Eurasiertum zur Linken, zur sozialistischen Position. Somit ist es mit dem Sozialismus verwandt, allerdings nicht in doktrinärem, marxistischem oder atheistischem Sinn, sondern weit eher in orthodoxem oder islamischem (bezüglich der Struktur islamischer Gemeinden).

Die Eurasier sind keine Dogmatiker. Sie haben immer wieder unter Beweis gestellt, daß sie durchaus imstande sind, gewisse Punkte ihres Programms zu hinterfragen. Wichtig ist vor allem, daß die Wirtschaft organisch, gerecht und ganzheitlich sein, d.h. auf dem Prinzip der Integrität beruhen muß. Ich persönlich sympathisiere mit dem Sozialismus, denke aber, daß man hierüber sehr wohl debattieren kann. Andererseits gehört es zu unserem Verständnis der Multipolarität, daß wir Nasarbajews Konzept der multipolaren Währungen voll unterstützen und uns seine Forderung zu eigen machen, daß jede Region der Welt ihre eigene Währung haben muß. Wir sind Gegner des Dollar-Imperialismus.

Die eurasische Union und die USA

Die Einstellung der USA gegenüber der Eurasischen Union wird zweifellos von radikaler, unverhüllter Feindschaft geprägt sein. Schließlich steht die Gründung dieser Organisation in flagrantem Widerspruch zur Strategie des amerikanischen Sicherheitsapparats, die eine unipolare Welt anstrebt. Die Vereinigten Staaten wollen das Aufkommen eines politischen, wirtschaftlichen und militärisch-strategischen Gebildes in Europa, das imstande ist, die amerikanische Kontrolle über die europäische Zone zu begrenzen, mit allen Mitteln verhindern. Dieses Ziel wurde von Paul Wolfowitz anno 1992 in seinem Dokument „Defense Planning Guidance"[190] festgelegt und später in wichtigen amerikanischen Strategiedokumenten vollumfänglich bestätigt.

Die Schaffung der Eurasischen Union bedeutet ein Nein zur amerikanischen Hegemonie und den Übergang zum Aufbau einer multipolaren Welt. In dieser bleiben die Vereinigten Staaten von Amerika eine Großmacht, aber nur auf regionaler Ebene, nicht auf internationaler. Niemand in Washington scheint bereit zu sein, sich mit einem solchen Szenarium abzufinden. Es wird den Kampf zwischen Atlantismus und Eurasiertum, der nie ganz abgeflaut ist, drastisch verschärfen, und in diesen Kampf werden ganze Kontinente hineingezogen werden.

Strategisch, politisch und wirtschaftlich gesehen ist die Eurasische Union ein entscheidend wichtiger Pol in der multipolaren Welt. Selbstverständlich liegt Eurasiens größte Stärke in seinen fossilen Energiereserven und sonstigen Rohstoffen. Das russische Nuklearpotential sowie die riesige Ausdehnung des eurasischen Raums sind ebenfalls eminent wichtige Trümpfe. All dies ergibt zusammen ein eindrückliches geopolitisches Potential. Die Schwachstellen der Eurasischen Union sind andererseits ihr Mangel an fortgeschrittener Technologie, industriellem Potential und dynamischer technischer Entwicklung sowie ihr ungenügend großer Konsumentenmarkt. Dies wird Eurasien von Europa und Asien, nicht jedoch von den USA abhängig machen.

Aus diesen Gründen kann die Gründung der Eurasischen Union nur dann ihre Früchte tragen, wenn sie durch eine eurasisch-europäische sowie eine eurasisch-chinesische Partner-

---

[190] Dieses Dokument wurde der „New York Times" zugespielt. Dies hatte zur Folge, daß diese Zeitung am 8. März 1992 einen aus der Feder von Patrick E. Thyler stammenden Artikel mit dem Titel „U.S. Strategy Plan Calls for Insuring No Rivals Develop" erschien. Der Text ist erhältlich bei: www.nytimes.com/1992/03/08/world/us-strategy-plan-calls-for-insuring-no-rivals-develop.html

schaft flankiert wird – durch ein „Großeuropa von Lissabon bis Wladiwostok" (wie Wladimir Putin einmal schrieb)[191] sowie eine „Achse Moskau–Peking". Außerdem würde die Eurasische Union enorm von einem partnerschaftlichen Verhältnis zur islamischen Welt, Lateinamerika, den asiatisch-pazifischen Ländern sowie Afrika profitieren. Sie alle sind mögliche Pole der multipolaren Welt.

Jeder dieser potentiellen Pole hat seine Schwächen; jedem fehlen gewisse Ressourcen. Gemeinsam können wir auf der Grundlage eines Dialogs der Zivilisationen eine ausgewogene und gerechte Weltordnung aufbauen. Werden alle Konflikte sofort gelöst werden? Nein. Konflikte können jederzeit aufflammen, aber es bestehen stets Möglichkeiten zu ihrer Entschärfung. An die Stelle von Kriegen und bewaffneten Konflikten sollte ein friedlicher Dialog treten. Der Zusammenprall von Zivilisationen ist nicht unbedingt tödlich.

Wir müssen lernen, ein internationales System aufzubauen, das auf einer facettenreichen und fundierten sozialen und kulturellen Anthropologie und nicht auf westlichem, amerikanisch-europäischem kulturellen Rassismus, kolonialistischem Liberalismus und totalitärem Universalismus beruht. All diese Ideologien fußen auf rein westlichen Werten (die individualistisch, marktorientiert und kapitalistisch sind). Um die Schaffung eines solchen Systems zu ermöglichen, wird Wladimir Putin eine neue Art politische Elite brauchen, die sich durch Entschlossenheit, Härte und untadelige Moral auszeichnet.

Die Avantgarde des Neo-Eurasiertums

Das Neo-Eurasiertum, das in den späten achtziger Jahren in Rußland erschien und von mir sowie meinen Kollegen von der Eurasischen Partei und der Internationalen Eurasischen Bewegung entwickelt wurde, machte sich die Erkenntnisse der früheren eurasischen Wissenschaftler zu eigen, bereicherte sie

---

[191] Diese Formulierung verwendete Putin in einem Artikel, der am 23. November 2010 in der „Süddeutschen Zeitung" erschien und in dem Putin die Schaffung eines Freihandelsabkommens zwischen Rußland und der EU anregte.

jedoch um Elemente des Traditionalismus, der Geopolitik, des Strukturalismus, der fundamentalen Ontologie Heideggers, der Soziologie und der Anthropologie. Wir haben sehr viel Arbeit geleistet, um die Grundsätze des Eurasiertums den Realitäten der zweiten Hälfte des zwanzigsten und der ersten Jahrzehnte des einundzwanzigsten Jahrhunderts anzupassen, wobei wir die jüngsten wissenschaftlichen Entwicklungen und Forschungen ausgewertet haben.

Wenn Putin den Aufbau eines Imperiums nach eurasischem Modell ernsthaft in Angriff nehmen will, wird er folgenden Punkten besondere Beachtung schenken müssen: Das Eurasiertum und das Neu-Eurasiertum gehören zu den konservativen Ideologien und weisen Züge auf, die sowohl für den fundamentalen Konservatismus (Traditionalismus) als auch für die Konservative Revolution (einschließlich des sozialen Konservatismus der linken Eurasier) kennzeichnend sind. Die einzige Strömung innerhalb des Konservatismus, welche die Eurasier verwerfen, ist der Liberalkonservatismus, der die russische Innenpolitik nach wie vor dominiert.

Das Eurasiertum ist sich des universalen Geltungsanspruchs des westlichen Logos[192] bewußt und lehnt es ab, diese Universalität als unvermeidlich anzuerkennen. Dies ist ein Schlüsselaspekt eurasischen Denkens. Es faßt die westliche Kultur als lokales und vorübergehendes Phänomen auf und beharrt auf der Vielfalt der Kulturen und Zivilisationen, die in einem historischen Zyklus zu unterschiedlichen Zeitpunkten koexistieren. Für die Eurasier ist der Modernismus eine rein westliche Erscheinung, und die anderen Kulturen müssen den Anspruch des Westens auf universale Geltung seiner Werte als Anmaßung anprangern und ihre Gesellschaften auf ihrem eigenen, in ihrer Tradition wurzelnden Wertesystem aufbauen. Es gibt keinen einheitlichen historischen Prozeß. Alle Nationen besitzen ihre eigenen geschichtlichen Modelle, die sich mit unterschiedlicher Geschwindigkeit und manchmal in verschiedene Richtungen bewegen. Das Eurasiertum ist seiner Natur nach ein epistemologischer Pluralismus. Dem einheitlichen System des Moder-

---

[192] Altgriechisch für „Idee" im Sinne eines ordnenden Prinzips.

nismus, das Wissenschaft, Politik, Kultur und Anthropologie umschließt, wird eine Vielfalt von Epistemen gegenübergestellt, die sich um die Grundlage jeder existierenden Zivilisation herum gruppieren: Die eurasische Episteme für die russische Zivilisation, die chinesische für die chinesische Zivilisation, die islamische für die islamische Zivilisation, die hinduistische für die Hindu-Zivilisation usw. Künftige sozialpolitische, kulturelle und wirtschaftliche Projekte und Konstruktionen sollten ausschließlich auf der Basis dieser Epistemen errichtet werden, die von überflüssigem westlichen Zubehör gereinigt worden sind.

Im 20. Jahrhundert wurden die Moderne und die westliche Zivilisation nicht nur von eurasischen Russen, sondern auch von westlichen Denkern kritisiert – von Spengler und Toynbee,[193] vor allem jedoch von den Strukturalisten und unter diesen insbesondere von Lévi-Strauss,[194] dem Begründer der strukturellen Anthropologie. Diese basiert auf dem Prinzip der grundsätzlichen Gleichwertigkeit verschiedener Kulturen, von der „primitivsten" bis zur „höchstentwickelten". Dieser Sicht zufolge besitzt die westliche Kultur keinen Anspruch auf „Überlegenheit", nicht einmal gegenüber dem „wildesten" und „primitivsten" Stamm. Es sei darauf hingewiesen, daß die Eurasier Roman Jakobson[195] und Nikolai Trubezkoi, Begründer der Phonologie sowie wichtigste Vertreter der strukturellen Linguistik in Rußland, Lehrer von Lévi-Strauss gewesen waren und ihn – was er neidlos anerkannte – die Grundlagen der strukturellen Analyse gelehrt hatten. Somit läßt sich eine intellektuelle Kontinuität beobachten, vom Eurasiertum über den Strukturalismus zum Neo-Eurasiertum. In diesem Sinne kann letzteres als Restauration einer breiten Palette von Ideen, Einsichten und Intuitionen gelten, die von den ersten Eurasiern

---

[193] Arnold J. Toynbee (1889–1975) war ein britischer Historiker. Als sein Hauptwerk gilt die zwölfbändige Studie „A Study of History", die zwischen 1934 und 1961 entstand und die Zyklen der Zivilisation erforschte.

[194] Claude Lévi-Strauss (1908–2009) war der einflußreichste Anthropologe des 20. Jahrhunderts.

[195] Roman Jakobson (1896–1982) war ein russischer Linguist. Er gehörte zu den Begründern jener Richtung, die später Strukturalismus genannt wurde. 1941 emigrierte er in die USA, wo er bis zu seinem Tod lebte.

umrissen wurden und die die Ergebnisse der wissenschaftlichen Forschungen mehrerer im Verlauf des 20. Jahrhunderts
nebeneinander entstandener, mehrheitlich konservativer Schulen und Autoren organisch integrierten.

Putin hat seinen Willen zur Schaffung der Eurasischen Union
bekundet, aber gewisse Zweifel bestehen fort.

Wird das Projekt der Eurasischen Union sich auf die wirtschaftliche Integration des postsowjetischen Raums beschränken? Wird Putin imstande sein, diese Union als strategisches
Mittel zu benutzen, das Rußlands Entwicklung in Richtung
Eurasiertum beschleunigt? Es sei in Erinnerung gerufen, daß
der heutige Globalismus und die internationale liberale Hegemonie sich diesem Projekt widersetzen und allen erdenklichen
Druck auf den Präsidenten ausüben werden, um ihn zu einer
Kehrtwendung zu zwingen. Wird Putin diesem internationalen Druck widerstehen? Kann die technische Komponente der
Eurasischen Union ihre strategische, weltanschauliche, histo-
rische und geistige Bedeutung verdrängen? Wird uns diese
Entwicklungsrichtung wichtige Schlußfolgerungen erleichtern? Ist der Präsident zu einer solch gewaltigen Aufbauarbeit
überhaupt fähig? Vermag er alle Vorteile und Chancen dieses
Projekts zu erkennen?

Hüten wir uns vor Illusionen: Nach den Gesetzen der Wahrscheinlichkeit wird das Projekt scheitern, weil es zu viele Gegner und Kritiker hat. Seine Realisierung wird einen unglaub-
lich starken Willen und äußerste Entschlossenheit verlangen.
Wird es erfolgreich in die Tat umgesetzt, so werden wir eine
theoretische und materielle Basis für die Verwirklichung der
Theorie der multipolaren Welt gewinnen, und wir werden das
Konzept der vereinten Großräume, die an die Stelle der Nationalstaaten treten, nach dem Muster der Europäischen Union
verwirklichen. In diesem Fall werden wir der Idee von der
Vielfalt der Zivilisationen als Alternative zu der vom Westen
angestrebten einheitlichen Weltzivilisation einen gewaltigen
Triumph bescheren. Mit dieser historischen Tat werden wir
entscheidend dazu beitragen, daß der Individualismus als tra-
gender Pfeiler des liberalen Modells einem Wertepluralismus
weichen muß und daß Völker, ethnische Gruppen, Religionen

und Kulturen als unabhängige Subjekte anerkannt werden. Ihre Mentalität darf nicht so lange nivelliert werden, bis sie in den Augen des Westens Gnade findet. Und durchaus nicht an letzter Stelle steht die Wiedergeburt unseres gemeinsamen Vaterlands – das große Rußland tritt in eine neue historische Phase ein.

Der Westen wird als erster Sturm gegen dieses Projekt laufen, und in seinem Windschatten wird die fünfte Kolonne innerhalb unseres Landes folgen. Auch die russischen Bürger werden Fragen zu den Vorteilen und dem Nutzen stellen, die eine solche Vereinigung dem Land bringt; vor allem wird es sie interessieren, ob die Verwirklichung des großen eurasischen Projekts negative Auswirkungen auf ihren Lebensstandard haben wird und ob sie um eines globalen Triumphs oder einer besonderen Mission willen Entbehrungen in Kauf nehmen müssen. Doch verblassen solche Fragen vor dieser einen: Ist die Wiedergeburt Rußlands für Putin wirklich ein Herzensanliegen, denkt und handelt er tatsächlich in Übereinklang mit der russischen Geschichte und dem Geist des Volkes und bewegt sich dementsprechend auf die Eurasische Union zu, oder ist dies nur eine weitere Chimäre, die sich im Nichts auflösen wird, sobald wir auf die ersten Probleme stoßen?

Die Auswahl der Elite

Das Konzept der „eurasischen Auswahl" wurde von den ersten Eurasiern entwickelt, um zu entscheiden, was für ein Menschenschlag an der Spitze des Staates stehen sollte. Sie analysierten die Erfahrung Dschingis Khans und der Steppenreiche, die den Wert militärischer Tugenden betonten (Treue, Ehre und „langer Wille"),[196] in anderen Worten, jene spezifischen ethischen Qualitäten, auf die bei der Auswahl der eurasischen Eliten vor allem zu achten ist. Die heutige russische Elite tut diesen Anforderungen nicht Genüge.

---

[196] Laut Lew Gumiljow kam es in der alten mongolischen Zivilisation vor, daß Krieger, die sich nicht länger der Autorität der Führer ihres Stammes unterwerfen wollten, diesen verließen und sich auf eigene Faust durchschlugen. Man nannte sie „Männer des langen Willens".

Naturgemäß gehen fähige politische Eliten vor allem aus Kriegen und Revolutionen hervor. In solchen Fällen bahnen sich die Stärksten und die Fähigsten den Weg zur Macht. In Friedenszeiten dominieren üblicherweise mittelmäßige Führer ohne „Passionarnost".[197] Für Gumiljow kommen auf einen politischen Führer, der sich durch Passionarnost auszeichnet, Hunderte, denen sie fehlt. Sie unterscheiden sich von den Massen dadurch, daß sie ein politisches Ziel erreichen wollen, doch sind sie hierzu nicht in der Lage. Man kann sie als „Subelite" bezeichnen.

Ein bekanntes eurasisches Motto lautet: „Karriere oder Revolution". Wenn ein begabter Mensch mit starken politischen Ambitionen im Rahmen des bestehenden Systems keine Karriere machen kann, wird er zum Revolutionär. Gehorsam gegenüber einem Geringeren kommt für ihn nicht in Frage. Ein Vertreter der geistigen Elite, ein Mensch, der zum Herrschen bestimmt ist, wird seinen Nacken nicht unter das Joch eines Schlechteren beugen. Entweder wird er zum Teil der Machtelite werden und diese verbessern, oder aber er wird sie zerstören. Keine Gesellschaft kann ohne Elite existieren. Wenn eine Gesellschaft keine eigene Elite hat, wird diese Lücke von einer fremden Elite ausgefüllt werden. Wenn wir uns nicht selbst regieren können, werden andere uns regieren. Die Eurasier bekennen sich zur Ansicht, daß ein Land von den besten Vertretern seiner Gesellschaft regiert werden sollte. Die Grundlage des eurasischen Modells zur Auswahl der Aristokratie ist die Passionarnost.

Ist dieses Szenarium heutzutage realistisch? Meiner Meinung nach lautet die Antwort angesichts der gegenwärtigen Machtstruktur nein. Wenn die Tore des Kremls geschlossen bleiben und sich allerlei Strolche, Lakaien und Clowns durch ein enges Loch in den Kreml zwängen, werden dessen Tore im Sturm genommen werden müssen, wenn nicht von meiner Generation, dann von der nächsten. Dies entspricht dem Prinzip

---

[197] Der Begriff „Passionarnost" wurde von Lew Gumiljow geprägt. Er bezeichnet den unwiderstehlichen Drang, ein Ziel auch unter Inkaufnahme schwerster Opfer zu erreichen.

Paretos[198] und stellt keinen Aufruf zu Revolution und Chaos dar. Deshalb ist es meine Überzeugung, daß unsere Führer ihre Einstellung gegenüber der Elite überprüfen und sich für das eurasische Auswahlmodell entscheiden sollten, ehe es zu spät ist.

Die russische Opritschnina als archetypische neue Elite

Die russische Opritschnina ist zugleich ein historisches und ein überhistorisches Phänomen. Das Wort leitet sich vom altrussischen Adverb „opritsch" („abseits") ab und war die Bezeichnung für die Elitetruppe und Leibgarde Iwans des Schrecklichen,[199] die als Belohnung für ihre Dienste Länder zugesprochen erhielt, welche abseits der großen administrativen Territorien – der Semstwa – lagen.

Mit der Schaffung der Opritschnina[200] verfolgte Iwan der Schreckliche vor allem zwei Ziele: Die Mobilisierung von Kräften für den harten Kampf gegen den Westen und die Restrukturierung der administrativen Elite, deren mangelnde Flexibilität eine Antwort auf die neuen Herausforderungen erschwerte, der sich das Großfürstentum Moskau in der Epoche der Zentralisierung gegenübersah. Nach siebzehnjährigem Bestehen wurde die Opritschnina aufgelöst. Ob sie ihre Aufgabe erfüllt hat oder nicht, ist immer noch Gegenstand von Debatten, doch den Anstoß zu ihrer Gründung hatte der Wunsch nach einem effizienteren System der Lenkung des Staates gegeben, damit sich dieser seinen neuen Aufgaben gewachsen zeigen konnte.

---

[198] Vilfredo Pareto (1844–1923) war ein italienischer Soziologe und Ökonom, dessen Theorien einen großen Einfluß auf den Faschismus ausübten. Siehe hierzu Alexander Dugin. The Rise and the Fall of Elites: An Application of Theoretical Sociology. Totowa 1968. Für Pareto werden Eliten niemals von den Völkern gestürzt, über die sie herrschen, sondern stets von anderen Eliten.

[199] Iwan IV., genannt Iwan der Schreckliche (1530–1584), saß von 1547 bis zu seinem Tod auf dem Zarenthron. Er eroberte große Territorien, führte zahlreiche Reformen durch und gilt als Begründer des Russischen Imperiums.

[200] Diese Organisation wurde von 1565 bis 1572 zur Unterdrückung der alten Aristokratie eingesetzt.

Wie der italienische Soziologe Vilfredo Pareto nachgewiesen hat, ist die Schaffung von Organisationen wie der Opritschnina in der politischen Geschichte ein klassisches Phänomen. Wenn die herrschenden Eliten „einfrieren" und nicht mehr funktionieren, kommt der wichtige Prozeß der Elitenrotation zum Stillstand. Um neues Blut in die herrschende Klasse zu bringen, ist es bisweilen erforderlich, parallele Hierarchien aufzubauen. Diese Hierarchien beruhen auf persönlichen Qualitäten wie Energie, Mut, Leidenschaft und ideologischen Überzeugungen, in anderen Worten, auf einem energischen Idealismus. Hierdurch unterscheiden sie sich von den älteren Hierarchien, bei denen Abstammung, Wohlstand und Beziehungen eine hohe Position in einem politisch-administrativen System garantieren. Aus diesem Grund ist die russische Opritschnina ein lehrbuchmäßiges Beispiel für das Gesetz der Elitenrotation – eine revolutionäre Erneuerung der Kader von oben.

Die Parallelhierarchie wird in der Regel auf der Grundlage besonderer Ideologien oder sogar Kulte geschaffen. Dies erklärt die Entstehung der Ritterorden, der mystischen islamischen Orden (Tariqas), der tantrischen Sekten in Indien, der taoistischen und buddhistischen Sekten in China und Japan usw. Jede Parallelhierarchie besitzt ihre sakralen Zeremonien, ihre Symbole und – als organisierendes Element – ihren charismatischen Pol im Zentrum der Struktur. Manche Züge der Opritschnina weisen darauf hin, daß sie gewisse Elemente solcher sakralen Zeremonien verwendete: Die an den Sätteln ihrer Angehörigen befestigten Hundeköpfe und Besen waren nicht nur eine offenkundige Metapher („Beißt den Feinden des Staates die Kehlen durch und fegt das Böse aus dem Heiligen Rußland weg"), sondern besaßen auch alternative Bedeutungen. Im mystischen Symbolismus ist der Hund ein „Führer für die Toten", ein heiliges Tier, das in verschiedenen Mythen über Reisen in die Unterwelt einem Toten den Weg zur Wiedergeburt weist. Die Dominikanermönche benutzten den Namen ihres eigenen Ordens zu einem Wortspiel und schrieben diesen scherzhaft als „Domini canes", „die Hunde des Herrn", da sie sich als Hunde sahen, welche die Schafe (die Christen) vor den

Wölfen (Häretikern und Heiden) schützten und dem Hirten (dem Herrn) dienten. Solche Hunde trugen im Kampf gegen die Wölfe die Hauptlast. Die Vertreter der Opritschnina verteidigten die Heiligkeit der Rus und bekämpften deren innere und äußere Feinde. Doch wie alle Hunde hatten sie gewisse Züge des Wolfs bewahrt.

Der Besen war in alten Kulten ein Symbol der sakralen Heirat. In der slawischen Tradition wurde das Haus vor dem Eintreffen der Braut mit besonderen „Heiratsbesen" gefegt. In den Heirats- und Verlobungszeremonien vieler Völker spielte der Besen eine zentrale rituelle Rolle. Er besitzt eine unverkennbare erotische Symbolik. Möglicherweise kannte auch die Opritschnina ähnliche Rituale, und das, was als ihre „Exzesse" und ihr „zügelloses Benehmen" geschildert wird, könnte in Wirklichkeit eine rituelle Bedeutung im selben Sinne wie die tantrische Tradition des Shivaismus[201] aufgewiesen haben.

Im Zentrum der sakralen Rituale der Opritschnina standen die Figur des Zaren Iwan IV., Iwan der Schreckliche, selbst sowie der Symbolismus des Todes, der seinen Geist und seine Vorstellung ständig beschäftigte. Es ist bekannt, daß Iwan persönlich drei orthodoxe Kanones verfaßt hat, von denen einer dem Engel des Todes, dem Furchtbaren Engel, gewidmet war (dieser Kanon wird von den Altgläubigen immer noch häufig benutzt).

Somit war die Opritschnina eine parallele Hierarchie mit ihrem eigenständigen Symbolismus, Ritualen und Zielen. Doch war der Schriftsteller und Theoretiker der Opritschnina, Iwan Pereswetow (manche Autoren stellen seine Existenz in Frage und sind sogar der Ansicht, „Pereswetow" sei ein Pseudonym Iwans des Schrecklichen selbst gewesen), stark von den türkischen Janitscharen,[202] den militanten Sufis[203] der Hohen Pforte,[204]

---

[201] Das Tantra ist eine esoterische Schule im Hinduismus. Die Shivaisten sind Anhänger des Gottes Shiva.

[202] Die Janitscharen waren die Elitetruppe des Osmanischen Imperiums.

[203] Unter dem Begriff des Sufismus werden die verschiedenen esoterischen Schulen zusammengefaßt, die einen Teil der islamischen Kultur bilden. Der sufitische Bektaschi-Orden unterhielt enge Beziehungen zu den Janitscharen. Jahrhundertelang wurde jeder Sultan, der versuchte, die Janitscharen aufzulösen, von ihnen gestürzt, bis sie schließlich 1826 von Mahmut II. zerschlagen wurden.

[204] Als Hohe Pforte bezeichnete man die Regierung des Osmanischen Großreichs.

beeinflußt – einem anderen Geheimorden mit seinem eigenen Symbolismus und seinen eigenen Ritualen.

Die Bedingungen für die Schaffung einer neuen Opritschnina sind im heutigen Rußland augenscheinlich herangereift. Die Situation erinnert frappant an diejenige im 17. Jahrhundert: Es besteht eine Bedrohung von außen (westlicher Druck, NATO-Expansion, „orangene Revolutionen" in der GUS), und die vertikale Macht zerbröckelt zusehends (beispiellose Korruption, moralischer Verfall, Entfremdung, Machtlosigkeit und Degeneration der vom Ausland gekauften Eliten). Somit besteht ein funktionales, psychologisches, soziales und ideologisches Bedürfnis nach einer solchen Entwicklung. Das Rußland Jelzins, das von Putin einigermaßen saniert wurde, geht allmählich unter; es schmilzt und fault vor unser aller Augen. Die Hoffnungen auf einen evolutionären Patriotismus schwinden allmählich dahin. Die Situation wird rasch kritisch. Die Parteien sind schwach und stehen auf tönernen Füßen. Die Vertikale der Macht ist inkompetent und korrupt. Die nationale Ideologie ist verschwunden. Und auch Putin selbst hat trotz des Gejammers seiner Feinde nichts mit einem autoritären, charismatischen Diktator gemeinsam. Somit kann nur ein Orden die Lage zum Besseren wenden, mit all dem, was dies nach sich zieht. Was wird sein Zentrum sein? Was für Symbole wird er haben? An welche sakralen Traditionen wird er appellieren? Diese Fragen harren allesamt ihrer Beantwortung.

Eines ist klar: Putin ist nicht Iwan, und die historische Chance, es letzterem gleichzutun, ist mittlerweile vertan. Somit muß die neue Opritschnina unter einem anderen, nicht-autoritären Prinzip organisiert werden. Dem Orden bleibt nur ein Rußland übrig: Das parallele Vaterland. Das heilige Rußland, von Schutt und Sedimenten bedeckt, ist Geschichte. Allerdings haben wir einen Feind – die „orangenen Revolutionäre" und Atlantiker im Aus- und Inland. Wie Paretos Prinzip zeigt, werden parallele Hierarchien durchaus nicht immer von oben geschaffen. Gelegentlich werden sie von Gegeneliten kreiert – von Menschen mit Passionarnost, für die es in den geschlossenen, gierigen und rasch degenerierenden herrschenden Klassen keinen Platz gibt. In Rußland bestehen sämtliche Voraussetzungen für das Erscheinen einer neuen Opritschnina, doch deren Natur, Charakter, Strukturen und Symbolismus bleiben vorderhand im Dunkeln. Meiner Überzeugung nach ist die rettende Ideologie in dieser Situation das Eurasiertum, das von seinen Gründungsvätern als russischer Orden konzipiert wurde.

Kapitel 6

Was nun, Putin?

Putins erste acht Jahre:
Die Bilanz eines Konservativen

Auf seinem Weg zur Spitze erbrachte Putin meiner Ansicht nach fast unmittelbar sechs fundamentale Leistungen. Als erstes gebot er dem Zerfall Rußlands Einhalt, indem er den ethnisch-islamischen tschetschenischen (sowie ganz allgemein den nordkaukasischen) Separatismus unterdrückte. Zweitens stärkte er die vertikale Macht und die territoriale Integrität Rußlands durch die Einführung der föderalen Distrikte und zähmte hierdurch die Gouverneure, deren Wahl durch das Volk er später überhaupt abschaffte.[205] Drittens hörte er damit auf, sich seine Politik blind von den Amerikanern diktieren zu lassen, und begann Rußlands nationale Interessen auf außenpolitischem Gebiet zu verteidigen, wobei er eine Verschlechterung der Beziehungen zu Washington in Kauf nahm. Viertens stoppte er die Welle der von liberalen, prowestlichen Elementen propagierten Russophobie, indem er den pauschalen Verurteilungen der sowjetischen Vergangenheit ein Ende setzte und das Interesse an der zaristischen Vergangenheit wiederbelebte; er griff gegen den ultraliberalen Journalismus durch, so daß diesem schließlich keine anderen Sprachrohre als der Radiosender „Echo Moskwy" und Internetblogs mehr verblieben. Fünftens schlug er gegen die rebellischen Oligarchen zu, welche die Kontrolle über den politischen Prozeß sowie die russische Wirtschaft anstrebten; den Einfluß jener Oligarchen, die die neuen Spielregeln akzeptierten, beschnitt er, indem er die wichtigsten

---

[205] Durch eine Gesetzesänderung bewirkte Putin im Jahre 2004, daß die regionalen Gouverneure vom Präsidenten ausgesucht und nicht mehr direkt vom Volk gewählt wurden; allerdings mußten die regionalen Parlamente den Entscheid des Präsidenten gutheißen.

Rohstoffmonopole de facto nationalisierte. Zu guter Letzt machte er sich daran, die russischen Positionen im postsowjetischen Raum zu stärken; dies tat er mittels Förderung von Organisationen wie der Eurasischen Wirtschaftsgemeinschaft und der Organisation des Vertrags über kollektive Sicherheit, welche die Integration des postsowjetischen Raums vorantreiben.

Diese Errungenschaften standen in scharfem Gegensatz zum Programm Jelzins und seiner Umgebung und bedeuteten eine direkte Antithese zur Politik der neunziger Jahre. Die sechs Aufgaben des Herakles, die ich ohne einen Hauch von Ironie geschildert habe und deren Lösung ich aufrichtig bewundere, verschafften Putin die bedingungslose Unterstützung der Bevölkerungsmehrheit sowie der konservativ-patriotischen Kreise, die ihre politischen Interessen mit jenen des russischen Volkes und der Logik der russischen Geschichte identifizieren.

Ist Putin von dem durch diese Schritte eingeleiteten Kurs abgewichen, und zwar so massiv, daß man bedauern muß, sich hinter ihn gestellt zu haben? Der kritische Moment waren die Ereignisse des 11. September 2001, als Putin den eurasischen geopolitischen Imperativ zu verraten schien, indem er Washington nach den Terroranschlägen seiner Solidarität versicherte, die Invasion Afghanistans unterstützte und den Amerikanern erlaubte, Stützpunkte in Eurasien zu errichten. Ein anderer unerfreulicher Aspekt seiner damaligen Politik war der Verzicht auf unsere Militärbasen in Cam Ranh[206] und Kuba. Obwohl diese Schritte offensichtlich Fehlentscheidungen waren, hatten sie keine fatalen Auswirkungen, und Putin korrigierte sie fast unmittelbar. Mit Kuba wurde ein neuer Kontrakt unterzeichnet, laut dem Rußland seine Waffenlieferungen an den Inselstaat nach langer Unterbrechung wieder aufnimmt. Die Verbesserung der Beziehungen zu den USA hielt natürlich nicht lange an. Washingtons erklärte Absicht zur Errichtung von Antiraketensystemen in Polen und der Tschechischen Republik sowie die fortgesetzte Expansion der NATO nach Osten machten jede Weiterführung einer proamerikanischen Politik praktisch unmöglich.

---

[206] Eine Küstenstadt in Vietnam.

Der verletzliche Putin: Das Fehlen einer nationalen Ideologie und einer klaren Strategie

Die russische Regierung ist auch weiterhin nicht konsolidiert; es fehlt ihr an einer gemeinsamen nationalen Strategie (inhaltsleere Formeln können keine solche ersetzen) sowie an einem einigenden Konzept der Staatsbildung oder einer nationalen Idee. Sämtliche Versuche, mit Putin eine Ideologie zu entwickeln, erlitten entweder kläglich Schiffbruch oder waren von Anfang an ein Bluff gewesen.

Es gibt keine Strategie, weil es keine Ideologie und keine gemeinsame politische Philosophie gibt. Die politische Elite lebt in den Tag hinein und orientiert sich vor allem an den Interessen ihres jeweiligen Clans. Außerdem hat die Regierung unter Putin niemals begriffen, wie dringend notwendig es ist, die korrekte Entwicklung einer nationalen, historisch verantwortungsvollen Weltanschauung zu stimulieren. An die Stelle philosophischer Forschungen und Studien traten Parodien von solchen sowie politische Anekdoten. Die Regierung scheint zu glauben, systematisches, wohlstrukturiertes Denken wäre lediglich eine Grille, ein sinnloser oder weltfremder Luxus, an den man seine Zeit besser nicht verschwenden sollte. Zu der Ausrede „Ich habe keine Zeit, um nachzudenken" greifen freilich alle mittelmäßigen und unredlichen Leute (auch jene, die unredlich gegenüber sich selbst sind). Keine Zeit, um nachzudenken? Mit Verlaub, wer so argumentiert, ist ein Tier. Auch Tiere sind ständig mit irgend etwas beschäftigt: Bald wedeln sie mit dem Schwanz, bald suchen sie nach Futter, bald treiben sie sich ohne erkennbares Ziel herum.

Der Diebstahl als nationale Idee und das Fehlen einer Wirtschaft

Wo eine klare politische Philosophie fehlt, wird die Korruption zur informellen Norm. Wir verkaufen die Interessen des

Staates zwar nicht mehr an das Ausland (damit hat Putin Schluß gemacht), doch ist der Staat innerlich zerrissen, auf „patriotische" Art – „Patrioten" feilschen mit anderen „Patrioten". Das Fehlen einer nationalen Idee gab den Anstoß zu wachsender Korruption. Zuletzt wurde die Diebesmentalität selbst zur nationalen Idee.

Nach diesen Bemerkungen ist es Zeit für die Feststellung, daß Rußland immer noch keine Wirtschaft hat. Wir haben ein wirtschaftliches Wachstum, aber kein ökonomisches Konzept. Putin hat die früher im Besitz der Oligarchen befindlichen monopolistischen Instrumente zum Verkauf unserer Bodenschätze verstaatlicht. Dies war ein richtiger Schritt, doch die daraus resultierenden Gewinne wurden nicht, wie es notwendig gewesen wäre, in den Aufbau einer hochentwickelten, konkurrenzfähigen Wirtschaft investiert. Der industrielle Sektor wurde in den neunziger Jahren demontiert und hat sich seither nie wieder erholt. Etwas besser erging es dem militärisch-industriellen Sektor, doch auch hier verdecken patriotische PR-Taktiken die Tatsache, daß viel zu wenig Geld in die Entwicklung bahnbrechender Technologien gesteckt wird. Es ist eine allgemein gültige Regel, daß wirtschaftliche Entwicklung nicht auf einen einzelnen Sektor (wie die Rüstungsindustrie) beschränkt sein kann; ohne die Entwicklung von Hochtechnologie in der Industrie insgesamt sind auch Erfolge in der militärischen Sphäre nicht möglich.

Putin hat die Bedeutung der „Hochtechnologie" sowie der Schaffung neuer Zentren der wirtschaftlichen Entwicklung mehrmals unterstrichen, doch sind konkrete Taten auf diesem Feld unterblieben, wenn man von Judaschkins[207] piekfeinen Militäruniformen absieht, dank denen sich anscheinend ganze Truppenverbände eine Lungenentzündung geholt haben.[208]

---

[207] Valentin Judaschkin (geb. 1963) ist ein Modeschöpfer.

[208] Judaschkin erhielt von der russischen Armee den Auftrag, neue Uniformen für die Streitkräfte zu entwerfen. Insgesamt schuf er nicht weniger als 85 Modelle für Angehörige aller Waffengattungen. Doch als die Soldaten die neuen Uniformen im Winter trugen, erkrankten Hunderte von ihnen an Unterkühlung, was damit erklärt wurde, daß die Uniformen zu dünn seien. Judaschkin konterte die Vorwürfe mit der Behauptung, die Armee habe die Entwürfe ohne seine Billigung verändert und zur Herstellung der Uniformen anderes Material verwendet als von ihm vorgesehen.

Das Innovationszentrum Skolkowo[209] westlich von Moskau, das Medwedew vier Jahre lang in permanente Hochstimmung versetzte, wartet immer noch darauf, ordnungsgemäß begraben zu werden, obwohl das ganze dafür bereitgestellte Geld bereits verbraucht ist.

Das Fehlen einer Sozialpolitik und das Schisma der Eliten

Von patriotischer Warte aus war Putins Loyalität gegenüber der liberalen Wirtschaftstheorie stets sein größter Schwachpunkt. Acht Jahre lang waren die Ultraliberalen Gref, Kudrin und Nabiullina[210] für die Wirtschaftspolitik der Regierung verantwortlich. Liberalismus und soziale Gerechtigkeit sind unvereinbar, und deshalb wurden „nationale Projekte" so formuliert, daß sie sozialen Erwartungen entsprachen. Dies war als PR-Unterstützung für Putins Nachfolger gedacht. Die Ideen hinter den „nationalen Projekten" waren an sich durchaus begrüßenswert, aber die Ergebnisse ihrer Durchführung sind höchst umstritten: Es existiert keine klare soziale Strategie; als Ersatz für eine solche müssen populistische Schlagwörter und gewisse hilfreiche, aber unsystematische Schritte herhalten. Man nehme beispielsweise die von dem früheren Gesundheitsminister Surabow[211] durchgeführten Maßnahmen, die zur Folge hatten, daß bisher kostenlose staatliche Dienstleistungen kostenpflichtig wurden. Nachdem er zurückgetreten war (was das ganze Land verlangt hatte), wurde er zum „Präsidentenberater" ernannt und später als Botschafter in die Ukraine geschickt.

---

[209] Anno 2009 gab der damalige Präsident Medwedew die Gründung dieses Zentrums bekannt, dessen Zweck in der Förderung und Vermarktung neuer Entwicklungen auf dem Feld der russischen Wissenschaft und Technologie bestehen sollte. Das Projekt ist bis zum heutigen Tage nicht fertiggestellt worden.

[210] Elwira Nabiullina (geb. 1963) ist eine Ökonomin, die von 2007 bis 2012 Ministerin für Wirtschaftsentwicklung und Handel war. Nach Putins Wahl zum Präsidenten im Jahre 2012 stand sie Putin als Beraterin zur Seite. Im Juni 2013 wurde sie zur Vorsitzenden der Zentralbank Rußlands ernannt.

[211] Michail Surabow (geb. 1953) war von 2004 bis 2007 Minister für Gesundheit und Soziales. 2005 führte er Reformen durch, die dazu führten, daß alte Menschen für staatliche Dienstleistungen zahlen mußten, was landesweite Proteste hervorrief. Von 2009 bis 2016 diente er als russischer Botschafter in der Ukraine.

Das Nichtvorhandensein einer nationalen Ideologie sowie die wild wuchernde Korruption führten automatisch zu einer Aufspaltung der Eliten in verfeindete Clans. Diese Clans führen untereinander oligarchische Verteilungskriege. Sie können sich bei ihren Streitigkeiten zwar nicht mehr auf politische und mediale Ressourcen stützen (sowohl das Parlament als auch die Medien werden vom Kreml strikt kontrolliert), doch die Konflikte zwischen ihnen dauern unvermindert an. Die Protagonisten im Spiel sind nicht mehr ganz dieselben wie am Anfang: Einige von ihnen wurden an den Rand gedrängt, andere sind ganz verschwunden. Aus den Sicherheitsbehörden gingen neue, „patriotische" Halboligarchen hervor, doch viele Vertreter der alten Garde klammern sich seit der Jelzin-Ära an ihren Posten fest. Sie kämpfen bis aufs Messer um ihre Interessen.

Diese Leute anerkennen Putins Autorität als feststehende Tatsache, doch die Zukunft dieser Autorität ist ungewiß: Die Oligarchen sind zu hartnäckig und zu gierig, um sich von hehren moralischen Prinzipien lenken zu lassen. Sobald Putin seinen Griff um sie lockert, werden die Karten neu gemischt und die Einflußzonen werden unmittelbar neu aufgeteilt werden.

Rußlands außenpolitische Schwäche

Eine Analyse von Putins Aktionen auf der internationalen Bühne zeigt, daß er es trotz seiner markigen Rhetorik nicht vermocht hat, die wichtigsten geopolitischen Fragen zu Rußlands Gunsten zu lösen (die Olympischen Winterspiele in Sotschi und die Fußballweltmeisterschaft 2018 waren nur Trostpreise). Ungeachtet all seiner Bemühungen hat Rußland im postsowjetischen Raum in jeder Hinsicht versagt. Das antirussische Regime in Georgien ist nur noch stärker geworden. In der Ukraine hat die „orangene Revolution" gesiegt und sich gegenüber der alten Elite (die Moskau ihrerseits verraten hatte) so entscheidend durchgesetzt, daß diese kaum mehr von der „orangenfarbenen" zu unterscheiden ist. Die Union zwischen Rußland und Weißrußland bestände nur auf dem Papier, gäbe es die neue Initiative zur Gründung der Eurasischen Union nicht, die allerdings vorhand bloße Deklaration bleibt.

Allen russischen Protesten und alternativen Vorschlägen zum Trotz sind in Polen, der Tschechischen Republik, Bulgarien und Rumänien amerikanische Militärstützpunkte entstanden, und es wird über die Errichtung eines Raketenabwehrsystems in diesen Staaten gesprochen. In Europa vertreten wichtige Regierungschefs wie Merkel, Sarkozy und nach ihm Hollande und Macron eine stramm proatlantische Position. Amerikaner und Europäer haben die Unabhängigkeit des Kosovo anerkannt, ohne sich um unsere Proteste in der UNO zu scheren. Sie haben Libyen durch Bombenterror in die Knie gezwungen, intervenierten in Syrien und bedrohen den Iran. Kurzum, Rußland hat sich als unfähig erwiesen, auf die konkreten Schritte, die in Richtung auf die Schaffung einer unipolaren Welt erfolgt sind, effizient zu reagieren. Es verfügt zwar tatsächlich über ein gewaltiges Energiepotential, doch in der heutigen Welt ist der finanzielle und technologische Sektor noch wichtiger als Bodenschätze und Energieressourcen, die größtenteils aus Drittweltländern kommen. Und sogar der Energiesektor blieb von Schwierigkeiten nicht verschont: Die Inspektionen von Gazproms Anlagen in Europa waren nicht gerade eine freundliche Maßnahme seitens der „dankbaren Abnehmer" unseres Erdgases.[212]

Die UNO wird zusehends nutzloser, und alle russischen Appelle an Länder in aller Welt, bei der Beurteilung internationaler Probleme auch den moralischen Aspekt nicht außer acht zu lassen, haben sich als fruchtlos erwiesen. Wer auf der Weltbühne mitreden will, muß über Kraft und Willen verfügen, und an beidem hat es Rußland während der Putin-Ära, von den vier Jahren der Präsidentschaft Medwedews ganz zu schweigen, schmerzlich gefehlt.

Bei dem bisher Gesagten handelt es sich um die kritischen Bemerkungen eines konservativen Patrioten. Selbstverständlich werden die liberalen und prowestlichen Elemente Putin und seine Regierung aus der entgegengesetzten Position kri-

---

[212] Im September 2011 führte die EU eine unangemeldete Inspektion der Gazprom-Anlagen in Europa durch, mit der Begründung, Gazprom habe gegen die Antitrust-Gesetze der EU verstoßen, indem es auf dem mittel- und osteuropäischen Markt keine Konkurrenz zugelassen habe. Später reichte die Europäische Kommission eine formelle Anklage gegen Gazprom ein.

tisieren, auch wenn unsere Einschätzungen im einen oder anderen Punkt durchaus zusammenfallen mögen; schließlich beklagen auch sie das Fehlen einer stabilen Wirtschaft und die zunehmende Korruption. Westliche Kritiker werden sich darüber hinaus über „autoritäre Tendenzen", „scheindemokratische Prozeduren", „Einschränkungen der Meinungsfreiheit", „diskriminierende Aktionen gegen gewisse Vertreter der Privatwirtschaft", „den mysteriösen Tod Litwinenkos"[213] (und anderer Personen) sowie die „Verschlechterung der Beziehungen zum Westen" aufregen, d.h. mit dem üblichen liberalen Lamento aufwarten, während wir diese Schritte im Gegenteil als positive Züge und Leistungen von Putins Herrschaft erachten, ganz ohne Ironie. Für uns sind sie die positiven Ergebnisse der Überwindung der „verfluchten neunziger Jahre". Doch auch wenn wir die liberalen Argumente verwerfen, ergibt eine unvoreingenommene Einschätzung der Zukunftsperspektiven unseres Landes ein recht düsteres Bild.

Die Krise der Volksvertretung

Die Inkompetenz der herrschenden Elite, das Fehlen ideologischer Richtlinien, die Ungewißheit und umstrittene Natur der politischen Strategie Rußlands – all dies rechtfertigt Fragen über die Legitimität der russischen Regierung, mit dem Ergebnis, daß unser Land sich zwischen Skylla und Charybdis befindet. Sein Hauptproblem ist heute die zunehmende Diskrepanz zwischen dem tatsächlichen Zustand der Gesellschaft und den Vorstellungen der politischen Elite über unseren Staat. Die Massen sind verwirrt, während die Eliten nur so von „Stabilität" strotzen. Das Volk ist empört über die grassierende Korruption, doch die Eliten profitieren von dieser, was die ohnehin schon riesige Kluft zwischen arm und reich noch vergrößert.

---

[213] Alexander Litwinenko (1962–2006) war ein ehemaliger FSB-Agent, der nach England floh, nachdem er den FSB sowie Putin persönlich wegen ihrer angeblichen Beteiligung an vielen Verbrechen, darunter der Sprengung russischer Wohnhäuser im November 1999, beschuldigt hatte. Im November 2006 wurde er vergiftet und starb bald danach. Gerüchte, nach denen er durch den russischen Geheimdienst ermordet wurde, ließen sich nie bestätigen.

Ethnische Spannungen und ungezügelte Einwanderung haben den Siedepunkt erreicht, aber die Regierung schwärmt weiterhin von Zivilgesellschaft, Toleranz und Multikultur (lauter Dinge, die in Europa bereits Schiffbruch erlitten haben). Viele Menschen verehren immer noch Stalin und träumen von einem großen Rußland und sozialer Gerechtigkeit, doch die Regierung betreibt eine „Entstalinisierungskampagne", bekennt sich zum Liberalismus und dem Prinzip „jeder für sich selbst" und prahlt damit, daß sich Rußland den USA sowie den NATO-Staaten annähere. Die Elite klagt, sie sei „mit dem Volk nicht zufrieden" und kritisiert „die sehr niedrige Qualität des Menschenmaterials". Die Antwort des Volkes fällt dementsprechend aus. Es macht sich ein wachsendes Gefühl der Entfremdung breit.

Seit alter Zeit zählt der Staat für das russische Volk zu den höchsten Werten. Ohne starken Staat bleiben die Rechte und Freiheiten der russischen Bürger politisch und sozial wirkungslos. Diese Tatsache gab den Anstoß zur Schaffung des Begriffs einer „kontrollierten", „souveränen" Demokratie, der Vorstellung, daß die Schaffung eines starken und souveränen Rußlands Vorrang vor westlichen demokratischen Standards genießt. Die „Aussetzung der Demokratie" läßt sich nur durch greifbare, konkrete Erfolge bei der Verwirklichung des Projekts zur Stärkung des Staates rechtfertigen, aber eben dieses Projekt, das den Anstoß zu den politischen Reformen der ersten Jahre des 21. Jahrhunderts gegeben hat, scheint auf Eis gelegt worden zu sein. Unter den heutigen Umständen ist eine „Aussetzung der Demokratie" keinesfalls gerechtfertigt. Eine solche Maßnahme würde nicht nur die radikal prowestlichen Liberalen (die ohnehin nie genug Demokratie bekommen können), sondern auch die staatstreuen Patrioten vor den Kopf stoßen.

Das zunehmende Legitimitätsdefizit

Für die russische Regierung wird es immer schwieriger, ihre Legitimität in den Augen des Volkes zu rechtfertigen. Legitimität bedeutet die informelle Zustimmung der Bevölkerungsmehrheit zum Kurs ihrer Regierung. Sie ist ein Gradmesser für den allgemeinen Zustand einer Gesellschaft. Sie bedeutet, daß die Behörden sich an die bestehenden gesetzlichen Normen halten. Während der letzten Jahre der UdSSR war das politische Regime zwar juristisch völlig legal, doch schwand seine Legitimität immer mehr. Das Jelzin-Regime, das zur Stärkung seiner Position das Parlament beschießen ließ,[214] war niemals vollumfänglich legitim. Die Oligarchen regierten das Land, und im Kaukasus erreichten die ethnischen und konfessionellen Spannungen den Siedepunkt. Tschetschenien wäre um ein Haar verlorengegangen. Wladimir Putin rettete Rußland als Staat und stärkte seine Souveränität. Sein entschlossenes Handeln hatte zur Folge, daß seine beiden ersten Amtszeiten nicht nur legal, sondern auch legitim waren. Im Jahre 2008 verbrauchte Putin sein „Legitimitätskapital", indem er Dmitri Medwedew zu seinem Nachfolger bestimmte. Von diesem Zeitpunkt an war die Legitimität der russischen Regierung fraglich.

Im August 2008 handelte Präsident Medwedew in der kritischen Situation, die durch den georgischen Angriff auf Zchinwal[215] heraufbeschworen worden war, entschlossen und couragiert, verhinderte dadurch einen Völkermord an der rußlandfreundlichen südossetischen Bevölkerung und verschaffte den russischen Interessen trotz des Drucks aus dem Westen und dem internationalen Netzwerk seiner Agenten gebührend Nachdruck. Doch war dies leider nur ein kurzer Lichtblick in Medwedews Präsidentschaft, denn in fast allen anderen Fragen hielt er an seinem liberalen Kurs fest. Er umgab sich mit prowestlichen Beratern und Experten sowie mit unpopulären Oligarchen, vollzog untertänige Bücklinge vor den USA und Obama und provozierte eine Verschlechterung der Beziehun-

---

[214] Im September 1993 wurden die Meinungsunterschiede zwischen Jelzin und dem Parlament besonders bezüglich der Frage nach wirtschaftlichen Reformen so groß, daß Jelzin kurzerhand beschloß, das Parlament aufzulösen, obwohl ihm die Verfassung hierfür keine Handhabe bot. Viele Abgeordnete verbarrikadierten sich im Weißen Haus und anderen Regierungsgebäuden, und vor diesen versammelten sich Demonstranten, um den betreffenden Parlamentariern ihre Unterstützung zu bekunden. Schließlich befahl Jelzin, Panzer auffahren und den Parlamentssitz beschießen zu lassen, und bald darauf besetzten Truppen das Gebäude. Bei den Kämpfen gab es Hunderte von Toten und Verletzten.

[215] Am 8. August 2008 ließ die georgische Regierung die südossetische Stadt Zchinwal beschießen, um ihre Kontrolle über die abtrünnige Region wiederherzustellen. Dies führte zu einer russischen Intervention und dem kurzen Südossetienkrieg.

---

gen zu Weißrußland. Das von ihm mit großem Wortgeklingel eingeleitete Modernisierungsprogramm lief faktisch auf eine Zerstörung der russischen Identität sowie die unkritische Übernahme westlicher Gesellschaftsnormen hinaus. Die nationalen Projekte, für die er vor seiner Wahl zum Präsidenten als Premierminister mitverantwortlich gewesen war, wurden sträflich vernachlässigt. Sein Programm der „Entstalinisierung" stieß ins Leere, weil die Erinnerung an die Sowjetära mit ihrer sozialen Absicherung, ihren großen Fortschritten bei der Industrialisierung des Landes und ihren internationalen Erfolgen bei den Massen Nostalgie hervorrief und in schroffem Gegensatz zu den Markenzeichen der postsowjetischen Epoche – Ungerechtigkeit, wachsende Kluft zwischen arm und reich, kultureller Niedergang – standen. Die Einweihung eines gigantischen Jelzin-Denkmals durch Medwedew in Jekaterinburg sowie eines kleineren Denkmals für Jegor Gaidar in Moskau versetzten die Menschen symbolisch in die Atmosphäre der neunziger Jahre zurück, eine Periode, die von der russischen Öffentlichkeit als katastrophale Episode unter einer illegitimen Regierung betrachtet wird.

Andererseits waren auch die Ultraliberalen unzufrieden mit Medwedew, weil sie der Ansicht waren, dieser gehe an Putins Gängelband. Somit wurde die Kluft zwischen Elite und Massen, zwischen Regierenden und Regierten, ab 2008 noch größer.

Das Paradox der Modernisierung

Das Modernisierungsprojekt war Präsident Medwedews Steckenpferd. Wenn wir das Axiom akzeptieren, daß sich Rußland nach westlichem Modell entwickeln muß (eine reichlich fragwürdige These), stehen wir, historisch gesehen, heute vor der Notwendigkeit zur Schaffung eines bürgerlichen Staates. Die Nationen Europas erschienen erst in der Neuzeit, und zwar parallel zu bürgerlichen Reformen und dem Griff des Dritten Standes[216] nach der Macht. Die Idee der Nation ist unlösbar mit

---

[216] Im vorrevolutionären Frankreich war die Generalversammlung der Regierung in drei Stände gegliedert: den Adel (erster Stand), den Klerus (zweiter Stand) und das gewöhnliche Volk (dritter Stand).

Kapitalismus, Industrialisierung und der Abkehr von der traditionellen kollektivistischen Mentalität verbunden. Eine Nation basiert auf dem Grundsatz der individuellen Staatsbürgerschaft. Wie Ernst Gellner[217] und Benedict Anderson[218] aufgezeigt haben, werden Nationen künstlich geschaffen, und der Nationalismus ist das hauptsächliche Instrument bei diesem Prozeß.

Obwohl Rußland äußerlich alle Merkmale einer Industriegesellschaft aufweist, ist es immer noch weitgehend eine traditionelle Gesellschaft mit einer archaischen und kollektivistischen Mentalität. Wenn wir uns in Übereinstimmung mit dem europäischen Modell entwickeln wollen, müssen wir Rußland in eine bürgerliche Nation mit all ihren essentiellen Attributen verwandeln: Individuelle Identität und die Heranzüchtung des egoistischen Homo oeconomicus[219] sowie die obligatorische Neutralisierung und schließliche Ausmerzung aller ursprünglichen ethnischen Kulturen. Die so entstandene bürgerliche Nation würde dann als russische Nation bezeichnet werden, und das Instrument ihrer Schaffung wäre zwangsläufig der russische Nationalismus. Da die europäischen Nationen jahrhundertelang bestanden, ehe die Europäer sich dem Modell einer Zivilgesellschaft zuwandten, würde der russischen Nation eine langwierige (mindestens ein Jahrhundert dauernde) Evolution ähnlicher Art bevorstehen. Wie es in den europäischen Nationen der Fall war, wäre der Nationalismus ihre hauptsächliche ideologische Richtlinie. Angesichts dieser Umstände kann Modernisierung in unserem historischen Kontext nur eines bedeuten: Die Schaffung einer bürgerlichen russischen Nation mit Hilfe des russischen Nationalismus.

---

[217] Ernst Gellner (1925–1995) stammt aus einer böhmischen Familie, war britischer Philosoph und Anthropologe. Zu seinen Hauptwerken zählt „Nations and Nationalism", in dem er die These verficht, der Nationalstaat sei ein reines Projekt der Moderne.

[218] Benedict Anderson (geb. 1936) vertrtitt in seinem Werk „Imagined Communities: Reflections on the Origin and Spread of Nationalism" die Auffassung, Nationalismus und Moderne seien eng miteinander verbunden. Allerdings deutet er die Entstehung von Nationalstaaten in Europa als Reaktion auf das Aufkommen solcher Staaten in Nord- und Südamerika.

[219] Latein: wirtschaftlicher Mensch.

Doch hier stoßen wir auf einen fundamentalen Widerspruch. Die westlichen Länder versuchen ihre nationalen Grenzen zu überwinden und eine Zivilgesellschaft zu begründen. Aus diesem Grund zielen sie darauf ab, den Nationalismus in all seinen Formen zu zerstören; er hat seine Rolle ausgespielt. Wir befinden uns augenscheinlich in unterschiedlichen Phasen unserer Entwicklung: Während wir hier in Rußland eine bürgerliche Nation aufbauen wollen, steht der Westen im Begriff, diese hinter sich zu lassen, und marschiert auf das nächste Gesellschaftsmodell, eine Zivilgesellschaft zu. Wir mögen der „bolschewistischen" Versuchung erliegen, den historischen Prozeß beschleunigen und eine logisch notwendige gesellschaftliche Entwicklungsphase überspringen zu wollen. Dmitri Medwedew ist (gemeinsam mit seinen Beratern) in diese Falle getappt, indem er versuchte, seine Version der Modernisierung durchzupeitschen. Er glaubte, das notwendige Stadium der Schaffung einer Nation überspringen und mit einem Schlag eine Zivilgesellschaft errichten zu können. Dieser Versuch endete mit einem Scheitern der Modernisierung, einer Krise der Volksvertretung (die Vorstellung der Elite über die Gesellschaft wird den Realitäten nicht gerecht) und infolgedessen mit dem Legitimitätsverlust der Regierung und ihres politischen Kurses.

Da der Pfad der Modernisierung nun einmal eingeschlagen worden ist, wird der Nationalismus zwangsläufig erstarken. Doch Medwedew und sein Kreis lehnten den Nationalismus ab, ebenso wie sie die Figur Stalins ablehnten, der einen entscheidenden (wenn auch mit großen Opfern verbundenen) Schritt in Richtung Industrialisierung des Landes getan hatte. In diesem Zusammenhang ist schließlich darauf hinzuweisen, daß in Rußland bisher jede Modernisierung gegen den Widerstand der Massen von oben durchgesetzt wurde. Nationalismus, Stalinismus und Autoritarismus sind für die Modernisierung Rußlands in ihrer gegenwärtigen historischen Phase die drei wichtigsten Richtlinien, und wenn wir nicht alle drei beachten, wird die Modernisierung eine leere Phrase bleiben.

Das Ende eines politischen Zyklus: Jenseits des grauen Pols. Die Morgenröte in Menschengestalt und Putins Legitimität

Jelzins Macht in den neunziger Jahren war politisch illegitim. Was er und seine Umgebung taten (Liberalismus, „Schocktherapie" usw.), wurde von der Bevölkerungsmehrheit nicht mitgetragen. Es war eine Diktatur der liberalen, prowestlichen Elite, der Oligarchen und einer winzig kleinen Zahl hochrangiger Regierungsbeamter. Das Volk lehnte diese Politik in seiner überwältigenden Mehrheit ab, vermochte jedoch nicht wirkungsvoll zu protestieren. Jedenfalls stand das Land am Rande des Zerfalls. Putin, der ursprünglich durch PR-Kampagnen und dank der energischen Unterstützung durch die vorherige Regierung an die Macht gelangt war, erwies sich als der Mann, auf den jeder gewartet hatte. Im Vergleich zu Jelzin war er ein Gottesgeschenk. Putin leitete eine Reihe von Reformen zum Nutzen des Volkes ein. Er verhinderte die Desintegration Rußlands, führte den zweiten Tschetschenienkrieg bis zu seinem siegreichen Ende, stärkte die vertikale Macht, vertrieb oder inhaftierte die berüchtigtsten unter den Oligarchen, begann bei den Verhandlungen mit dem Westen größere Härte an den Tag zu legen, führte die alte Nationalhymne wieder ein, verdrängte viele Ultraliberale aus der Politik, führte die föderalen Distrikte ein, gab grünes Licht für die Integration des postsowjetischen Raums, entzog den Oligarchen die Kontrolle über die widerspenstigen Fernsehkanäle und Rundfunksender, sorgte dafür, daß den Lokalparlamenten der Subjekte der Russischen Föderation die Eigenschaft der „Souveränität" abgesprochen wurde, festigte die Machtposition der Silowiki und ernannte die Gouverneure selbst, statt sie vom Volk wählen zu lassen. All dies, besonders aber der scharfe Kontrast zwischen ihm und Jelzin, machte Putin in den ersten Jahren des neuen Jahrtausends zu einem vollkommen legitimen Herrscher. Er verstand es, einen Mittelweg zwischen dem gemäßigten Teil der prowestlichen oligarchischen Eliten der neunziger Jahre und den Massen zu finden, die auf eine rasche Wiederherstellung der russischen Großmachtrolle, einen harten Kurs gegenüber den inneren und äußeren Gegnern Rußlands sowie Ordnung im Inneren hofften. Daß Putin von der Bevölkerungsmehrheit unterstützt wurde, war für jedermann ersichtlich: Nach der ihrem Wesen nach antirussischen Politik Jelzins, der sich von fremden Mächten hatte kaufen lassen, wurde Putin sehr positiv aufgenommen. Dies belegten sämtliche Meinungsumfragen. Die Mehrheit war mit ihm zufrieden; er war eine Kompromißfigur, die während einer bestimmten politischen Periode das Richtige tat.

In dieser ersten Phase waren die einzigen Gegner Putins die Vertreter der ultraliberalen und prowestlichen Kräfte (die „Andersdenkenden"), welche von den USA und den ins Exil gegangenen Oligarchen finanziert wurden. Dies schuf das politische Paradigma des ersten Jahrzehnts im neuen Jahrhundert. Putin hatte gegenüber dem Kurs Jelzins eine Wendung um 90 Grad vorgenommen. Nicht um 180 Grad. Er vollzog keine radikale Kehrtwendung, sondern stoppte den Prozeß; er fror ihn ein.

Die Wahlen von 2008 bestätigten dies endgültig. Putin hatte immer noch genügend Spielraum, um zu seiner früheren Politik zurückzukehren; er hätte seine Legitimität in den Augen der Massen stärken (und zugleich die Eliten und den Westen noch stärker brüskieren) können, wenn er eine weitere Amtszeit angetreten hätte. Er wäre der russische Lukaschenko geworden: Von den Massen geliebt, von der Elite gefürchtet und vom Westen gehaßt. Das Mindeste, was man von ihm hätte erwarten können, wäre die Ernennung eines Nachfolgers, der entschlossen wäre, in seine Fußstapfen zu treten, gewesen, doch er entschied sich für den alternativen Weg und gab seine Macht an Dmitri Medwedew ab.

Medwedews politisches Image diente dazu, die Liberalen, den Westen und die Oligarchie zu beschwichtigen. Um sich bei diesen Kräften in ein noch günstigeres Licht zu setzen, ließ er sich zum Vorsitzenden des Kuratoriums des Instituts für Moderne Entwicklung[220] ernennen, das auf der Grundlage der

---

[220] Dieses Institut wurde 2008 von Medwedew eingeweiht. Sein offizieller Zweck besteht in der Durchführung von Reformen zur Modenisierung Rußlands wie der Einführung zeitgenössischer Technologie und der Schaffung einer Zivilgesellschaft.

„oligarchischen" Gewerkschaften sowie des Russischen Industriellen- und Unternehmerverbands gegründet worden war und dessen Leiter der als „Stimme der Oligarchen" bekannte Ultraliberale Igor Jürgens[221] war. Ganz offensichtlich wollte Putin die vier Jahre von 2008 bis 2012 als Pufferperiode zur (tatsächlichen oder scheinbaren) Verbesserung der Beziehungen zum Westen sowie zur (teilweisen oder vollständigen) Rückkehr in die neunziger Jahre nutzen. Alles in allem lief Medwedews Präsidentschaft auf eine teilweise Abkehr vom Kurs Putins hinaus. Sie markierte einen Übergang von der Bewahrung des Status quo und der „souveränen Demokratie" zur „Modernisierung" und „Demokratisierung".

Fast drei Jahre, von 2008 bis Ende 2010, wurden zur Vorbereitung und Lösung rein technischer Fragen vertan, und es war klar zu erkennen, daß der Putin-Zyklus Ende 2010 vorbei sein würde. Eine gewisse Zeitlang hätten Medwedews Schritte zur Beschwichtigung des Westens noch rückgängig gemacht werden können. Man hätte sie als Farce oder als Ablenkungsmanöver einstufen können, zumal Rußlands wuchtiger Schlag gegen Georgien zu Beginn von Medwedews Amtszeit allgemein als Fortsetzung von Putins Politik gedeutet wurde. Doch Medwedews Weigerung, dem Iran (Rußlands wichtigstem strategischen Partner) Raketen vom Typ S-300[222] zu liefern, seine Unterstützung der Sanktionen gegen den Iran sowie insbesondere seine Unterzeichnung des neuen START-Abkommens[223] (das der russischen Verteidigung irreparablen Schaden zufügte) bewiesen, daß die Dinge eine schlimme Entwicklung nahmen und daß die Anhänger der Gorbatschow-Jelzin-Linie in den russisch-amerikanischen Beziehungen Morgenluft witterten.

---

[221] Igor Jürgens (geb. 1952) ist ein russischer Ökonom. Er ist Vizepräsident des Russischen Industriellen- und Unternehmerverbands und Vorsitzender des Instituts für Moderne Entwicklung.

[222] Moderne Boden-Luft-Raketen.

[223] Der „Strategic Arms Reduction Treaty" (Vertrag zur Verringerung strategischer Waffen) ist ein im Jahre 2010 von den USA und Rußland ausgehandeltes Abrüstungsabkommen zur gemeinsamen allmählichen Reduzierung strategischer Trägersysteme für Nuklearwaffen. Manche Duma-Abgeordnete kritisierten, daß dieser Vertrag die erklärte Absicht der Vereinigten Staaten zur Aufstellung von antiballistischen Raketen in Osteuropa nicht verhindere.

Rußland 1 (grau), Rußland 2 (orange) und Rußland 3 (schwarz)

Im heutigen Rußland gibt es drei politische Zonen, die man der Einfachheit halber Rußland 1, Rußland 2 und Rußland 3 nennen kann.

Rußland 1 ist ein Modell der Bewahrung von Putins Kompromißlösung: Fortgesetztes Lavieren zwischen den Eliten und den Massen, dem Westen und den nationalen Interessen, zwischen Konservatismus und Modernisierung. Rußland 1 ist „Putinismus" im weitesten Sinne. Man kann es symbolisch als grauen Pol bezeichnen – das Rußland Putins, der vertikalen Macht, eine spezifische Kreuzung zwischen der Familie und den „Kerlen aus Piter", zwischen „russischem Patriotismus" und „Gaidarismus", orthodoxen Bankiers und nicht-orthodoxen Oligarchen. Zu ihm gehören sowohl Putins Münchner Rede als auch Medwedew mit seinem Institut für Moderne Entwicklung, seiner Komplizenschaft beim Mord an Gaddafi und beim Diebstahl von Skolkowo.[224] Rußland 1 wurde bis vor kurzem von der grauen Eminenz des Kremls, Wladislaw Surkow, geleitet, dem Hauptarchitekten der politischen und ideologischen Struktur des Landes, der sowohl die liberale als auch die patriotische Substanz unseres Landes nachhaltig aushöhlte. Er war ein Postmodernist byzantinischen Stils.

Bis vor kurzer Zeit war Rußland 1 die dominierende Kraft im politischen System des Landes. Es war die goldene Mitte zwischen dem orangenen und dem schwarzen Pol. Rußland 1 umfaßte die Partei „Einiges Rußland", die kremltreue Jugendorganisation „Naschi" („die Unseren"), die Medienmogule sowie die Expertengemeinschaft – in anderen Worten, Rußlands gesamte Innenpolitik, die vom Kreml kontrolliert wird. Die Entstehung des Machttandems[225] im Jahre 2008 spaltete den grauen Pol. Medwedews zunehmende Stärke während seiner Präsidentschaft

---

[224] 2012 reichte die russische Regierung Strafanzeigen gegen mehrere Direktoren von Skolkowo ein, da diese Gelder in Höhe von vielen Millionen Rubel unterschlagen hätten.

[225] Das Kräftegleichgewicht zwischen Medwedew und Putin während Medwedews Präsidentschaft wurde als „Tandem" bezeichnet.

markierte einen Übergang von der grauen in die orangene Zone. Die Auswirkungen lassen sich leicht voraussehen: Der territoriale Zerfall Rußlands; die Eskalation innenpolitischer Konflikte; die Rückkehr der Liberalen an die Macht; eine jähe Verminderung des russischen Einflusses auf der internationalen Bühne – kurzum, eine vollumfängliche Rückkehr in die neunziger Jahre.

Der zweite Pol, Rußland 2, steht für eine bedingungslos prowestliche Position, Liberalismus und Reformen im Stile Jelzins. Dieser Pol wird von den politischen Protegés der Vereinigten Staaten, den im Exil befindlichen Oligarchen, der „radikalen" Opposition (den „Andersdenkenden") sowie dem liberalen Sektor der Macht gebildet. Gestalten wie Jürgens, Woloschin, Pawlowski, Gontmacher,[226] Tschubais, Nawalny,[227] Nemzow usw. sind Galionsfiguren dieser Strömung.

Die Hauptziele von Rußland 2 sind Modernisierung, Demokratisierung, engere Bindungen an den Westen, Globalisierung und die Demontage von Putins vertikaler Machtstruktur. Die Mehrheit der während der Jelzin-Ära entstandenen wirtschaftlichen und politischen Elite sympathisiert mit diesen Zielsetzungen und setzt sich häufig aktiv für ihre Verwirklichung ein. Der Rundfunksender „Echo Moskwy" verkörpert Rußland 2 in reinster Form. Dies ist der orangenfarbene Pol. Es gibt in Rußland 1 ein anderes, gemäßigteres liberales Segment, für das die Namen Medwedew, Woloschin und Tschubais stehen und dem die führenden Medienleute sowie die Experten angehören. Dieses liberale Segment geht nun allmählich ins „orangene" Lager über. Ein Beispiel hierfür bietet der ehemalige Putin-Berater Andrei Illarionow, der sich dann mit Figuren wie Kasparow und Kasjanow (der seinerzeit Premierminister unter Putin gewesen war) zusammentat. Diese Personen bilden eine geschlossene Front und haben weitgehend identische Vorstellungen von der Zukunft Rußlands. Die in Putins Umgebung verbliebenen Liberalen lassen sich als „Spione, die Putin mit Argus-

---

[226] Ewgeni Gontmacher (geb. 1953) war Vizepräsident des Russischen Industriellen- und Unternehmerverbands. Gegenwärtig ist er Stellvertretender Direktor des Intituts für Weltwirtschaft und Internationale Beziehungen an der Russischen Akademie der Wissenschaften.

[227] Alexei Nawalny (geb. 1976) ist Anwalt und im Westen der prominenteste Kritiker Putins und der russischen Regierung. 2012 wurde er wegen Veruntreuung angeklagt.

augen überwachen" charakterisieren. Sie ziehen es vor, innerhalb der Regierung und nicht als Vertreter der Opposition für den Westen zu arbeiten, doch wer von ihnen aus Rußland 1 herausgeworfen wird, findet gleich Zuflucht in Rußland 2.

Rußland 3 ist die ideologisch weit weniger klar umrissene Position der russischen Massen, die sich Ordnung, einen starken Staat, soziale Garantien (Sozialismus), Nationalismus und Patriotismus wünschen. Dieser politische Sektor reagiert sehr allergisch auf die Verwestlichung der russischen Gesellschaft. Rußland 3 besitzt eine breite gesellschaftliche Basis, aber keine schlagkräftige politische Repräsentation. Vertreter dieser Position sind die „Rodina"-Partei,[228] der Russische Marsch,[229] die Zeitung „Sawtra"[230] sowie die Fußballfans, die sich regelmäßig auf dem Manege-Platz[231] versammeln. Dies ist der schwarze Pol. Niemand versucht, Rußland 3 entgegenzukommen; der graue Pol setzt es unentwegt unter Druck, um es zu spalten, zu zähmen oder zu schwächen. Doch die Bedeutung von Rußland 3 (als Quelle politischer Legitimierung) nimmt fortwährend zu. Es läßt sich nur schwer voraussagen, welche organisatorischen Formen es künftig annehmen wird. Die bestehenden politischen Parteien, die sich anheischig machen könnten, diese Rolle zu übernehmen, werden von innen her paralysiert und spielen bei dieser Entwicklung keine bedeutende Rolle. Ihre Führung ist in die graue Zone integriert und hängt direkt von dieser ab. Die Schaffung einer neuen und schlagkräftigen patriotischen Bewegung wird von der Regierung nicht zugelassen werden. Heute gibt es kein organisatorisches Potential hierfür, und es fehlt an Führungspersönlichkeiten, die den Mut haben, Klartext zu reden.

Der schwarze Pol ist verwirrt, unorganisiert und in keiner Hinsicht konsolidiert. Er ist bestenfalls zu spontanen Protesten wie den Versammlungen auf dem Manege-Platz in der Lage, bringt

---

[228] „Rodina" (Heimat), oder „Heimat/Nationalpatriotische Union", ist eine sozialistische und nationalistische Partei, die 2003 gegründet wurde.

[229] Ein alljährlich von Nationalisten durchgeführter Marsch, der um den 4. November (den Tag der Nationalen Einheit) herum stattfindet.

[230] „Morgen".

[231] Ein Platz im Zentrum Moskaus. In den letzten Jahren fanden dort von Fußballfans angezettelte Krawalle sowie Kundgebungen von Nationalisten statt. Im Dezember 2010 lieferten sich dort Tausende von Demonstranten Auseinandersetzungen mit der Staatsgewalt. Seither ist der Manege-Platz ein Symbol für den Nationalismus.

jedoch keine durchdachten Initiativen zustande. Er operiert mittels kurzer, scheinbar spontaner Menschenaufläufe und systematischer Sabotage des politischen Diskurses. Was die reguläre Politik betrifft, so können sich die Vertreter dieses Sektors in keiner Hinsicht mit der Technologie der Grauen messen (zu deren Waffen neben direkter Gewalt auch Bestechung, Täuschung, Medienkampagnen, psychologische Kriegführung, Diffamierung usw. gehören). Ins Gewicht fällt auch, daß Rußland 3 nicht auf Unterstützung von außen zählen kann. Wenn es darum geht, die Situation anzuheizen (in begrenztem Umfang), können gewisse Teile der grauen Zone taktische Bündnisse mit dem schwarzen Pol schließen, doch nur unter der Beobachtung und strikten Kontrolle des orangenen Pols. Nichtsdestoweniger wird sich die Stimmung in der Gesellschaft nach und nach zugunsten des schwarzen Pols entwickeln, und dieser wird zum wichtigsten, wenn nicht zum entscheidenden Faktor im politischen Spiel werden. Der aufsehenerregende Wahlerfolg der „Rodina"-Partei im Jahre 2003 ist ein prägnantes Beispiel hierfür. Einige der von den Behörden geförderten Patrioten wie Nikita Michalkow[232] kooperieren mit Rußland 1, doch der andere Sektor, die Straßen-Nationalisten aller Strömungen, nähern sich dem orangenen Pol an (Potkin,[233] Djomuschkin[234] usw.).

Auch dieses Phänomen ist nichts Neues: Die nationalistischen Lockvögel mausern sich unter der Aufsicht der Silowiki zu Nationaldemokraten und Rassisten, die von den Oligarchen und der CIA gesponsort werden (eine wichtige Rolle spielt hier der Manager Stanislaw Belkowski[235]).

Und wie steht es mit Putin? Er wartet den günstigsten Augenblick ab. Es wäre logisch, wenn er sich dem schwarzen Pol

---

[232] Nikita Michalkow (geb. 1945) ist ein Filmemacher, der vor allem durch seinen 1994 gedrehten antistalinistischen Film „Die Sonne, die uns täuscht" bekannt geworden ist, der 1995 mit dem „Oscar" ausgezeichnet wurde. Er ist als Slawophiler und Nationalist sowie als passionierter Anhänger Putins bekannt.

[233] Alexander Potkin (geb. 1976) war der Führer der Bewegung gegen illegale Einwanderung, die für ihren Straßen-Aktivismus bekannt war und 2011 aufgelöst wurde.

[234] Dmitri Djomuschkin war der Führer der 2010 verbotenen rechtsradikalen Slawischen Union.

[235] Stanislaw Belkowski (geb. 1971) ist ein politischer Analytiker und Vetter Boris Beresowskis. Er leitet die Denkfabrik „Nationales Institut für Strategie" und zählt zu den Kritikern Putins.

annäherte, wohin ihn sowohl die amerikanischen Politologen als auch die ihm treu gebliebenen Patrioten drängen. Jedermann erwartet von Putin, sich in Richtung Rußland 3 zu bewegen. Doch dies geschieht nicht. Putin bewegt sich nicht in diese Richtung und verharrt auch weiterhin in derselben Position, in der Mitte der grauen Zone, so daß hier auch eine Diskrepanz gegenüber dem Kompromißmodell vorliegt, das Putins ersten Zyklus als Präsident kennzeichnete.

Ein Phantom-Rußland

Rußland 1 ist Putins persönliche Formel. Es entstand zu einem Zeitpunkt, als Jelzins Rußland politisch abgewirtschaftet hatte und seine Führer jeglicher Legitimität verlustig gegangen waren. Nach seinem Machtantritt entfernte Putin die dringlichsten Probleme. Er entfernte sie, löste sie aber nicht, da er sich damit begnügte, all diese Prozesse auf eine andere Ebene zu verschieben. Die Probleme der Ära vor Putin lagen darin begründet, daß zwischen den aus Neureichen sowie aus Söldlingen des Auslands bestehenden Eliten und den patriotisch und sozial gesinnten Massen ein direkter Interessenkonflikt bestand und daß die Mentalität der beiden Lager sich grundlegend unterschied.

Putin verdankte seine Machtübernahme einem Konsens der Jelzin-Elite – liberale Demokraten, Oligarchen, Medienzaren, kurzum, „die Familie". Doch gleichzeitig wurde sein Aufstieg politisch als Schritt in Richtung auf die Massen und als Antwort auf deren Forderungen präsentiert. Die Intuition eines genialen Experten erkannte in Putin den Mann, der in der von Jelzin hinterlassenen gespaltenen Gesellschaft einen umfassenden Kompromiß bewerkstelligen könnte, als dessen Ergebnis Eliten und Massen sich genau die Waage halten würden, so daß gewissermaßen eine Zone der Ruhe in einem tosenden Wirbelsturm entstand. Putin befriedigte die liberalen und demokratischen Eliten und die patriotischen, für kompromißlose Härte eintretenden Massen gleichermaßen. Dieser Zustand, in dem „der Löwe und das Lamm friedlich nebeneinander liegen", gab den Anstoß zur Entstehung von Rußland 2. Während der gesamten vier Jahre von Putins erster Amtszeit genoß die Gesellschaft –

von ihren extremistischen Rändern abgesehen – die Früchte dieser Versöhnung. Die hohen Zustimmungsraten zu Putin und seiner Politik waren die logische Folge. Durch ihre Unterstützung des neuen Präsidenten signalisierte die Gesellschaft Folgendes: „Wir ziehen eine Pause dem permanenten Druck vor. Wir können die Widersprüche der Jelzin-Ära nicht länger tolerieren." Seiner Substanz nach ist Rußland 2 eine Momentaufnahme, ein Bildschirmfoto all jener Rhythmen und Energien, die in den neunziger Jahren entfesselt waren, das Land erschütterten und das Volk und seine Seelen quälten. Indem er streng nach den Regeln vorging, verhielt sich Putin wie ein vorsichtiger Chemiker und vermischte in einem Reagenzglas virtuellen Patriotismus sorgfältig mit verschämt maskiertem und inkonsequentem liberalen Reformismus. Dieser Herrschaftsstil war in gewissem Sinne „regional", nicht „imperial"; er war akkurat, pünktlich, und bemühte sich, alles Große und Radikale, also alles echt Russische, zu vermeiden.

Eines gilt es gleich klarzustellen: Der Kompromiß war keine Synthese. Die Elite fuhr unbeirrt mit ihrem ruchlosen Treiben fort: Sie wirtschaftete in die eigene Tasche, betrog das Volk nach Strich und Faden und kassierte munter Schmiergelder ein. Die Massen degenerierten, sahen sich im Fernsehen Sendungen mit Petrosjan[236] an, ließen sich mit hausbackenen patriotischen Allgemeinplätzen abspeisen und tranken Wodka. Kein einziges Versprechen wurde eingehalten.

2004, also in der Mitte von Putins erster Amtszeit als Präsident, wurde Rußland 1 erstmals von einer Welle von Problemen erschüttert. Am Horizont lauerten finstere Schatten, und ominöse Vorzeichen wiesen auf kommende Dramen hin: Terroranschläge, Katastrophen, Monetarisierung, Juschtschenkos entstelltes Gesicht.[237] Diese Serie unheilvoller Geschehnisse fiel

---

[236] Jewgeni Petrosjan (geb. 1945) ist ein Komiker, der schon zu Sowjetzeiten große Popularität genoß.

[237] Viktor Juschtschenko (geb. 1954) war von 2005 bis 2010 Präsident der Ukraine. 2004 wurde sein Gesicht – sei es durch eine Vergiftung, sei es durch eine Krankheit – furchtbar entstellt. Nachdem er in der Stichwahl zuerst seinem Gegner Viktor Janukowitsch unterlegen war, wurde gegen letzteren die Anklage der Wahlfälschung laut, was den Anstoß zur orangenen Revolution gab. Die Stichwahl wurde wiederholt, und diesmal setzte sich Juschtschenko durch.

mit wachsendem (amerikanischem) Druck zusammen, was
natürlich kein Zufall war: Die Amerikaner bauen auf unsere
Kosten ein Weltreich auf und halten sich dabei genau an ihren
Fahrplan. Die Periode der Momentaufnahme endete mit Putins
zweitem Amtsantritt, und die neue Ära begann mit einem Pau-
kenschlag – dem Mord an Achmat Kadyrow im Mai 2004. Man
erwartete von Putin allgemein, daß er unserer Gesellschaft einen Einblick in die Zukunft gewähren und dabei klug und entschieden zugleich vorgehen werde. Doch im Jahr 2004 geschah
nichts dergleichen. Alles blieb beim alten.

Ein erfolgloses theatralisches Zwischenspiel

Putins gesamte zweite Amtszeit war auf das Jahr 2008 ausgerichtet. Dann würde seine Präsidentschaft enden, und gemäß der Verfassung durfte niemand mehr als zweimal hinter-
einander zum Präsidenten gewählt werden. Putins Grundidee
bestand darin, seine Macht sowie seine Kontrolle über das
Land zu bewahren, ohne deswegen eine direkte Konfrontation
mit dem Westen in Kauf nehmen zu müssen. Verschiedene
Optionen wurden in Erwägung gezogen, und man entschied
sich schließlich für die schlechteste von allen. Putin beschloß,
zu seinem Nachfolger einen loyalen, unbelasteten und willens-
schwachen Funktionär mit einem „liberalen" Image zu machen. Sein Liberalismus und seine mangelnden Führungs-
qualitäten boten Gewähr dafür, daß er bei den Massen keinen
Anklang finden konnte. Der Nachfolger mußte ein Liberaler
sein, um den Westen zu beschwichtigen und der Radikalisierung von Rußland 2 zumindest zeitweilig einen Riegel vorzuschieben. Um sich selbst und Rußland 1 zu retten, beschloß
Putin, eine Situation herbeizuführen, in der Rußland 1 schon
bald bewußt und ohne zusätzlichen inneren und äußeren
Druck in Rußland 2 übergehen würde. Dem Plan zufolge durfte Medwedew erklären, er peile noch eine zweite Amtszeit an,
um die Liberalisierung Rußlands vollständig abschließen und
dem Westen in jeder Hinsicht entgegenkommen zu können.
Die Liberalen witterten die Chance auf ein triumphales Come-
back. Jedermann ließ sich durch dieses Manöver hinters Licht

führen. Als im Herbst 2011 bekanntgegeben worden war, daß Putin auf den Präsidentensessel zurückkehren werde, zerstoben alle Illusionen im Nu.

Technisch gesehen erwies sich der Trick als erfolgreich, doch die Zeit für ernsthafte und weitreichende Veränderungen war ungenutzt verstrichen. Die Enttäuschung der Elite und der Massen erreichte einen kritischen Punkt. Das vierjährige pseudo-liberale Palaver der Medwedew-Periode stieß allen politisch aktiven Menschen sauer auf. Rußland 1 büßte seine Legitimation praktisch ein, und der Zusammenprall mit Rußland 2 war nur noch eine Frage der Zeit. Im März 2012 kehrte Putin in den Kreml zurück; da die Amtszeit des Präsidenten inzwischen von vier auf sechs Jahre verlängert worden war, konnte er nach der Verfassung weitere zwölf Jahre im Amt bleiben, doch über seine Pläne für die Zukunft schwieg er sich weiterhin aus. Historisch gesehen war die Strategie mit Rußland 1 ein Fehlschlag. Rußland 1 existiert immer noch und spielt auf der politischen Bühne nach wie vor die erste Geige, aber seine Tage sind gezählt.

Das orangene Rußland

Rußland 2, das „orangene Rußland", entstand im Verlauf der Ereignisse des Jahres 2004 in der Ukraine. Diese wurden zum politischen Wendepunkt für Putin. Er bewegte sich nun in Richtung Patriotismus, bemühte sich um die Wiederherstellung des russischen Status als Supermacht und orientierte sich verstärkt an geopolitischen Erwägungen, wobei er in manchen Fragen den Bogen überspannte. Vielleicht war das alles ein schwacher und chaotischer Versuch zur Schaffung einer ernsthaften patriotischen Agenda. „Alles für Rußland! Alles im Namen Rußlands!" Dies wäre das Richtige gewesen… Doch die offensichtlich inadäquaten Methoden, mit denen man dem neuen Kurs Nachdruck zu verschaffen suchte, die ungenügend auf ihre Aufgabe vorbereiteten Diplomaten, die nach Kiew entsandt wurden, sowie die politische Inkompetenz der Verantwortlichen bewiesen schon bald, daß der neuen Politik eine ausreichende Basis fehlte.

Später stellte sich heraus, daß während Putins erster Präsidentschaft im postsowjetischen Raum keine ernsthafte geopolitische Arbeit geleistet worden war. So wurde der schwierige Kampf um die Ukraine hastig einem Team zynischer „Techokraten" anvertraut, die dem Kreml nahestanden. Diese Leute waren nur gerade dazu imstande, staatliche Gelder in die eigenen Taschen zu stecken und Betrugsmanöver zu inszenieren. Die Liberalen Marat Gelman und Gleb Pawlowski[238] spielten dabei eine wichtige Rolle.

Hiermit erschien Rußland 2 mit einem orangenen Wimpel erstmals in den Zelten auf dem Unabhängigkeitsplatz in Kiew. Der Prozeß war nun in Gang gesetzt worden, und sein Ziel war das Jahr 2008. Was in Kiew geklappt hatte, würde auch in Moskau hinhauen. So dachten Washington, Langley und (dementsprechend) die liberale Opposition in Rußland selbst.

Was ist Rußland 2? Im Grunde nichts Neues: Es ist Jelzins Rußland, von den neunziger Jahren her wohlbekannt, nach ausgiebigen Sonnenbädern an den Stränden der Bermuda-Inseln und langen Skiferien im Courchevel. Man darf nicht vergessen, daß Rußland im Gegensatz zur Ukraine im Jahre 1991 bereits eine „orangene Revolution" erlebt hatte und daß Jelzins Herrschaft unter dieser Farbe erfolgte. Selbst die abstoßenden Fratzen von Jelzin und Juschtschenko weisen eine vage Ähnlichkeit miteinander auf: Sie sind emotionslos, aufgedunsen und bösartig. Das „orangenfarbene" Rußland besteht aus den alten Oligarchen, die – wenn sie nicht ins Exil getrieben oder gar eingesperrt wurden – zwar erschrocken über einzelne Entwicklungen sein mögen, ihre Anpassungsfähigkeit und ihre Zuversicht jedoch größtenteils bewahrt haben; es besteht aus der städtischen kosmopolitischen Intelligenz, die vollkommen verantwortungslos und lediglich dazu imstande ist, bestehende Werte zu zerstören oder in den Schmutz zu ziehen; es besteht aus Journalisten mit permanenter Persönlichkeitsspal-

---

[238] Marat Gelman (geb. 1960) und Gleb Pawlowski (geb. 1951) waren die Gründer der „Stiftung für effektive Politik", die sich als „Institut für Meinungsforschung" bezeichnet. Gelman war in den späten neunziger Jahren in der „Union der Rechten Kräfte" aktiv und außerdem Leiter des Fernsehsenders Kanal Eins. Heute ist er Direktor einer Kunstgalerie in Moskau.

tung, welche die Geschichte immer nur von außen beobachten, niemals aber selbst in sie eingreifen können; es besteht aus Menschenrechtsaktivisten, liberalen Reformern sowie aus gierigen und konformistischen Beamten, die jeden beliebigen Befehl jedes beliebigen Vorgesetzten anstandslos befolgen. Kurz gesagt, es besteht aus der zeitweilig eingefrorenen und langsam schmelzenden Elite, die Rußlands Interessen verkauft und verraten hat, sowie aus ihren Schmierfinken und Laufburschen, die sich schamlos als „schöpferische Schicht" bezeichnen: aus Experten, PR-Spezialisten, Quacksalbern sowie den liberalen Bohémiens, die von ihnen ausgenutzt werden.

Die Eliten kehrten Rußland 1 den Rücken und wandten sich Rußland 2 zu. Nachdem sie sich während einer kurzen Periode unserer politischen Geschichte unter Putins Schwingen versteckt und es fertiggebracht hatten, die Massen ruhigzustellen, entfachten sie neue Angriffe auf die russische Staatlichkeit. Auch die Massen begannen sich von Rußland 1 loszusagen, wenn auch aus einem anderen Grund: Die phantomhafte Natur dieses Gebildes, der ephemere Charakter des Staates und die Verantwortungslosigkeit seiner „Vertikale" stießen sie ab. Der „orangene" Liberalismus ist den Massen a priori fremd, aber auch Rußland 1 flößt ihnen kaum noch Vertrauen ein.

Im Jahre 2008 sah sich Rußland 2 einem schwierigen Szenarium gegenüber. Da alle Operationen dieses Sektors von Washington überwacht werden, sah der Plan eine Intensivierung des Terrorismus im Kaukasus, parallel dazu eine Eskalation der Spannungen in der GUS und schließlich soziale Unruhen in Rußland selbst vor. Putin hätte nur die Worte „dritte Amtszeit" aussprechen müssen, und Rußland 2 hätte grünes Licht für einen totalen Propagandakrieg erhalten. Putin tat so, als öffne er Rußland 2 mit seinen Bannerträgern Medwedew, Dworkowitsch,[239] Jürgens und Gontmacher die Tore des Kremls. Just zu jenem Zeitpunkt kündete Obama, der im November 2008 zum neuen US-Präsidenten gewählt worden war, einen „Neubeginn" in den Beziehungen zu Rußland an. Sogar Brze-

---

[239] Arkadi Dworkowitsch (geb. 1972) war während Medwedews Präsidentschaft einer seiner fünf persönlichen Berater. Anschließend wurde er zum Stellvertretenden Ministerpräsidenten der Russischen Föderation ernannt.

---

zinski glaubte an Medwedew und lobte dessen Modernisierungspolitik. Unter Medwedew, kalkulierte Brzezinski, würde es nicht nötig sein, Rußland von außen her zu spalten, weil es sich von selbst auflösen und den Amerikanern hierdurch überflüssige Anstrengungen ersparen würde.

Die radikalen Kräfte innerhalb von Rußland 2 erlegten sich nun Mäßigung auf und warteten auf Medwedews zweite Amtszeit.

Im Sommer 2011, als Putin seine Kandidatur für eine erneute Präsidentschaft ankündigte, hatte Rußland 2 keine andere Wahl mehr, als Rußland 1 den Krieg zu erklären. Die Wahlen zur Duma, die von den Behörden schlecht vorbereitet worden waren und bei denen es zu zahllosen Verstößen gegen das Wahlgesetz sowie zu Wahlfälschungen kam, die niederschmetternde Gesamtbilanz von Medwedews Präsidentschaft, vor allem jedoch der markante Vertrauensverlust Putins bei der Öffentlichkeit – all dies schuf die Voraussetzungen für eine direkte Konfrontation.

Was will Rußland 2? Im Gegensatz zur Ukraine, wo der Plan darin bestand, einen prorussischen Staatschef durch einen prowestlichen zu ersetzen, war ein solches Szenarium in Rußland selbst nicht durchführbar. Rußland ist ein Land mit patriotisch gesinnten Massen. Deshalb können die an der Macht befindlichen prowestlichen Eliten ihre wahren Absichten nicht enthüllen, weil die Massen sie sonst hinwegfegen würden. Das „orangene" Lager verfolgt ein rein negatives Ziel, die Zerstörung von Rußland 1. Dieses soll mit Stumpf und Stiel vernichtet werden. Einige Vertreter dieses Sektors gieren einfach nach Rache, andere wollen aus dem Zerfall des Landes Profit schlagen, wieder andere sind schlicht nicht imstande, die Situation richtig einzuschätzen und lassen sich statt von Vorsicht von Emotionen leiten. Zu guter Letzt gibt es in diesem Lager auch Leute, die Rußland schlicht und einfach hassen. Rußland 2 versucht vergeblich, das ihm verhaßte Rußland 1 zu zerschlagen, um dem Land als solchem den Garaus zu machen. So merkwürdig dies auch anmuten mag: Es besteht eine gewisse Gefahr, daß sich die russischen Massen von dieser Zerstörungssucht anstecken lassen. In der russischen Geschichte fehlt es nämlich nicht an Perioden, in denen die Menschen nihilistischen Kulten zuneigten, von Todessehnsucht ergriffen wurden und einen Impuls zum kollektiven Selbstmord empfanden. Die orangene Farbe sowie die weißen Bänder[240] symbolisieren einen exaltierten Todeswunsch.

Rußland 3 als Projekt

Man könnte hier aufhören, denn ehrlich gesagt bieten Rußland 1 und Rußland 2 ein erschöpfendes Bild der heutigen Zustände in Rußland. Ein fahles Gespenst steht dem Tod in einem seligen Rausch gegenüber. Doch die Stimme des russischen Geistes widerspricht diesem düsteren Realismus. Jede Nation hat zu jedem beliebigen Zeitpunkt ihrer Geschichte ein Recht auf spirituelle Wiedergeburt, auf ein Erwachen, auf einen aufrechten, hartnäckigen, unnachgiebigen Stand. Eine Erhebung ist stets mit Risiken verbunden, aber so lange es russische Menschen gibt, ist es jederzeit möglich, daß sie sich gegen die Kräfte der Zerstörung und der Finsternis aufbäumen werden.

Es wäre dies eine Erhebung für Rußland 3, für die historische Mission und das majestätische Schicksal unserer Nation, für Rußland als Imperium, für die große Ordnung, die den gewaltigen Ausmaßen unseres Landes, der Höhe unserer Berge, der Tiefe unserer Flüsse entspricht. Eine solche Erhebung ist jederzeit möglich; diese Chance ist noch längst nicht vertan. Jeder Russe spürt das in seinem Herzen, obwohl wir uns verdummen und abstumpfen ließen und zu ungeahnten Tiefen abgesunken sind.

Dies ist unser ewiges Vaterland, das Heiligste vom Heiligen. Wir haben das wahre Rußland vor Jahrhunderten als Vermächtnis empfangen. Es ist vor unseren Blicken verborgen, steht unserem Geist jedoch offen. Wir können seinen Schrei hören, wir können seinen Rauch spüren, wir können seine Strahlen mit geschlossenen Augen sehen.

---

[240] Nachdem Putin Ende 2011 seine Kandidatur für das Präsidentenamt angekündigt hatte, begannen Demonstranten zum Protest gegen Putins angebliche Pläne, die Wahl mittels Betrug zu gewinnen, weiße Bänder zu tragen.

Wir schwenken das Banner der Sammlung. Unsere Botschaft lautet: Schließt euch Rußland 3 an, weil es, wie Marmeladow[241] sagte, „sonst keinen Ort gibt, wo man hingehen kann".

Taktiken für heute und morgen

Seit 2004 ist Rußland 3 stets ein Projekt, ein Traum, ein Horizont geblieben. Heute stellt sich die Lage wie folgt dar: Rußland 1 wird von der Partei „Einiges Rußland" geführt. An deren Spitze steht Medwedew, der Verräter an Libyen, flankiert von Jürgens und Gontmacher. Das Land bietet ein klägliches Bild und scheint seine Staatsräson verloren zu haben. Es ist ein Land ohne Hoffnung und ohne Strategie, ohne Idee und ohne Ziel, in dem die Massen mit Vergnügungen und immer neuem Schnickschnack notdürftig bei Laune gehalten werden. Zu Rußland 1 gehört auch Putin, der jenen, die an ihn glaubten, die kalte Schulter gezeigt hat.

Rußland 2 wird von radikal proamerikanischen Landesverrätern geführt, von Rußlandhassern, von Oligarchen, denen die Pfründe beschnitten wurden und die heute nach Rache lechzen, sowie von psychopathischen Liberalen, für die selbst das hilflose und verwirrte Rußland Putins noch ein „Völkergefängnis" und eine „grausame Diktatur" ist. Rußland 1 zu verteidigen ist nicht nur widerlich, sondern ein Ding der Unmöglichkeit. Doch ebenso unmöglich ist es, sich Rußland 2 anzuschließen oder sich mit den ultranationalistischen Hilfstruppen des Feindes gemein zu machen, die sich beim Gedanken an einen neuen Zyklus der russischen Desintegration die Hände reiben und sich darauf freuen, von dieser profitieren zu können. Wir haben mittlerweile den Punkt erreicht, wo das Leben ohne die Schaffung von Rußland 3, einer dritten Kraft, einer dritten politischen und ideologischen Plattform, einfach nicht mehr weitergehen kann.

---

[241] Semjon Marmeladow ist eine Figur aus Dostojewskis Roman „Schuld und Sühne", ein Alkoholiker, der das ganze Geld seiner Familie verschleudert hat. Seinen Worten nach muß man hingehen und um ein Darlehen bitten, auch wenn man weiß, daß man keines bekommt, weil „es sonst keinen Ort gibt, wo man hingehen könnte" und man manchmal irgendwo hingehen muß, weil alle Menschen irgendwohin gehen müssen.

Ohne Rußland keine multipolare Welt

Rußland war stets einer der Hauptakteure auf der internationalen Bühne, ist dies auch heute noch und wird es immer sein. Ein „Hauptakteur" ist es nach dem Gesetz, welches das geopolitische Modell der internationalen Beziehungen bestimmt. Die Schaffung einer monopolaren Welt ist nicht ohne vorherige Zerstörung des eurasischen Systems möglich. Wer Eurasien regiert – das Mongolische Großreich, das Russische Imperium, die UdSSR oder die Eurasische Union – ist von zweitrangiger Bedeutung. „Rußland ist das Herzland. Wer das Herzland kontrolliert, kontrolliert die Welt", schrieb einst Halford Mackinder.[242] Für den Westen ist es von fundamentaler Bedeutung, Rußland zu zerstückeln und in eine fragmentierte Zone zu verwandeln. Dies hat Brzezinski ausdrücklich festgehalten. Die Schlacht um Rußland ist in vollem Gange.

Heute hängt alles von der Richtung ab, für die sich Rußland entscheiden wird. Wenn es eine von den USA unabhängige Außenpolitik verfolgt, kann es zusammen mit anderen mächtigen Ländern und Regionen (China, Indien, Brasilien und vielleicht sogar einem vereinten Europa) zum Motor einer multipolaren Welt werden, was das Ende der unipolaren Welt und der amerikanischen Hegemonie bedeutete. Ohne Rußland läßt sich die multipolare Welt nicht verwirklichen: Den Amerikanern stehen genügend Mittel und Ressourcen zur Verfügung, um andere Regionen, die mit der Rolle von Polen einer multipolaren Welt liebäugeln, in die Knie zu zwingen. Nur Rußland ist fähig, sie zu verbinden und in ein multipolares System zu integrieren.

Die in dem „orangenen" Rußland 2 zusammengeschlossenen Liberalen sind die Exponenten des verräterischen proamerikanischen Kurses, der darauf abzielt, uns zur Aufgabe unserer Positionen zu nötigen und den Amerikanern hierdurch bei der Verteidigung ihrer unipolaren Welt zu helfen.

---

[242] Dies ist eine Paraphrase von Mackinders Zitat „Wer Osteuropa regiert, beherrscht das Herzland. Wer das Herzland beherrscht, regiert die Welt-Insel. Wer die Welt-Insel regiert, beherrscht die Welt." Halford Mackinder. Democratic Ideals and Reality, Norton 1962, S. 150.

Putins Münchner Rede von 2007 wurde als Rußlands Rück-
besinnung auf seine historische Mission gedeutet. Wir sehen
nun, wie Rußland von dieser Haltung abrückt.

Wir rechnen es Putin hoch an, daß er die Jelzinsche Desintegration Rußlands durch seine Politik gestoppt hat. Leider
ist diese Gefahr noch nicht endgültig aus der Welt geschafft. Ja,
die Tschetschenienkrise wurde erfolgreich gelöst, doch was in
Dagestan und anderen nordkaukasischen Gebieten geschieht,
zeigt klar, daß der Separatismus dort längst nicht gebannt ist
und daß ein fruchtbarer Boden für ihn besteht. Wir sehen jetzt
die Kehrseite von Putins Kurs und die Gefahr, daß er zurück-
rudern wird. Putin hat zu Beginn alles richtig gemacht, aber
auf halbem Wege aufgehört, bevor irreversible Fakten geschaffen waren.

Man nehme beispielsweise die gespannten Beziehungen zu
Weißrußland. Putins Beziehungen zu Lukaschenko waren
nicht die besten, doch interpretierte er seine Differenzen mit
dem weißrussischen Führer weder als Aufeinanderprallen
zweier Persönlichkeiten noch als Zusammenstoß zweier Männer mit unterschiedlicher politischer Philosophie, sondern als
Konflikt, dem rein technische Fragen zugrunde lagen. Insgesamt hielt Putin stets an der grundlegenden Idee einer strategischen Partnerschaft zwischen Rußland und Weißrußland
fest und rückte auch nie vom Plan zur Schaffung einer Union
zwischen den beiden Staaten ab. Die russischen Liberalen sowie die proamerikanische Lobby im Kreml versuchten noch
während Putins Präsidentschaft, einen Keil zwischen Rußland
und Weißrußland zu treiben. Unter Medwedew, der deplazier-
te Bemerkungen über Lukaschenko fallen ließ, verschlechter-
ten sich die Beziehungen zu Minsk jedoch massiv. Wir sind der
ältere Bruder unseres weißrussischen Nachbarn und sollten es
unserem jüngeren Bruder nachsehen, wenn er sich ab und zu
danebenbenimmt.

Medwedew stellte seine Unerfahrenheit in außenpolitischen
Fragen immer wieder unter Beweis und zeichnete sich auch
nicht durch rasche Lernfähigkeit aus. Seine Videoansprachen
und die kindliche Freude, die er erkennen ließ, wenn ihm die
Amerikaner irgendwelchen billigen technologischen Krims-

krams schenkten, sprechen in diesem Zusammenhang Bände.
Die Amerikaner erkannten seine Schwachstellen sehr rasch.
Bisweilen benahm sich Medwedew auf dem internationalen
Parkett dermaßen tölpelhaft, daß man sein Verhalten mit Ge-
lächter und Verachtung quittierte. Wenn sich Bush ähnlich tol-
patschig verhielt, rechnete man dies Amerika nicht als Schande
an, weil hinter Bush ein großer intellektueller Apparat stand.
Hinter Medwedew stand hingegen niemand außer den Feinden Rußlands. Seine Taten liefen auf eine Verwirklichung ultra-
liberaler und antinationaler Strategien hinaus. Als Putin im
Jahre 2012 an die Macht zurückkehrte, stand er vor einem Berg
ungelöster und teils unlösbarer Probleme, die sich seit 2005, als
er begann, sich auf Nebenfragen zu konzentrieren, vervielfacht
hatten.

Eine Volksfront ohne Volk

Anfang Mai 2011 kündigte Ministerpräsident Wladimir Putin
die Gründung einer Allrussischen Volksfront an, einer Koalition
öffentlicher Organisationen, die es nicht parteigebundenen
Kandidaten ermöglichen werde, an den im selben Jahr stattfin-
denden Wahlen zur Duma teilzunehmen. Beim ersten Treffen
des Koordinationsrats der Volksfront nahm Alexander Schochin[243] teil. Ich nehme kein Blatt vor den Mund: Schochin ist der
Inbegriff eines Volksfeindes. Seine Teilnahme an der erwähnten Versammlung ist Grund genug, die „Volksfront" abzuhaken:
Sie ergibt nicht mehr Sinn als alles andere, was unsere Regierung tut. Die Front wird allerhöchstens zur Erledigung un-
bedeutender politischer und technischer Aufgaben taugen.

Immerhin muß die Volksfront – deren Gründung übrigens
von mir vorgeschlagen wurde – den Anstoß zur Frage geben:
Was ist ein Volk? Wenn ich sage, Schochin sei die Antithese
zum Volk, kann man den Begriff „Volk" auf sehr unterschiedliche Weise deuten, weil jeder Begriff durch seinen diametralen
Gegensatz definiert wird.

---

[243] Alexander Schochin (geb. 1951) ist seit 2005 Vorsitzender des Russischen Industriel-
len- und Unternehmerverbands. Er zählt zu den führenden Industriellen Rußlands.

Der Begriff „Volk" ist vielschichtig. Wir, die Bürger der Russischen Föderation, sind insofern ein Volk, als wir keine Bürger Frankreichs oder der Türkei sind. Die Grenze zwischen uns und ihnen ist zunächst eine Frage der Staatsbürgerschaft, wurzelt aber auch in Gesellschaft, Sprache und Kultur. Somit wird ein Volk einem anderen Volk gegenübergestellt.

Ein Volk wird auch seiner Elite gegenübergestellt. Beim Volk handelt es sich um die Mehrheit, bei der Elite um eine Minderheit. Es gibt keine Gesellschaft, in der die Mehrheit besser lebt als die herrschende Minderheit. Wenn wir von einem „Volk" sprechen, können wir unter diesem folglich die einfachen, oft in ärmlichen Verhältnissen lebenden Menschen verstehen, welche die Unter-und Mittelklasse bilden.

Schließlich ist ein Volk in gewissem Sinne auch eine Ethnie. Ein Volk ist ein Konglomerat aus ethnischen Bestandteilen und deshalb mit einer Ethnie nicht identisch. In unserem Land gibt es Ethnien wie die Tschetschenen, die Awaren,[244] die Großrussen, die Kalmücken[245] usw., und es gibt ein russisches Volk, das diese Ethnien in sich schließt. Auf ethnischer Ebene betonen wir die Unterschiede, und auf volksmäßiger legen wir den Schwerpunkt auf die Einheit. Ein Volk ist ein integrales Element, das sich der Desintegrierung widersetzt.

Ein Volk ist von einer „Bevölkerung" grundverschieden. Ersteres ist ein historisches Phänomen; ein Volk hat eine Geschichte. Eine Bevölkerung ist nichts weiter als eine Ansammlung von Menschen, die zu einem bestimmten Zeitpunkt ein bestimmtes Territorium bewohnen. Ein Volk zeichnet sich durch historische Kontinuität aus; seine Existenz verbindet die Generationen miteinander. Ein Volk ist stets größer als eine Bevölkerung. Ein Volk ehrt seine toten Ahnen; eine Bevölkerung hat keine solchen, sondern nur verstorbene Angehörige. Ein Volk hat Nachfahren, die es erzeugt, um sich zu mehren und seine Existenz in kommenden Jahrhunderten und geschicht-

---

[244] Ein Volk in Dagestan, Nordostkaukasus.
[245] Die Kalmücken, ein mongolischer Stamm, wanderten im 17. Jahrhundert aus Sibirien in die Wolgaregion ab. Heute leben sie in der Autonomen Region Kalmückien, dem einzigen Gebiet in Europa, in dem sich die Mehrzahl der Bevölkerung zum Buddhismus bekennt.

lichen Zyklen zu sichern. Hätte unser Volk dies nicht gemäß dem Auftrag der Geschichte getan, besäßen wir kein historisches Gedächtnis und würden uns keine Gedanken über die Zukunft machen. Ein Volk ist ein historischer Begriff, im Gegensatz zu einer Bevölkerung, bei der es sich um ein rein statistisches Phänomen handelt.

Ein Volk ist ein spezifischer Begriff und zugleich eine historische, gesellschaftliche, geopolitische, kulturelle und soziologische Realität mit einer philosophischen Struktur und allen Attributen der Existenz. Die Volksfront hätte den tief verwurzelten Charakteristiken des Volkes entsprechen müssen. Sie hätte eine Front der Mehrheit gegen die elitäre Minderheit sein müssen, eine Front, die fordert, daß die Interessen der Mehrheit, der Armen und Entrechteten, von der Elite respektiert werden. Die Volksfront hätte der Regierung und der Elite ein Ultimatum folgenden Inhalts stellen müssen: „Wenn Ihr dem Volk folgt, könnt Ihr an der Spitze bleiben, aber wenn Ihr in Courchevel Ferien macht und eine Miene aufsetzt wie Michail Prochorow,[246] schicken wir Euch in den Kuhstall. Eine solche Miene ist eine Beleidigung für das Volk." Genau so einen Gesichtsausdruck trägt Schochin zur Schau. Die Volksfront hätte eine wichtige Rolle spielen können, wenn den Geboten des nationalen Ethos in russischem Geist gefolgt worden wäre, die russischen Interessen gegenüber anderen Ländern hochgehalten, gegen den Separatismus für die Einigung der Ethnien gefochten, der Nationalismus der einfachen, oft armen Menschen gegen die selbstzufriedene, antirussische Elite vertreten und die Geschichte gegen den Bluff der Konsumgesellschaft verteidigt worden wäre. Dies wäre ein wunderbares metaphysisches, philosophisches, politisches, ideologisches und globales Programm gewesen. Leider hat Putins Volksfront nichts mit einem solchen Verständnis des Begriffs „Volk" gemein.

Putin täte besser daran, eine echte Volksfront zu schaffen, statt sich mit der Volksfront zufriedenzugeben, auf die er sich

---

[246] Michail Prochorow (geb. 1965) ist ein russischer Milliardär, der 2012 als unabhängiger Kandidat an den Präsidentschaftswahlen teilnahm. Er ist Besitzer der Basketballmannschaft Brooklyn Nets.

gegenwärtig stützt. Die korrekte Deutung der Begriffe ist der entscheidendste Aspekt der Politik: Die Semantik ist das, was politische Prozesse antreibt. Wenn wir den aufgeblasenen Bourgeois zu einer Versammlung armer Menschen einladen, unverheirateten und kinderlosen Frauen Mutterschaftsurlaub gewähren und tausend „gekrönte Diebe" sowie notorisch bestechliche Elemente für eine Volksfront anheuern und dann behaupten, sie seien die besten verfügbaren Leute, können wir uns das ganze Theater um diese Volksfront gleich sparen.

Hegemonie

Wir sprechen über Hegemonie – einen Terminus, den manche als anachronistisch empfinden mögen. Allerdings hat Antonio Gramsci[247] den Begriff der Hegemonie präzis als „Herrschaft, die von den Beherrschten nicht als solche empfunden wird" definiert. Der Unterschied zwischen Hegemonie und direkter Macht besteht darin, daß die Existenz einer Hegemonie nicht erklärt und betont wird und nicht durch Dokumente, Gesetze oder Abkommen fixiert ist. Eine Hegemonie existiert als Faktum und wird allgemein akzeptiert, doch trägt sie impliziten und nicht expliziten Charakter.

Heute leben wir unter den Bedingungen einer expandierenden Hegemonie. Diese weist zwei Formen auf. Die erste ist die direkte, unverhüllte amerikanische Hegemonie („Unipolarität" oder „amerikanisches Imperium" genannt). Die amerikanischen Neokonservativen bekennen sich offen zu ihr. Während der Präsidentschaft von George W. Bush war sie fast schon eine offizielle Ideologie. Die zweite ist die kaschierte Hegemonie des Globalismus; sie fußt auf der globalen Ver-

---

[247] Antonio Gramsci (1891–1937) war ein italienischer Kommunist, der von den Faschisten ins Gefängnis geworfen wurde. Er entwickelte die Theorie der kulturellen Hegemonie, die sich wie folgt zusammenfassen läßt: Eine politische Gruppe kann die Macht nicht auf Dauer erringen, ohne die Angehörigen der Gesellschaft zuerst von der Richtigkeit ihrer Ideen und damit von ihrer Legitimität zu überzeugen. Deshalb ist die Kontrolle über den kulturellen Apparat einer Gesellschaft eine Voraussetzung für die Ausübung von Macht und wird nicht erst nachträglich, nach einer Revolution, errungen.

breitung gesellschaftspolitischer und wirtschaftlicher westlicher Werte, Normen und Methoden, die als „allgemein gültig" dargestellt werden. Man spricht in diesem Zusammenhang bisweilen von einer „Welt ohne Pole", in welcher der Westen nicht unter der Flagge eines bestimmten Landes, sondern als unsichtbares Zentrum herrscht und das globale Protokoll mitsamt seinem System von Kodexen und Regeln festlegt.

Beide Typen der Hegemonie stimmen ungeachtet gelegentlicher Meinungsunterschiede zwischen ihren Theoretikern darin überein, daß es keine souveräne Macht geben darf, die unabhängig von den Vereinigten Staaten operieren und ein System von Normen, Regeln, Interessen und Werten errichten kann, die sich merklich von jenen des liberal-demokratischen, marktwirtschaftlich-kapitalistischen Westens unterscheiden. Überall auf der Welt, sowohl im Westen als auch in anderen Regionen des Planeten, existiert diese Hegemonie in Gestalt diverser Institutionen, Netzwerke und Lobbys, die auf verschiedenen Ebenen agieren: Von Regierungsorganen über Finanzzentren, transnationalen Korporationen und NGOs (Nichtregierungsorganisationen) bis hin zu Zentren für „Demokratie und Menschenrechte", den internationalen Medien und verschiedenen Internet-Gemeinschaften. Wo die offizielle Politik der betreffenden Regierung sich den Wünschen der Hegemonie fügt, operieren diese Netzwerke in aller Öffentlichkeit. In Ländern, die sich der Hegemonie nicht widerstandslos unterwerfen und ihre (wenn auch nur relative) Unabhängigkeit verteidigen wollen, bilden die Agenten der Hegemonie die fünfte Kolonne und betreiben im Namen der „Demokratie", der „Menschenrechte", der „Zivilgesellschaft" usw. ihre Wühlarbeit.

Putin stand der Expansion und der Stärkung der westlichen Hegemonie auf dem Territorium des russischen Staates im Wege und beschwor hierdurch eine Kraftprobe mit ihr heraus. Dies ist der Schlüssel zum Verständnis der politischen Prozesse, die sich im heutigen Rußland abspielen. Heute handeln die Organisatoren der Demonstrationen auf dem Bolotnaja-Platz als operationelle Akteure dieses Netzwerks.

Der 4. März

Die Wahlen vom 4. März 2012 waren vollkommen transparent, doch wurden ihre Ergebnisse von der Opposition trotzdem angefochten; schließlich blieb dieser keine andere Wahl. In dem virtuellen Weltbild, das die Architekten der Hegemonie geschaffen haben, werden Wahlen, bei denen sich „böse Buben" durchsetzen, automatisch für ungültig erklärt. So war es auch diesmal der Fall, weil Putin aus der Sicht der Hegemonie an sich schon „illegitim" ist. „Ein guter Putin ist ein Putin, von dem man nichts mehr hört", lautet das Axiom globalistischer Politik. Was zählt die Meinung der russischen Wähler unter diesen Umständen noch? Praktisch nichts. Die Hegemonie ignoriert die Meinung der Mehrheit regelmäßig, wenn sie ihren Interessen widerspricht. Beispielsweise scherte sich Jelzins liberales und prowestliches Team 1991 keinen Deut um das Referendum, bei dem 70 Prozent der Sowjetbürger für den Fortbestand der UdSSR stimmten, und als die Jelzin-Regierung 1993 kaltblütig den Befehl zur Beschießung und zum Sturm des Parlamentes erteilte, akzeptierte und billigte der Westen dies ohne Wimpernzucken. Gewalt, die von den Unterstützern der Hegemonie angewendet wird, ist keine Gewalt, sondern lediglich ein „Kollateralschaden" demokratischen Handelns. Aus diesem Grund zeigte sich der Westen von dem unter völlig regulären Umständen zustande gekommenen, überzeugenden Wahlsieg Putins in der ersten Runde der Präsidentschaftswahl völlig unbeeindruckt.

Hier stellt sich eine weitere Frage: Wie wird Putin seine Beziehungen zu den russischen Massen gestalten? Wenn er begreift, daß jede Anbiederung an die Hegemonie zum Scheitern verurteilt ist und daß weder Washington noch die radikale Opposition im eigenen Land sich durch eine einzige seiner liberalen oder prowestlichen Versprechungen oder Äußerungen beeindrucken lassen, werden das russische Volk und seine Unterstützung Putins letzte Zuflucht sein. Dies wird seine Stellung im Inland stärken, während nicht eine seiner Konzessionen ihm im Ausland irgendwelche Pluspunkte bescheren wird.

Laviert Putin weiterhin, riskiert er, die Unterstützung durch die russischen Massen zu verlieren. Die Opposition, die im Solde der Hegemonie steht, wird ihm dies zynisch unter die Nase reiben und seine schwindende Popularität zu ihrer Trumpfkarte machen, weil die Befürworter des reinen Liberalismus und einer bedingungslosen Anlehnung an den Westen zahlenmäßig zu schwach für eine neue Revolution sind.

Der gegenwärtige Entwicklungsverlauf des politischen Zyklus

Das erste von Washington entworfene Szenarium sah vor, daß Putin das alte Machtmodell beibehielt, das auf einem Gleichgewicht zwischen der westlichen Hegemonie und der Unterstützung der russischen Volksmassen beruhte. Putins bewährte Formel war ein Kompromiß zwischen „Liberalismus" und „Patriotismus": Der Liberalismus war für den Westen, die russische Wirtschaft und in gewissem Umfang für die politischen Eliten gedacht, der Patriotismus für die Massen. Das Modell erwies sich in den ersten Jahren des neuen Jahrtausends als sehr erfolgreich, doch ab 2004/2005 traten seine Schwachstellen klar zutage, und nach 2008, als Putins Nachfolger immer stärker von dessen Kurs abzuweichen begann, funktionierte es überhaupt nicht mehr. Damals schwenkte Medwedew auf einen klar liberalen Kurs ein, mit dem logischen Ergebnis, daß die zweite Hälfte der Putin-Formel, der Patriotismus, praktisch über Bord geworfen wurde.

Wenn Putin nach seiner erneuten Wahl zum Präsidenten weiterhin zweideutige und verschwommene Erklärungen auf der Grundlage einer Formel abgibt, die ihrem Wesen nach zu unüberwindlichen Widersprüchen wie dem zwischen Globalisierung und Souveränität, zwischen Demokratie und Stärkung der vertikalen Macht oder zwischen engeren Beziehungen zu Europa und der unabhängigen Entwicklung Rußlands führt, kann dies zur Folge haben, daß er die beiden Hauptsektoren der Gesellschaft, die Eliten und die Massen, gleichermaßen brüskieren wird und daß sie ihm mit Mißtrauen und Ablehnung begegnen werden.

Es versteht sich von selbst, daß jeder Versuch Putins, die Anhänger der Hegemonie – also die Liberalen, die prowestlichen Elemente und die „Demokraten" – für sich zu gewinnen, bei diesen auf gereizte Ablehnung stoßen wird. Sie werden ihm den Trick mit Medwedew, der ihre Hoffnungen auf eine evolutionäre Desintegration Rußlands wie eine Seifenblase platzen ließ, niemals verzeihen. Und wenn Putin keine ernsthaften Schritte in Richtung auf eine soziale Politik und eine nationale Idee unternimmt, werden sich auch die Massen enttäuscht von ihm abwenden.

Angesichts Washingtons fester Entschlossenheit zum Sturz Putins wird eine Politik der Untätigkeit auf einen langsamen politischen Selbstmord hinauslaufen. Die Formel „Liberalismus plus Patriotismus" hat ausgedient. Doch ob Putin selbst das begreift?

Wenn man sich nicht von Emotionen und Wunschdenken leiten läßt, muß man allerdings einräumen, daß dieses Szenarium, eine Politik des passiven Abwartens, am wahrscheinlichsten anmutet. In diesem Fall müssen wir uns auf schwere Erschütterungen gefaßt machen, vielleicht sogar auf Revolutionen und Kriege.

Das zweite Szenarium ist die Kapitulation. Es setzt voraus, daß Putin – wenn er sich der Dramatik der Situation voll bewußt wird – zu kapitulieren beschließt, bevor der Ansturm des Hegemons so richtig begonnen hat; daß er dem Patriotismus entsagt, sich dem Westen an den Hals wirft und einen rein liberalen Kurs steuert. Allerdings steht dieses Szenarium im Gegensatz zu Putins psychologischem Porträt. Wenn er sich dafür entscheidet, wird er dem Westen Zugeständnisse machen und einen Prozeß der „Demokratisierung" und „Liberalisierung" einleiten müssen, der auf einen Verlust der russischen Souveränität hinauslaufen wird. All dies wird die vertikale Macht naturgemäß schwächen, vielleicht auch eine Liberalisierung des Wahlgesetzes nach sich ziehen und womöglich dazu führen, daß Putin seinen Beschluß, die Gouverneure der Föderationsregionen direkt vom Kreml ernennen zu lassen, wieder zurücknimmt.

Der problematischste Aspekt eines solchen Szenariums wäre folgender: Früher oder später (eher früher als später) werden die Liberalen und ihre westlichen Herren von Putin verlangen, seine Macht an einen anderen Politiker abzutreten. Bei diesem kann es sich um einen Vertreter der Opposition oder um eine Kompromißfigur wie Dmitri Medwedew handeln. Nach der Logik der globalen Hegemonie sind Putins Sünden so schwerwiegend, daß er dafür einen hohen Preis bezahlen müßte. Dies versteht Putin sicherlich.

Die Möglichkeit, seine Macht friedlich an Medwedew abzugeben, hat Putin bereits vertan. Nach seiner Rückkehr in den Kreml ist die ohnehin geringe Chance, daß ihm die globale Hegemonie je verzeihen wird, praktisch auf Null geschrumpft. Eine Entscheidung für den Liberalismus und den Westen wird Putin automatisch seine Macht kosten und anschließend äußerst schwerwiegende Auswirkungen haben. Dieses Szenarium mutet also unwahrscheinlich an.

Das dritte und für Putin nach dem 4. März 2012 letzte mögliche Szenarium besteht darin, dem „Patriotismus" und nicht dem „Liberalismus" Priorität zu erteilen. Dies wird bedeuten, daß er endgültig und unwiderruflich beschlossen hat, auf die Massen zu setzen, die von ihm Ordnung, Gerechtigkeit, imperiale Macht und eine Wiedergeburt des Landes erwarten. Um dies zu bewerkstelligen, muß er die Schlagwörter „Stabilität" und „Bequemlichkeit" durch andere ersetzen: Mobilisierung, äußerste Anstrengung, geistiger Aufschwung. In diesem Fall wird „Patriotismus" mitnichten die Bewahrung der bestehenden Verhältnisse, sondern einen Sprung nach vorn bedeuten. Nicht einfach Konservatismus, sondern eine konservative Revolution.

Dies ist ein außerordentlich schwieriger Weg. Dieses Szenarium widerspricht verschiedenen Tendenzen und Entwicklungsrichtungen, die in Rußland in den neunziger Jahren um sich zu greifen begannen.

Als tragende Säulen einer solchen Politik sehe ich: Die Formulierung eines konsequenten und dreidimensionalen Modells für die strategische Wiedererweckung Großrußlands als unabhängiges Imperium, das in der Lage ist, der Hegemonie in all ihren Formen, der offenen und der versteckten, die Stirn zu bieten. Hierzu müssen wir auf unsere eigenen Ressourcen und traditionellen Werte bauen und uns unter den einflußreichen Staaten der Welt nach Verbündeten umsehen, welche die Hegemonie ebenfalls nicht anerkennen wollen und an einer multipolaren, polyzentrischen Weltordnung interessiert sind.

Eine radikale Rotation der Elite, was unter anderem bedeutet, daß die Angehörigen der unter Jelzin entstandenen Bürokratie und Finanzoligarchie entlassen und durch neue, patriotische, ideologisch motivierte Kader (den neuen Adel) ersetzt werden.

Beim Kampf gegen die Korruption ist zwischen zwei Formen derselben zu unterscheiden: Korruption, die Verrat an russischen nationalen Interessen einschließt, und Korruption, die keinen solchen Verrat impliziert. Die erste Version ist sofort mit drastischen Mitteln auszumerzen, während die erforderlichen Maßnahmen für die Bekämpfung der zweiten Form Schritt für Schritt eingeleitet werden. Heutzutage ist Korruption weit mehr als ein innenpolitisches Problem Rußlands. Sie ist ein transnationales Phänomen mit Verbindungen in Übersee. Erst wenn die internationalen Verbindungen der Korruption gekappt sind, kann sie auch innerhalb Rußlands besiegt werden.

Eine Wiedergeburt der spirituellen und ästhetischen Kultur, Erziehung und Tradition. Die russische Gesellschaft krankt an moralischem Niedergang, Zynismus und Verkommenheit. Der Abschied von den sowjetischen Normen ging Hand in Hand mit der unkritischen Übernahme der westlichen postmodernen Kultur, die sich ihrerseits im Niedergang befindet. Dieser Prozeß muß entschlossen gestoppt und umgekehrt werden. Die Kultur ist für die Existenz einer Gesellschaft von entscheidender Bedeutung. Wir brauchen eine Kulturrevolution.

In der Wirtschaft ist eine Abkehr vom ultraliberalen Modell auf vielen Feldern – dem Finanzsektor, dem Handel mit natürlichen Ressourcen, der Entwicklung von Hochtechnologie, der Sozialpolitik und der Industrie – vonnöten. Wir müssen den Übergang von der virtuellen Wirtschaft, die Rußlands Abhängigkeit von den globalen finanziellen Netzwerken mit ihren regelmäßigen Krisen und Katastrophen noch vergrößert, zu einer realen Wirtschaft schaffen.

Um dieses Szenarium Wirklichkeit werden zu lassen, wird Putin ernsthafte Anstrengungen unternehmen müssen. Schlägt er einen Kurs ein, der auf einem gesunden, konsequenten und logisch widerspruchsfreien Patriotismus beruht, wird er gute Aussichten haben, seine Position als wahrer Führer Rußlands zu stärken und ernsthaft mit dem Wiederaufbau Rußlands zu beginnen. Doch um dieses Ziel zu erreichen, wird er außerordentlich drastische innenpolitische Maßnahmen ergreifen müssen, insbesondere gegen die Machtelite, und er wird sich starkem Druck seitens des Westens und der globalen Hegemonie ausgesetzt sehen.

Daß Putin während seiner beiden ersten Amtsperioden keinerlei signifikanten Schritte in Richtung auf einen solchen Kurswechsel unternommen hat, beeinträchtigte seine Optionen für die dritte Amtszeit. Theoretisch steht dieser Weg ihm jedoch immer noch offen, und er ist der einzige Weg, der uns vor Revolutionen und Katastrophen bewahren würde.

Eine kurze Analyse der erwähnten drei Szenarien eröffnet uns den Blick auf eine interessante Perspektive. Rußland tritt offensichtlich in eine Zone der politischen Turbulenz ein. Das Land wird zusehends von Erschütterungen heimgesucht. Die Agenten der globalen Hegemonie und ihr Netzwerk werden hierfür sorgen, und die Regierung wird (ohne dies zu wollen) den Boden für eine solche Entwicklung bereiten.

Zuvor haben wir die politische Situation von der Warte zweier Pole aus untersucht – Putin auf der einen und die radikale Opposition, verkörpert durch die Demonstranten vom Bolotnaja-Platz, auf der anderen Seite. Falls die politische Geometrie Rußlands ihre bipolare Struktur beibehält, läßt sich folgende Entwicklung voraussagen: Der revolutionäre „Bolotnaja"-Pol wird mit Unterstützung der Hegemonie ein wachsendes Potential erhalten und sämtliche Fehlentscheidungen der Regierung weidlich ausschlachten, während die Regierung (besonders wenn sie sich für das erste oder das zweite Szenarium entscheidet) ihr Momentum immer mehr verlieren wird. In dieser Situation wird die Bedrohung für die nackte Existenz Rußlands als unabhängiger Staat dramatisch zunehmen. Das gegenwärtige bipolare System sowie die Bereitschaft des Westens und seiner Agenten in der radikalen Opposition, die russische Regierung durch eine Revolution aus dem Sattel zu heben, ist eine sehr reale Gefahr. Und wenn nur die beiden gegensätzlichen Pole (Putin gegen Bolotnaja) übrig bleiben, wird das ganze System extrem verletzlich werden.

Aus diesem Grund ist es dringend notwendig, einen dritten Pol zu schaffen und zu einer neuen politischen Geometrie überzugehen. Die dritte Position wurde zuvor als drittes Szenarium für Putin beschrieben, doch ist es sehr wohl möglich, wenn nicht gar wahrscheinlich, daß Putin dieses verwerfen und den eben umrissenen Kurs nicht einschlagen wird. Und wenn Putin den patriotischen Weg nicht einschlägt, müssen dies andere tun.

Rußland 3

Heute brauchen wir Rußland 3, die dritte Position, die sich von Putins Rußland 1 und dem Rußland 2 des Bolotnaja-Platzes grundlegend unterscheidet, so dringend wie die Luft zum Atmen. Der Westen strebt (ob in unverhohlener oder in kaschierter Form) so oder so nach der Weltherrschaft, so daß er in praktisch jedem Land, besonders in einem Schlüsselland wie Rußland, stets eine fünfte Kolonne unterhält. Dies ist unvermeidlich. Außerdem agiert diese fünfte Kolonne in aller Regel auf doppelter Ebene: In der Opposition sowie im Zentrum der Macht selbst. Die USA und ihre NATO-Partner verfügen in dieser Hinsicht über reichliche Erfahrung.

Rußland 2 wird aktiv auf die Unterminierung der russischen Staatlichkeit hinarbeiten und die Serie von Zerstörungsprozessen fortsetzen, die in den späten achtziger Jahren begonnen haben. Diesem Rußland 2 muß sich Rußland 3 entgegenstellen, ohne auf Unterstützung durch das laue und unentschlossene Rußland 1 zu zählen. Seine Mission und sein Existenzzweck bestehen darin, die Agenten der globalen Hegemonie in Rußland entscheidend zu besiegen, mögen sie ihr Unwesen nun in der radikalen Opposition oder in jenem Segment treiben, das innerhalb des Regierungsapparates tätig ist und die nationalen Interessen des Landes verrät.

Es ist Zeit für die Gründung einer entschlossenen patriotischen Bewegung, die den Bolotnaja-Revolutionären entgegentritt und ein klares Ziel verfolgt: Wirksamer Widerstand gegen die „Farbenrevolution", die sich nicht so sehr gegen Putin als Persönlichkeit und Politiker, sondern gegen Rußland selbst richtet; Verwirklichung der in der Schilderung des dritten Szenariums erwähnten fünf Punkte.

Heute braucht Rußland eine starke, unangefochtene russische Macht dringlicher als je zuvor. Ob diese ihre Entstehung dem Erwachen Putins (Rußland 1) verdanken wird, oder ob bei ihrer Geburt andere, nicht von Putin abhängige Kräfte Pate stehen werden, bleibt abzuwarten. Jedenfalls ist ein Festhalten am bipolaren Modell – das Rußland Putins und das Rußland der Opposition – in der gegenwärtigen Situation tödlich.

Gelingt es der Bolotnaja-Opposition, die Situation als Zusammenstoß zwischen der Regierung und den unzufriedenen, protestierenden Massen darzustellen, die nach Gerechtigkeit rufen, so wird dies allein schon einen wichtigen Sieg für sie darstellen. Andererseits können es sich Menschen, denen ihr Land am Herzen liegt, nicht leisten, sich mit der Rolle von Gaffern zu begnügen und abzuwarten, welche Entscheidung Putin treffen wird. Was, wenn er eine falsche Entscheidung trifft?

Eine Fortsetzung der bipolaren Politik wird zur Folge haben, daß Rußland 2 und somit die globale Hegemonie alleiniger Nutznießer der verschiedenen von Putin begangenen Fehler – Berufung zweifelhafter Personen in Schlüsselpositionen, gescheiterte Kampagnen gegen die Korruption – sein wird. Früher oder später wird dieser Prozeß den kritischen Punkt erreichen, ab dem die Existenz eines freien, einigen und souveränen Rußlands in akuter Gefahr sein wird.

Wenn sich Putin für eine Politik der Passivität entscheidet (was leider das wahrscheinlichste Szenarium ist), wird eine solche Situation schon bald unvermeidlich sein. Und wenn eine dritte Position mit einem klaren Programm, das auf den vorher erwähnten fünf Punkten basiert und von vertrauenswürdigen Personen geführt wird, Gestalt annimmt, werden zumindest die beiden Pole parallel dazu an Stärke gewinnen – der

„Bolotnaja"-Pol und der patriotische Pol (der „anti-orangene" oder „Poklonnaja"[248]-Pol).

Die konservative Revolution als das beste Szenarium für Rußland

Die Bildung einer dritten, patriotischen Kraft ist ein nationaler Imperativ. Diese Kraft wird die politische Landkarte Rußlands einschneidend verändern. Rußland 2 erpreßt Putin, indem es „mehr Demokratie" verlangt; Rußland 3, das patriotische Rußland, muß von Putin „mehr Patriotismus" fordern. Wenn Putin die radikalen Demonstranten erfolgreich in Schach hält und die Interessen des Landes verteidigt, werden die Patrioten ihn unterstützen, wie sie es auf dem Poklonnaja-Hügel getan haben. Sollte er eine zögerliche Haltung an den Tag legen, muß Rußland 3 Druck auf die Regierung ausüben. In einer kritischen Situation dürfen wir nicht vor einer harten Konfrontation mit den inneren und äußeren Feinden Rußlands zurückschrecken und müssen notfalls sogar die Macht ergreifen.

Das einzige erfolgversprechende Szenarium für Rußland nach Putins Wiederwahl muß von uns selbst geschrieben werden. Wir müssen uns zusammenreißen, all unseren Mut zusammennehmen und das russische Banner der Wiedergeburt, des Kampfes und des Siegs hoch über unserer gequälten und gespaltenen Gesellschaft wehen lassen. In einer dermaßen kritischen Lage ist es falsch und verantwortungslos, die Zukunft des Landes in den Händen eines einzigen Mannes zu belassen.

Konservative sind im allgemeinen loyal gegenüber der Regierung ihres Landes. Sie sind unter normalen Umständen ohne weiteres zur Verteidigung des Status quo bereit. Doch wenn der Staat vor unser aller Augen zerbröckelt und seine Regierung offensichtlich unfähig ist, den Kräften der Zerstörung

---

[248] Der Poklonnaja-Hügel (Hügel der Anbetung) ist einer der höchsten Punkte in Moskau. Dort befindet sich der Siegespark, dessen Name an den russischen Sieg im Zweiten Weltkrieg erinnert. Am 4. Februar 2012, also kurz vor der Präsidentschaftswahl, fand dort eine Massenkundgebung patriotischer und nationalistischer Gruppen gegen die im gleichen Zeitraum durchgeführten „orangenen" Proteste statt. Alexander Dugin gehörte zu den Rednern.

Einhalt zu gebieten, müssen sie radikal umdenken. Heute braucht es eine konservative Revolution, ein Erwachen und einen geistigen Aufstand jener, die Rußland ergeben und bereit sind, ohne Rücksicht auf Opfer für ihr Land und gegen die globale Hegemonie zu kämpfen. „Vielleicht ist das die letzte Schlacht." Dieser Gedanke hat schon viele Generationen von Russen elektrisiert, die ihr Vaterland, seine Freiheit, seine Ideen und seine Mission erbittert verteidigten. Das Volk, die Massen müssen sich wieder der Politik zuwenden und zur entscheidenden politischen Kraft werden. Nicht die Clowns von der Duma-Opposition, die entweder im Solde der Regierung oder in jenem der westlichen Hegemonie stehen, sondern die Kraft der echten Russen, die dritte Kraft.

Notwendigkeit und Erwachen: Die Suche nach einer Idee

Eine politische Strategie läßt sich am besten auf der Grundlage einer gesunden nationalen Idee entwickeln. Doch hat sich keiner der bisher vier russischen Präsidenten der Mühe unterzogen, eine solche zu formulieren. Im Grunde lebt das Land seit Gorbatschow in einem ideologischen Vakuum. Das Fehlen einer nationalen Idee in Rußland ist traurig, ja fast schon kriminell. Paradoxerweise ist diese nationale Idee für jedermann klar ersichtlich. Das Fundament der russischen Ideologie könnten beispielsweise territoriale Integrität statt Atomisierung, eine einzigartige historische Entwicklung und ein einzigartiges System ethischer Werte sein. Eine Moral, in einer Losung ausgedrückt – das ist es, was eine nationale Idee ausmacht. Doch in Rußland wird eine so fundamental wichtige Sache wie die Ideologie Polit-Beratern, Strippenziehern und Managern überlassen.

Der Grund hierfür ist, daß Wladimir Putin die Bedeutung des Begriffs „Idee" unterschätzt. Er ist ein begabter Pragmatiker, aber Ideen spielen für ihn keine Rolle, ganz im Gegensatz zu beispielsweise den amerikanischen Neokonservativen, die verstehen, wie mächtig Ideen sein können.

Heute erleben wir eine fast genaue Wiederholung der Situation der späten achtziger Jahre, als die sowjetische Regierung formell Herr der Lage war, doch nicht wußte, was sie mit ihren Machtbefugnissen anstellen sollte. Sämtliche Ressourcen wurden auf die Lösung rein technischer Aufgaben verwendet. In der Gesellschaft machten sich Apathie und Ressentiments breit. Parallel dazu wurde eine kleine, aber eng miteinander verflochtene Gruppe westlich orientierter „liberaler Intellektueller" ideologisch mobilisiert, um das System zu stürzen und den Staat zu zerstören. Der ganze Prozeß wurde vom Ausland aus überwacht. Die schweigende Mehrheit der Russen wollte diese Zerstörung nicht: Sie stimmte im März 1991 für den Erhalt der UdSSR;[249] allerdings waren sie mit der Lage unzufrieden und nicht bereit, den Status quo zu verteidigen. Der Repressionsapparat war damals auf der Seite der Regierung, die historische Initiative ging jedoch von den rebellischen prowestlichen Kräften aus.

Welche Auswirkungen zeigte diese Entwicklung im Jahre 1991? Die UdSSR wurde im Dezember jenes Jahres für aufgelöst erklärt, ein antisoziales und ungerechtes oligarchisches System griff nach der Macht, Rußland zeigte Anzeichen des Zerfalls, der Sozialismus wurde demontiert, und in den neunziger Jahren, als alles drunter und drüber ging, triumphierte die käufliche bourgeoise und russophobe Elite auf der ganzen Linie. „Echo Moskwy" und seine Ideologie sicherten ihre Macht ab.

Nach seinem Machtantritt fror Putin die Situation gewissermaßen ein, machte die Entwicklungen des vergangenen Jahrzehnts jedoch nicht rückgängig. Zunächst machte es den Anschein, als warte er den richtigen Augenblick ab. Dann schien es so, als vergeude er seine Zeit. Der Schwindel mit der Medwedew-Präsidentschaft war als Exportprodukt gedacht: Die USA sahen, daß Rußland nun von einem „Liberalen" geführt wurde, und verringerten ihren Druck auf unser Land in der Erwartung, dieser „Liberale" werde es während seiner zweiten Amtszeit ganz allein ruinieren. Die ultraliberale Opposition,

---

[249] Am 17. März 1991 wurde landesweit ein Referendum darüber durchgeführt, ob die Sowjetunion erhalten werden solle. Bei einer Stimmbeteiligung von 80 Prozent sprachen sich 70 Prozent dafür aus.

hypnotisiert vom Institut für Moderne Entwicklung, glaubte dasselbe. Somit erwies sich der Trick als durchschlagender Erfolg: Putin bereitete seine legale Wiederkehr vor, und dem Westen blieb nichts anderes übrig, als gute Miene zum bösen Spiel zu machen.

Diese raffinierte Täuschung der Liberalen und des Westens änderte freilich nichts daran, daß die Wünsche des Volkes nicht erfüllt wurden und die Frage nach der nationalen Idee weiterhin in der Schwebe blieb. In beiden Punkten war nicht der geringste Fortschritt erzielt worden. Das Schlimmste, was ein Herrscher tun könne, sei, seinen eigenen Lügen zu glauben, warnte Machiavelli einst...

Was hat Putin also versäumt?

Zunächst offerierte er der Gesellschaft keine Idee, sondern lediglich allerlei Techniken. Somit wurde die Politik in Rußland zur Sache von Polit-Beratern und PR-Spezialisten. Es war dies eine fatale Unterschätzung der Macht von Ideen.

Zweitens unterließ es Putin, eine Strategie zu entwickeln, und begnügte sich damit, auf momentane Herausforderungen zu reagieren. Es fehlt ihm an einer Idee für die Zukunft Rußlands. Sein Verständnis der heutigen Welt hält sich in engen Grenzen. Diese Welt ist höchst trügerisch, komplex, dynamisch und aggressiv. Um in ihr korrekt manövrieren zu können, muß man sie von nahem betrachten und einer tiefgehenden Analyse unterziehen.

Drittens hat Putin seit dem Beginn seiner ersten Präsidentschaft auf eine praktische Rotation der Eliten verzichtet. Die herrschende Elite bildete sich in den neunziger Jahren heraus; sie hält an ihrer zerstörerischen Mission fest und beharrt auf möglichst weitreichenden Privatisierungen, was eine Erklärung für die grassierende Korruption liefert. Putin hat keine „neuen Leute" ausgebildet; er hat lediglich eine zusätzliche Gruppe von Kadern zusammengetrommelt, die unter den alten Bedingungen und Regeln arbeiten.

Viertens hat Putin keine außenpolitischen Instrumente geschaffen, die zu einer erfolgversprechenden Konfrontation mit dem Westen fähig wären. Bald spielte er mit dem Westen, bald versuchte er ihm aus dem Weg zu gehen, bald kritisierte er ihn scharf. Es war unklar, ob Rußland Ja oder Nein zur bestehenden Weltordnung sagen würde. Vielleicht meinte Putin, diese Unsicherheit werde ihm freie Hand beim Regieren verschaffen. Dies läßt sich zwar nicht ausschließen, macht ihn jedoch zugleich blind für die Realitäten.

Fünftens hat Putin dem Volk nicht gegeben, was es am dringlichsten braucht: Die Befriedigung seines Gerechtigkeitssinns und das Gefühl, daß die Sozialpolitik und die Solidarität funktionierten. Putin schreckte davor zurück, sich direkt auf den Sozialismus zu berufen. Das Volk erwartete dies von ihm, jedoch vergebens.

Sechstens hat Putin nicht einmal ansatzweise eine ernsthafte Analyse der ethnischen Probleme und der Nationalitätenfrage durchgeführt. In diesem Punkt optierte er für eine Politik des Laisser-faire. Nachdem er in Tschetschenien einen durchschlagenden Sieg errungen und den Subjekten der Föderation ihre Souveränitätsansprüche abgesprochen hatte (die größten und bemerkenswertesten Erfolge seiner Präsidentschaft!), versäumte er es, ein Projekt zur Schaffung eines innerethnischen Gleichgewichts oder ein nationales Modell der politischen Organisation zu formulieren. Das multiethnische Rußland fand sich angesichts der objektiven Verschlechterung der Lage durch massive Immigration in einer explosiven Situation wieder.

Siebtens hielt es Putin für richtig, sich von der Gesellschaft zu distanzieren, indem er eine schlechthin verheerende Medienpolitik betrieb. Die Medien haben das kulturelle Niveau systematisch gesenkt und den Massen vor allem Schmutz und Schund serviert. Daß sie die Berichterstattung über politische Themen kontrollieren, macht die Lage nur noch schlimmer. Die Volksmassen werden durch stupide Unterhaltungsprogramme idiotisiert, und der politischen Meinungsäußerungsfreiheit sind enge Grenzen gesetzt.

Achtens hat Putin die Lenkung von Wissenschaft und Bildung ganz und gar inkompetenten Figuren überlassen, die das bestehende System beinahe zerstört haben, indem sie westliche

Muster unbeholfen kopierten. Als Ergebnis ihrer Experimente schwand das intellektuelle Potential Rußlands rasch.

Diese Politik setzt Putin seit seiner Rückkehr auf den Präsidentensessel fort, und er unternimmt nichts, um diese fatalen Fehlentwicklungen zu korrigieren. Er verfügt weder über eine Idee noch über eine Strategie, weder über eine ihren Aufgaben gewachsene Elite noch über eine effiziente Außenpolitik, weder über eine sozial ausgerichtete Innenpolitik noch über ein Modell zur nationalen Organisation der Gesellschaft. Und er hat keine Massenmedien, die in einer Atmosphäre des intellektuellen Niedergangs eine kulturschöpferische Mission besäßen.

Wer ist an alledem schuld? Meiner Meinung nach Putin selbst. Er sah sich zu Beginn des Jahrtausends der einen historischen Herausforderung gewachsen, versagte jedoch angesichts der anderen. Unschlüssigkeit, Zaudern, die Wahl falscher Strategien und untaugliche Kader waren Kennzeichen seiner Politik. Jawohl, seine Umgebung, die für die Überwachung der politischen Prozesse verantwortlich war, hat ihn getäuscht und täuscht ihn weiterhin, doch bedeutet dies lediglich, daß er getäuscht werden will und der Wahrheit nicht ins Gesicht blicken mag. Putin muß einen konstruktiven Plan haben. Ein Ausweg aus der gegenwärtigen Situation wird sich erst ergeben, wenn die Regierung erwacht. Ansonsten wird sich die Lage noch verschlimmern, und eine Katastrophe wird nicht mehr abzuwenden sein. Diejenigen, die gegen Putin agitieren, sind tödliche Feinde Rußlands. Ihre Erfolge sind für uns und für das Land Gift, doch daß diese Kräfte überhaupt eine Bedrohung darstellen können, ist wiederum Putins Fehler.

Die Korrektur von Irrtümern: Ist dieses Szenarium realistisch?

Es führt kein Weg an der Erkenntnis vorbei, daß die Schaffung einer dritten Kraft von entscheidender Bedeutung ist. Diese muß nicht nur den machthungrigen Ultraliberalen und den Netzwerken der amerikanischen Agenten, von denen es

sowohl in der Opposition als auch innerhalb des Regierungs-
apparats nur so wimmelt, den Kampf ansagen, sondern auch
die von Putin begangenen Fehler anprangern, die man unmöglich akzeptieren und rechtfertigen kann und die das Land leicht
ins Verderben führen können. Gegen Putin, Medwedew und
ihre Kohorte sowie gegen Nawalny, Kasjanow und ihre Clique
muß sich eine dritte Kraft erheben, die für das russische Imperium, soziale Gerechtigkeit, die Kultur, die Idee, eine nationale Politik und Strategie, eine radikale Säuberung der Elite
sowie eine intellektuelle Wiedergeburt einsteht.

Putins Regierung ist heute keine Quelle der Inspiration. Solche Quellen sind hingegen Rußland, das Volk, die Idee und
der zukünftige Horizont. Sie sind es wert, daß man im Kampf
für sie sein Leben hergibt. Wir haben unser Land zweimal
verloren, 1991 und 1993. Beide Male haben wir gegen dieselben Kräfte den kürzeren gezogen: „Echo Moskwy", prowestliche Liberale, das „kleine Volk",[250] die amerikanischen Agenten. Dieselben Kräfte bereiten sich nun auf die dritte Runde
vor.

Der Putin, den wir verloren haben: Kritik von oben

Das Erscheinen Wladimir Putins auf der politischen Bühne
im Jahre 1999 und sein heutiges „Halbschweigen" sind gleichermaßen rätselhaft. Damals wußte niemand so richtig, wer
er war. War er ein russischen Patriot und ein loyaler Angehöriger des Geheimdienstes, der sich geschickt die Maske eines Liberalen aufsetzte und nur selten sein wahres (eisernes) Gesicht
zeigte, oder im Gegenteil ein prowestlicher Liberaler, der sich
raffiniert als strammer Geheimdienstmann und Befürworter eines russischen Imperiums ausgab, in kritischen Augenblicken
jedoch die Spannungen mit dem Westen stets entschärfte und

---

[250] Laut dem Mathematiker Igor Schafarewitsch (1923–2017), der sich auch intensiv mit
der russischen Geschichte und Politik befasste, ist die jüngere Geschichte Rußlands
durch den Gegensatz zwischen dem „kleinen Volk", das die Moral und Tradition der
Mehrheit verachtet, und dem „großen Volk" geprägt. Diese These legt Schafarewitsch
vor allem in seinem Buch „Russophobie" dar.

ihm zu verstehen gab: „Ich bin euer Mann!" Putin ist nach wie vor schwer faßbar, widersprüchlich und geheimnisvoll.

Nach seiner Wahl zum Präsidenten leitete er einschneidende Veränderungen ein, die seine Epoche markant von jener Gorbatschows und Jelzins unterschieden. Er unternahm eine Kehrtwendung um 90 Grad. Er behielt den Kapitalismus, den Liberalismus und die Westorientierung bei und tastete auch andere „Errungenschaften" der neunziger Jahre – die Oligarchie, die Korruption, die zynische und käufliche Elite, den Zerfall von Moral und Nationalbewußtsein, die monströsen Medien – nicht an. Zugleich setzte er jedoch der Desintegration Rußlands ein Ende und stoppte die Kriege zwischen den Oligarchen, die sich dabei auf die von ihnen kontrollierten Parteien und staatlichen Fernsehkanäle stützten. Er brachte die aufsässigen Provinzen und Gouverneure zur Räson, gewann den Tschetschenienkrieg und unterdrückte die Forderungen der nationalen Republiken nach Souveränität. Nach diesem flotten Auftakt schien es nur noch eine Frage der Zeit, bis er das Steuer um weitere neunzig Grad herumdrehte, und es machte den Anschein, als werde er in raschem Tempo ein Imperium aufbauen, den postsowjetischen Raum integrieren, sich mit einer eurasischen Ideologie wappnen, den Status von Religion und Tradition wiederherstellen, die Kultur, die Werte und die Gebräuche des Volkes wiederbeleben und eine geistige Renaissance in die Wege leiten. Leider blieb all dies ein Wunschtraum.

Putin vollzog eine jähe Kehrtwendung, die das Land wieder in die neunziger Jahre zurückzuführen drohte, hielt aber dann unvermittelt inne. Er wich um genau neunzig Grad von seiner vorherigen Linie ab, nicht mehr und nicht weniger. Von nun an galt die Formel „Liberalismus plus Patriotismus". Man ging davon aus, daß hiermit der Weg in Richtung auf eine konsequente eurasisch-patriotische Position eingeschlagen war. Es gelang Putin, auf dem Rand der widersprüchlichen „Patriotismus plus Liberalismus"-Position zu jonglieren, solange er wollte. Er brachte die Gesellschaft dazu, diesen doppelgesichtigen Putin als integrales Phänomen zu akzeptieren. Die Ultraliberalen sehen in ihm einen „Diktator". Dies entspricht nicht der Wahrheit. Putin zieht es vor, sanft vorzugehen; er verabscheut Gewalt und greift nur in sehr seltenen Fällen zu ihr, wenn die Interessen des Staates direkt berührt sind.

Die Ultrapatrioten wittern in ihm einen Liberalen, einen „westlichen Agenten" und einen „Schützling der Oligarchen und der globalen Kabale". Auch diese Einschätzung geht an der Realität vorbei. Der Westen haßt Putin; er ist eine wirkliche Bedrohung für die Weltherrschaft des amerikanischen Imperiums. Der Westen würde alles tun (und tut tatsächlich alles), um ihn aus dem Weg zu räumen.

Andere betrachten Putin als Patrioten und Nationalisten. Anscheinend entspricht auch dies nicht den Fakten. Ist er eine rätselhafte Sphinx? In Wirklichkeit läßt sich das Mysterium Putin sehr wohl lösen, und wir sind nicht mehr allzu weit von seiner Lösung entfernt.

Putins neue Formel?

Im ersten Jahr von Putins dritter Amtszeit wurde es mir persönlich vollständig klar, wie sich die Aura der Ungewißheit erklären ließ, welche diese Figur umgibt. Obwohl er seinen Kurs schon mehrfach erklärt hat, erwarten sowohl Rußland als auch der Westen von ihm immer noch allerlei Überraschungen. Das Element der Ungewißheit gehörte in den letzten Jahren zum Stil seiner Präsidentschaft.

Heute kann ich sagen, wer Putin ist. Für mich ist dies nicht länger ein Geheimnis. Meiner Meinung nach gelangt man, wenn man die wichtigsten Aspekte seines Handelns während seiner ersten beiden Amtsperioden sowie des ersten Jahres seiner dritten Amtszeit resümiert, zur folgenden Schlußfolgerung: Putin ist ein klassischer realistischer Politiker.

Was ist Realismus?

In den internationalen Beziehungen bedeutet „Realismus" nicht dasselbe wie im Alltag oder in der Malerei, und er ist auch nicht identisch mit „Realpolitik". Die besten Interpretationen dieses Begriffs stammen von den großen außenpolitischen Theoretikern Hans Morgenthau,[251] Edward Carr[252] und Henry Kissinger sowie ihren neorealistischen Anhängern Kenneth Waltz,[253] Robert Gilpin,[254] John Mearsheimer[255] und Stephen Krasner.[256]

Der Kern des Realismus in den internationalen Beziehungen und ganz allgemein in der Politik ist das Prinzip, wonach der moderne Nationalstaat der wichtigste Akteur auf der weltpolitischen Bühne ist. Für die Realisten ist die gesamte Sphäre

---

[251] Hans Morgenthau (1904–1980) war ein deutsch-amerikanischer Politologe, der einen erheblichen Einfluß auf die Interpretation des internationalen Rechts und der internationalen Beziehungen ausgeübt hat. Er gilt als einer der fundamentalsten Denker der realistischen politischen Schule. Ihm zufolge betrifft der wichtigste Aspekt der internationalen Beziehungen die Frage, wie die Nationalstaaten ihre Interessen machtpolitisch verfolgen. Morgenthau bekannte sich zur Auffassung, daß die Politik unabänderlichen Gesetzen gehorche und daß moralische Maßstäbe nicht auf das Handeln von Staaten anwendbar seien.

[252] E.H. Carr (1892–1982) war ein englischer Historiker und Theoretiker der internationalen Beziehungen. In seinem Buch „The Twenty Years' Crisis" untergliederte er die außenpolitischen Denker in zwei Lager, Utopisten und Realisten. Obgleich er eher dem Realismus zuneigte, verhielt er sich diesem gegenüber durchaus nicht unkritisch, da er der Ansicht war, diesem fehle ein Ziel oder eine Grundlage für konkretes Handeln; er hoffte auf eine Synthese der beiden Positionen.

[253] Kenneth Waltz (1924–2013) war ein amerikanischer Politologe und Vertreter der neorealistischen Schule. Er vertrat den Standpunkt, daß sich die internationalen Beziehungen in einem ständigen Zustand der Anarchie befänden, weil es im Gegensatz zu den innerhalb der individuellen Nationen geltenden Bestimmungen keine Autorität gebe, die über den verschiedenen Nationalstaaten stehe und deshalb den Frieden erzwingen könne. Waltz argumentierte, weil Demokratien kaum Krieg gegen andere Demokratien führten, sei die weltweite Verbreitung der Demokratie eine friedensstiftende Maßnahme. Dem Frieden dienlich sei es auch, wenn ein Land – wie gegenwärtig die USA – ein Monopol auf Gewaltanwendung besitze. Allerdings glaubte Waltz, daß die heutige Rolle der Vereinigten Staaten als Pol einer monopolaren Welt nur von kurzer Dauer sein werde.

[254] Robert Gilpin (1930–2018) war ein amerikanischer Politologe, der sich in der Spätphase seines Schaffens mit der Anwendung des politischen Realismus auf die amerikanische Nahostpolitik befaßte. Er verfocht die Theorie, daß Stabilität in den internationalen Beziehungen durch den Aufstieg eines Hegemonen bewirkt werde, der sein eigenes System anderen Ländern aufzwinge und hierdurch Stabilität schaffe. Die USA sah er als den Hegemonen unserer Zeit.

[255] John Mearsheimer (geb. 1947) ist ein amerikanischer Politologe. In den neunziger Jahren stellte er die These auf, nach dem Rückzug der amerikanischen sowie der sowjetischen Streitkräfte aus Europa werde dieses wieder zu einer multipolaren Ordnung zurückkehren; die Verbreitung von Atomwaffen in Europa, meinte er, könne zur Bewahrung des Friedens beitragen. Gemeinsam mit Stephen Walt verfaßte er 2007 das Buch „The Israel Lobby and U.S. Foreign Policy", in dem sich die beiden Autoren sehr kritisch mit der amerikanischen Israel-Lobby auseinandersetzen.

[256] Stephen Krasner (geb. 1942) ist ein amerikanischer Politologe. Für ihn werden Länder wie die USA von schwachen und instabilen Staaten bedroht. Starke Nationen, meint er, hätten deswegen die Pflicht, die schwachen Staaten zu stabilisieren, indem sie diesen das System der marktorientierten liberalen Demokratie aufoktroyierten.

der internationalen Beziehungen nichts anderes als eine Arena, in der souveräne Staaten gegenseitig ihre Beziehungen gestalten. Hinsichtlich der internationalen Beziehungen erweitern die Liberalen die Liste der Akteure um die transnationalen Korporationen und die Nichtregierungsorganisationen, und die Marxisten zählen zusätzlich noch internationale Organisationen, die auf der Grundlage der Klassenzugehörigkeit geschaffen wurden und jenseits des Kompetenzbereichs der Nationalstaaten liegen, zu diesen Akteuren.

Drei Prinzipien des Realismus: Souveränität, der Fürst, Leviathan

Der Realismus beruht auf drei grundlegenden politischen und philosophischen Prinzipien: Das erste wird durch Thomas Hobbes' „Leviathan" verkörpert, das zweite durch Machiavellis „Fürst", und das dritte ist die „Souveränität", wie sie von Jean Bodin definiert wird. Diese drei Prinzipien liegen der Ideologie des modernen Staates zugrunde und wurden zum Fundament des europäischen internationalen Rechts (Jus Publicum Europeum), wie es in dem Westfälischen System interpretiert wird.

Der Realismus in den internationalen Beziehungen fußt auf der Prämisse, daß die menschliche Natur unvollkommen ist, daß der Mensch anfällig für die Sünde ist und daß zwischen den Menschen stetige Zwietracht herrscht (Homo homini lupus, „Der Mensch ist dem Mensch ein Wolf"). Staat und Gesellschaft existieren darum, um das Individuum in Schach zu halten und zu bessern oder zumindest von urwüchsiger Gewalt abzuhalten.

Die Einstellung des Realismus zur Politik entspringt einem pessimistischen Menschenbild, welches davon ausgeht, daß ein Individuum, dem Freiheit gewährt wird, mit hoher Wahrscheinlichkeit böse und unannehmbare Dinge tun wird. Für den Realismus hat der Staat zwei Aufgaben: Einerseits muß er angesichts der Tatsache, daß die Beziehungen zwischen Ländern von Chaos und Gewalt geprägt sind, ein möglichst hohes

Maß an Ordnung und Stabilität in die außenpolitischen Beziehungen einbringen; andererseits tritt er auch im Inneren eines Landes als ordnende Kraft auf, die zu verhindern hat, daß der Einzelne seinem Nachbarn Schaden zufügt. Der Staat muß den Menschen also vor der dunklen Seite seiner eigenen Natur retten. Die Menschen müssen auf freiwilliger Basis, durch einen Gesellschaftsvertrag, einen Teil ihrer Macht einem starken Staat übertragen und diesem notfalls auch ihre eigene Freiheit anvertrauen. Diesen starken Staat nennt der englische Philosoph Thomas Hobbes (1588–1679) „Leviathan".[257] Wenn die Gesetze verletzt werden, dringt der Staat mit Nachdruck auf deren Einhaltung. Wie Max Weber[258] festhält, ist der Staat die einzige Institution, die legitim Gewalt anwenden darf, weil er das Ergebnis eines Gesellschaftsvertrags und eine Verkörperung der Rationalität des Menschen darstellt, der auf diese Weise seinen natürlichen (tierischen) Zustand überwindet.

Im Gegensatz zum traditionellen mittelalterlichen Staat, und erst recht einem Imperium, besitzt der Leviathan keine besondere Mission, verfolgt kein geistiges oder geschichtliches Ziel und ist auch keine Verkörperung des göttlichen Willens. Der Leviathan versucht nicht, die menschliche Natur zu verändern; seine Rolle besteht einfach darin, die Anarchie und die Vernichtung des Menschen durch den Menschen zu verhüten. Hierin erschöpft sich seine Funktion. Der Leviathan ist von unten geschaffen worden, er ist ein menschliches Erzeugnis und das Produkt einer rationalen Interpretation des menschlichen Wesens. So deutet die Politik der Neuzeit das Wesen und die Aufgabe des Staates.

Das zweite Prinzip des Realismus in der internationalen Politik ist die Souveränität gemäß der Definition Jean Bodins. Diesem Prinzip zufolge untersteht der souveräne Herrscher keiner Autorität außer derjenigen Gottes. Für Bodin ist der Staat eine künstliche Reglementierung des Lebens gemäß rationalen Richtlinien, deren Zentrum die Souveränität als Fixstern der Außenpolitik ist.

---

[257] Thomas Hobbes. Leviathan. Cambridge 1966.
[258] Der Deutsche Max Weber (1864–1920) gilt als einer der Begründer der Soziologie. Weber sah die Aufgabe des Staates darin, das „Gewaltmonopol" zu besitzen.

Dies heißt, daß über dem Staat keine legitime Autorität steht, die ihn auf der internationalen Bühne zu einem bestimmten Verhalten zwingen könnte.

Die von Niccolò Machiavelli ersonnene Figur des „Fürsten" oder „neuen Fürsten" ist kein traditioneller Monarch, dessen Herrschaft durch die gesellschaftliche und politische Trägheit seiner Untertanen garantiert wird, sondern ein Politiker, der sich die Aufgabe gestellt hat, dank der Stärke seines Willens und seines Verstandes einen neuen Staat und ein neues politisches System aus dem Boden zu stampfen. Rationalität, Willen und Effizienz waren für Machiavelli die Prüfsteine politischer Kreativität.

Der moderne Staat wird von dem italienischen Denker als neues politisches Subjekt betrachtet (oder konstruiert), wie es zuvor nicht existiert hat, weder im Mittelalter noch in der Antike, und das einen Apparat zur schlagkräftigen Organisation der Gesellschaft in den Interessen des Herrschers (des neuen Fürsten) darstellt. Im Gegensatz zum alten Fürsten muß dieser nicht bloß in einer bestimmten Gesellschaft mit tief verwurzelten Traditionen und Gebräuchen, die er zu respektieren hat, seine Macht behalten, sondern eine neue Gesellschaft mit neuen Bräuchen schaffen, seine Macht absichern und seine Effizienz in der Praxis beweisen.[259]

Machiavellis Staat besitzt keinen anderen Zweck als den, das Machtinstrument des „neuen Fürsten" zu sein (drittes Prinzip); deshalb müssen all seine Institutionen und Prinzipien zwangsläufig ein rationales Ziel verfolgen und ihre Wirksamkeit ständig neu unter Beweis stellen. Da die Herrschaft des „neuen Fürsten" auf seinem Willen basiert, kann er die politischen Regeln jederzeit ändern, wenn die von ihm verfolgten Ziele dies verlangen. Der Staat wird hier als Machtmechanismus gesehen, in dem alles und jedes von der Effizienz abhängt, mit der die herrschende Elite die Macht ergreifen und sichern kann. Hierdurch werden optimale Bedingungen für die Verteidigung und Ausdehnung des nationalen Territoriums sowie zur Verhütung von Volksaufständen, Staatszerfall oder militärischen Niederlagen geschaffen. Dies alles zu gewährleisten, ist die Hauptaufgabe der

---

[259] Niccolò Machiavelli. The Prince. Cambridge 1988.

Regierenden und das zentrale Kriterium zur Beurteilung der Schlagkraft und Stabilität ihrer Herrschaft.

Für die Realisten sind die internationalen Beziehungen ein Feld der Anarchie (des Chaos), wo jeder Akteur (Staat) seine eigenen Interessen verficht. Deshalb ist der Krieg zwischen souveränen Nationen die logische Ausdrucksform der Natur der internationalen Beziehungen; er ist eine Schlacht zwischen verschiedenen Leviathanen. Es gibt keine höhere Instanz als den Staat, und dessen Beziehungen zu anderen Staaten hängen einzig und allein von seinen Interessen, Wünschen und Möglichkeiten ab, die von der politischen Elite festgelegt und in die Tat umgesetzt werden – vom Fürsten also, der fähig ist, die Effizienz seiner Herrschaft unter Beweis zu stellen, seine Macht zu sichern und seine Ziele mit allen Mitteln zu verwirklichen.

Putin – ein absoluter Realist

Vergleicht man die Darstellung des Realismus im Lehrbuch des Außenministeriums und das Modell der Herrschaft Putins miteinander, ist die Ähnlichkeit frappant. Alles stimmt bis ins kleinste Detail überein. Putins Verhalten während der früheren Phasen sowie in der gegenwärtigen Phase seiner Regierung ist ein Bilderbuchbeispiel für Realismus mitsamt all seinen Prinzipien einschließlich des Leviathan, der Souveränität und des „neuen Fürsten". Er besitzt keine messianische Ideologie und plant nicht auf lange Frist hinaus, sondern betrachtet den Staat als menschengemachte, rationale und pragmatische Struktur, der das Volk als Hauptaufgabe den Schutz der Souveränität des Landes zugewiesen hat. Für Putin ist die Souveränität des Staates absolut, und er anerkennt die Legitimität der Forderungen, welche die Staatengemeinschaft an ihn stellt, in keiner Weise. Wie jeder andere Realist, die amerikanischen nicht ausgenommen, betrachtet er Beschlüsse internationaler Institutionen als null und nichtig. Abkommen wie das Kyoto-Protokoll[260] oder Instanzen wie der Europäische Gerichtshof für

---

[260] Das Kyoto-Protokoll wurde 1997 von zahlreichen Staaten einschließlich Rußlands unterzeichnet. Es zielt auf eine Reduzierung des Ausstoßes von Treibhausgasen ab.

Menschenrechte[261] sind für ihn nicht verbindlich. Das Prinzip einer unipolaren Welt ist für ihn ebenso unannehmbar wie das einer willkürlich in mehrere Pole unterteilten.

Putin hegt die feste Überzeugung, daß die Grundsätze der Souveränität die Anwendung rechtlichen Drucks gegen einen Staat oder seinen Herrscher seitens internationaler Institutionen ausschließen. Er vertritt eine Ansicht, die man im allgemeinen dem Modernismus zurechnet, nämlich, daß eine relativ stabile Weltordnung auf einem gesunden Gleichgewicht zwischen den Prinzipien der staatlichen Souveränität und der Struktur des internationalen Rechts beruht. Dank dieser Überzeugung hat Rußland seine Atomwaffen nicht abgeliefert und verfügt auch weiterhin über ein starkes Abschreckungspotential zur Verteidigung seiner Souveränität. „Wenn Rußland in der weltpolitischen Arena eine unabhängige Position einnehmen, eine eigene Meinung haben und eine selbständige Außenpolitik vertreten kann, dann darum, weil es als einziges Land neben den USA sowohl auf dem Boden als auch auf dem Meer und in der Luft nukleare Streitkräfte besitzt."[262]

Putin setzt die im Überfluß vorhandenen natürlichen Ressourcen Rußlands ein, um die Wirtschaft in Gang zu halten und seine Souveränität auf dem Gebiet der Energieversorgung zu wahren. Dabei kann er sich auf Rußlands tausendjährige Tradition der Unabhängigkeit berufen, die lediglich durch die Periode des tatarisch-mongolischen Jochs unterbrochen wurde; daß der Gedanke der Unabhängigkeit und Souveränität im russischen Volk tief verwurzelt ist, ist für ihn ein weiterer Trumpf.

Putin verfügt über die nötigen Ressourcen zur Durchsetzung einer realistischen Politik. Auf Feldern, wo ihre eigenen Kräfte nicht ausreichen, pflegen realistische Staatsführer Allianzen zu schmieden und zu manövrieren. In diesem Sinne betreibt Putin ein geschicktes Schachspiel mit China, der anderen Großmacht, deren Regierung heute eine realistische Politik betreibt, aber

---

[261] Der in Straßburg tagende Europäische Gerichtshof für Menschenrechte setzt sich das Ziel, die Einhaltung der Europäischen Menschenrechtskonvention in den Staaten des Europarats einschließlich Rußlands zu erzwingen.

[262] Aus: „A Conversation with Vladmir Putin, Continuation", 15. Dezember 2011. www.rg.ru/2001/12/15/stenogramma.html

auch mit dem Iran und anderen Ländern. Er strebt keine Konfrontation mit dem Westen an, weil er hierfür keine ideologischen Gründe hat.

Ganz im Geist des Realismus neigt Putin der Auffassung zu, daß auf dem Gebiet der internationalen Beziehungen Chaos und Anarchie herrschen: „Wir sehen überall Chaos und halten die Position unserer Partner für fragwürdig. Warum sollten wir unterstützen, was wir für falsch halten? Warum sollten sie verlangen, daß wir uns ihre Standards zu eigen machen? Verlangen wir etwa von ihnen, die unsrigen zu übernehmen? Stellen wir keine Forderungen aneinander; behandeln wir uns gegenseitig mit Respekt.“[263]

Es liegt klar zutage, daß alles, was Putin in der Vergangenheit getan hat und auch weiterhin tut, voll und ganz dem klassischen Verständnis des Realismus in den internationalen Beziehungen entspricht. Und wie zwei Punkte ausreichen, um eine Gerade zwischen ihnen zu ziehen, erlauben uns diese Fakten folgende Voraussage: Putin wird bis zum Schluß an seiner realistischen Politik festhalten. Der Mann, der einmal seine Nachfolge antreten wird, dürfte mit hoher Wahrscheinlichkeit ebenfalls ein Vertreter des Realismus sein. Hierfür sprechen die Gesetze der Logik. Selbstverständlich besteht keine absolute Garantie für eine Fortsetzung der realistischen Außenpolitik, weil die Unberechenbarkeit der weltweiten Entwicklungen eine Kursänderung zur Folge haben kann.

In Anbetracht des Gesagten scheint mir das Rätsel Putin gelöst. Putin ist ein Realist. Alle Stärken und Schwächen, alle Vor- und Nachteile seiner Herrschaft lassen sich mit dieser These erklären.

Wir leben also in einem realistischen Staat mit einer realistischen Politik. Wer damit nicht zufrieden ist, kann gerne auswandern! Wer alternative politische Modelle vorschlagen will – der Liberalismus beispielsweise ist ein geschworener Gegner des Realismus, aber auch der Marxismus, der Postmodernismus und der Positivismus stehen ihm kritisch gegenüber –, ist eingeladen, sich an dieser Theoriedebatte zu beteiligen.

---

[263] Ebenda.

Ob Putin diese Alternativen in Betracht ziehen wird, hängt davon ab, ob sie in korrekter Form präsentiert werden und ob der Dialog von gegenseitigem Respekt geprägt sein wird. Heute ist liberales Gezeter nicht willkommen, aber durchdachte, rationale antirealistische Positionen mögen sehr wohl geprüft – und verworfen werden.

Meiner Ansicht nach wird Putin außer Realisten niemandem mehr Gehör schenken. Früher tat er so, als leihe er den Vertretern aller möglichen außenpolitischen Thesen sein Ohr, doch heute kann man dieses Thema ad acta legen.

Die zweitwichtigste Frage lautet, ob das Land Putins Realismus in die Praxis umgesetzt hat. Nehmen wir die Entwicklung Rußlands während der letzten paar Jahrzehnte näher unter die Lupe, so erkennen wir, daß die Periode der liberal-demokratischen Außenpolitik, in der Ideen wie staatlicher Souveränitätsverzicht, Globalisierung, Integrierung in die Weltgemeinschaft und supranationale „moderne" Werte die Regierungspolitik bestimmten, recht kurz war: Sie dauerte von 1986 bis 1996 und umfaßte somit den größten Teil der Gorbatschow-Ära und ungefähr die Hälfte der Jelzin-Ära. Ab 1996, als Primakow zum Außenminister ernannt wurde, wandte sich die russische Außenpolitik immer stärker dem Realismus zu. Unter Putin wurde diese Politik praktisch kanonisiert.

Im Jahrzehnt von 1986 bis 1996 wurden die russische Gesellschaft und ihre Expertengemeinschaft, die Massenmedien sowie das gesamte Bildungswesen, angefangen beim Staatlichen Institut für Internationale Beziehungen in Moskau bis hin zu sämtlichen Institutionen, die sich dem Studium und der Analyse der internationalen Beziehungen widmen, von einem totalitären liberalen Diskurs dominiert. Dies hatte zur Folge, daß der Realismus zwar schon vor geraumer Zeit zur Maxime der russischen Außenpolitik wurde, sich in den gesellschaftlichen Institutionen jedoch bis heute nicht durchgesetzt hat. Sein Wesen wird kraß mißverstanden, er wird nicht wissenschaftlich analysiert und an den Hochschulen buchstäblich ignoriert. Wir werden längst von Realisten regiert, und sie bestimmen den Verlauf unserer Entwicklung, aber es wird viel zu wenig über diesen Prozeß nachgedacht, und seine Institutionalisierung hat bisher nicht stattgefunden. Eine Theorie des Realismus in den internationalen Beziehungen und in der Politik des neuen, postsowjetischen Rußland existiert bis zum heutigen Tage nicht, und es sind auch keine entsprechenden Denkschulen und Konzepte entstanden. Die Kluft zwischen Putins Realismus und dem mangelnden Verständnis, das diesem in den Institutionen entgegengebracht wird, bewirkt eine Verfälschung des Diskurses. Putins Realismus wird irrtümlicherweise oft als Patriotismus oder Nationalismus eingestuft. Man verwechselt verschiedene Begriffe miteinander und stiftet dadurch Verwirrung. Patriotismus ist gleichbedeutend mit Emotionen, Gefühlen, der Entscheidung für ein bestimmtes Wertesystem und Heimatliebe; er ist keine Theorie. Der Realismus ist ein spezifisches Paradigma verantwortungsvollen, kohärenten Verhaltens auf dem Felde der Außenpolitik sowie eine korrekte theoretische Konzeption dieses Verhaltens. Ein Realist wägt die Chancen zur Durchsetzung nationaler Interessen kühl ab; weder läßt er sich von Emotionen leiten, noch giert er nach Beifall. Mit anderen Worten, der Realismus ist eine wissenschaftliche, rationale, vernünftige institutionalisierte Position, die sich nüchtern analysieren läßt, während Patriotismus und Nationalismus auf Gefühlen beruhen, nicht frei von Widersprüchen sind und von spontanen Launen beeinflußt werden können.

Es ist demnach falsch, Putin als Nationalisten oder Patrioten zu klassifizieren. Er verhält sich wie ein waschechter Realist, und zwar einer, der sich in internationalen Fragen am behaviouristischen Modell[264] orientiert. Alles andere liegt im Dunkeln. Wir wissen nicht, was er denkt, und wir brauchen es auch gar nicht zu wissen. Als Akteur ist Putin ein Realist. Wer dies begriffen hat, kennt seinen Algorithmus. Meiner Ansicht nach hat Putin zum Zeitpunkt, wo er sich als Realist zu erkennen gab, bereits kein Bedürfnis mehr verspürt, sich hinter dem Rauchvorhang eines außenpolitischen Liberalismus zu tarnen. Angesichts dieses Umstands ist es völlig unannehmbar, daß an den Fakultäten von Institutionen wie dem Staatlichen

---

[264] Behaviorismus (vom englischen Wort behavior „Verhalten") benennt das wissenschaftstheoretische Konzept, Verhalten von Menschen und Tieren mit naturwissenschaftlichen Methoden – also ohne Introspektion oder Einfühlung – zu erklären.

Institut für Internationale Beziehungen auch weiterhin liberales Gedankengut vorherrscht und daß ihre Lehrpläne bis zum heutigen Tag keine Alternative zu Liberalismus oder zu den Überresten des Marxismus als Normen heutiger internationaler Beziehungen bieten.

Ein auf dem Realismus beruhendes neues Modell zum Verständnis der heutigen politischen Prozesse ist eine schlichte Notwendigkeit, wenn wir auf globaler Ebene Erfolg haben wollen. Es fehlt uns an einem konzeptualisierten russischen Realismus oder an einer russischen Antwort auf neorealistische Modelle wie demjenigen von Kenneth Waltz (unipolare Welt), Richard Gilpin (Theorie der hegemonialen Stabilität) oder anderen westlichen Denkmustern. Der russische Realismus tut gut daran, gewisse neorealistische Schemen der Beschreibung unserer heutigen Welt sorgfältig zu studieren.

Ich nehme oft an Diskussionen mit verschiedenen Experten teil und empfinde großes Erstaunen darüber, daß die Leute, die unser Land auf dem internationalen Parkett vertreten, noch nie etwas von Morgenthau gehört haben und meinen, die Verteidigung des Staates und der nationalen Interessen sei Faschismus. Spezialisten dieser Art sind zu inkompetent, um auch nur an einer Hochschule zu lehren, geschweige denn unser Land auf der Weltbühne zu vertreten. Solche Nichtsnutze gehören in die Wüste geschickt. Eine Gesellschaft, die ihnen Zugang zu Führungspositionen vermittelt, ist ernsthaft krank. In unserem Staat liegt ja sehr vieles im Argen, doch wenn die Debatte über die russische Außenpolitik von Ignoranten geführt wird, ist es an der Zeit, entschlossen durchzugreifen. Der herrschende außenpolitische Diskurs wird, ohne daß sich dagegen merklicher Widerspruch regt, von einem Liberalismus dominiert, der uns wie ein Virus zu infizieren droht. Man kann sich des Eindrucks nicht erwehren, daß unsere Experten einfach den liberalen Jargon wiederkäuen, daß sie ihn mechanisch nachplappern, ohne ihn auch nur verstanden zu haben.

Der globale Diskurs des Liberalismus in den internationalen Beziehungen ist bisweilen rational und hat durchaus Hand und Fuß, aber in Rußland gibt es keine entsprechende Denkschule, und daran wird sich auch künftig nichts ändern. Um die politischen Wissenschaften in Rußland nach und nach in Übereinstimmung mit dem heute erforderlichen Ausmaß an weltpolitischer Rationalität zu bringen, ist es freilich unabdingbar, das Monopol des liberalen Diskurses bezüglich der internationalen Beziehungen zu beenden und den Realismus zu institutionalisieren.

Ein weiterer Punkt, der mir sehr wichtig scheint, ist eine behaviouristische Analyse von Putins Innenpolitik. Wir haben im Vorhergehenden die These aufgestellt, daß Putin hinsichtlich der internationalen Beziehungen Realist ist. Man kann diese These ja verschieden interpretieren, doch gibt es Dinge, die man als offensichtliche, wissenschaftlich erhärtete Fakten betrachten muß. „Putin ist ein Realist." Dies ist eine solche offensichtliche Tatsache, doch gilt sie lediglich auf außenpolitischem Gebiet.

Welche Haltung nimmt Putin nun innenpolitisch ein? Die übliche Antwort lautet: Er ist ein Konservativer. Dieses Konzept ist recht vage und bedarf einer Klärung, zumal Konservative selbst unterschiedlicher Auffassung darüber sind, was Konservatismus eigentlich ist. In der westlichen Politologie ist der Begriff des innenpolitischen Realismus unbekannt, aber in Rußland ist ein solches Phänomen sehr wohl möglich. Hier gehen Kommunisten in die Kirche. Hier ist die Liberaldemokratische Partei weder liberal noch demokratisch, und Versuche, eine Partei zu gründen, welche diese Bezeichnungen tatsächlich verdient, verlaufen regelmäßig im Sand.

Vielleicht ticken die Uhren in Rußland anders, und das Land verfolgt einen Sonderweg. Wohin dieser führen wird und welches sein Ergebnis sein wird; ob es eine oder hundert oder gar keine Parteien geben wird; ob, wenn es weiterhin Parteien geben wird, die eine oder andere davon Vernunft annehmen wird, oder ob sie sich allesamt weiterhin wie Schafe benehmen werden, läßt sich in keiner Hinsicht voraussehen. Vielleicht wird der Führer der Liberaldemokratischen Partei, Schirinowski, diesen Posten noch weitere fünfzehn Jahre lang bekleiden und auch in Zukunft seine Witze reißen, während sein Tod immer näher rückt. Vielleicht wird er aus Gesundheitsgründen schon viel früher zurücktreten; schließlich mußte er schon vor zwanzig Jahren einmal als Notfall ins Krankenhaus eingeliefert werden.

Gewiß, auch viele andere russische Politiker müssen gelegentlich ins Krankenhaus und verlassen dieses dann wieder. In Rußland läßt sich nichts voraussagen. Vielleicht ist dies nur recht und billig, weil in unserem Land jeder Versuch, Menschen für ihre Worte zur Rechenschaft zu ziehen, Schiffbruch erleidet. Dies galt für alle unsere Politiker, von den Komsomolzen[265] und den Kommunisten von vorgestern über die liberalen Demokraten von gestern bis hin zu den Putin-Konservativen von heute. Im Westen hat man nie eine solche Situation gekannt. Die vollkommene Mißachtung aller rationalen Prinzipien in der Parteipolitik und Ideologie ist ein typisch russisches Phänomen.

Meiner Überzeugung nach operiert Putin auch innenpolitisch als Realist. Da er begreift, daß die Ideologie in Rußland ein dorniges Thema ist, hat er sein eigenes politisches Modell geschaffen. Auf außenpolitischem Parkett hat er sich für das rationale westliche Modell des Realismus entschieden und damit Erfolg gehabt. Dann beschloß er, sich auch in der Innenpolitik vom Geist des Realismus lenken zu lassen.

Vor etlichen Jahren überraschte mich ein hochrangiger Beamter im Kreml mit der Bemerkung: „Wir verdanken alles Carl Schmitt." „Und wissen Sie, wer Carl Schmitt bei uns in den politischen Diskurs eingeführt hat?" fragte ich ihn. Daß der betreffende Beamte die korrekte Antwort nicht wußte und auch nicht zu sagen vermochte, wer Schmitts Werke zuerst in russischer Sprache veröffentlicht hat (seine Schrift „Der Begriff des Politischen"[266] wurde von Alexander Filippow übersetzt und in der Zeitschrift „Fragen der Soziologie" publiziert), war nicht von Belang, doch Schmitts Ideen zum Eurasiertum und die Konservative Revolution lösten hier ein starkes Echo aus. Die internationale eurasische Bewegung hat sich auch die Mühe gemacht, die Werke anderer brillanter deutscher Denker übersetzen zu lassen und zu verbreiten. Dies ist in diesem Zusammenhang jedoch nicht maßgeblich.

---

[265] Die Komsomolzen sind Mitglieder des Komsomol, der Jugendorganisation der KPdSU.
[266] Carl Schmitt. Der Begriff des Politischen, 1932.

Der springende Punkt ist ein ganz anderer: Wer ist Carl Schmitt? Er ist ein Vertreter des Realismus in den internationalen Beziehungen und einer der genialsten politischen Denker überhaupt. Heute erlebt er im Westen eine Renaissance. Sowohl auf der Rechten als auch auf der Linken gibt es viele, die sich brennend für seine Thesen interessieren.

Carl Schmitt liefert den Schlüssel zum Verständnis dessen, was Putin heute tut und morgen tun wird. Schmitts Realismus erstreckt sich nicht nur auf die Außen-, sondern auch auf die Innenpolitik. Ebenso wie Eric Voegelin (ein Politologe, der aus derselben katholischen Denkschule hervorging wie er) ging Schmitt bei seinen Gedanken zur politischen Theologie[267] von Thomas Hobbes aus. Schmitt und Voegelin gehen in ihren Werken kaum auf Parteien, Ideologien, Parlamentarismus, Autoritarismus, Totalitarismus oder liberale Demokratie ein; ihr zentraler Gedanke ist, daß die wichtigste Funktion des Staates darin besteht, die Ordnung aufrechtzuerhalten und daß sich der Staat bei der Gestaltung seiner Politik unter keinen Umständen von ideologischen Motiven leiten lassen darf.

Hier liegt vielleicht der Schlüssel zu dem ganzen Wahnsinn unseres politischen Systems. Ein funktionierender Staat orientiert sich an strikten und klaren Prinzipien. Beispielsweise verbietet er seinen Bürgern zu morden, Terroranschläge zu begehen, den Staat zu destabilisieren, sein Öl für einen Spottpreis an das Ausland zu verkaufen, sich ausschließlich von merkantilistischen Wirtschaftsmodellen leiten zu lassen usw. Putin hat den Realismus, dem er auf außenpolitischem Gebiet huldigt, auf die Innenpolitik übertragen und somit unser Konzept von Staat und Gesellschaft verändert. Dies tat er eigenmächtig, ohne sich um die Einwände der Opposition zu kümmern. Parlamentarische Debatten interessieren ihn herzlich wenig. Es ist ihm egal, ob die Abgeordneten gemäß ihren Überzeugungen abstimmen. Das einzige, worauf er Wert legt, ist, daß die Politi-

---

[267] Die politische Theologie untersucht die Frage, inwiefern das heutige gesellschaftliche und politische Denken von theologischen Ideen geprägt ist. In seinem 1922 erschienenen Buch „Politische Theologie" vertrat Carl Schmitt den Standpunkt, daß die moderne Politik lediglich theologische Begriffe in säkularisierter Form präsentiert.

ker kein Unheil anrichten, keine Kinder als Organspender verkaufen und die russischen Ölgesellschaften nicht an fremde Eigentümer abtreten, und daß die Menschen nicht auf die Straße gehen und keine Massenunruhen inszenieren. Jeder hat das Recht, nach seiner Fasson selig zu werden, solange er den Staat nicht daran hindert, seine grundlegenden Funktionen zu erfüllen. Wer dies tut, handelt auf eigene Gefahr. In gewissem Sinn ist diese Art von Realismus liberal, weil sie dem Einzelnen politische Freiheit gewährt. Man darf sagen, was man will, doch man darf die Straße nicht blockieren, auf der Menschen zur Arbeit gehen und Schneepflüge fahren. Schneepflüge sind wichtiger als alles parlamentarische Palaver, weil sie den Schnee wegräumen. Das ist Realismus. Ein Schneepflug säubert die Straßen von Schnee. Eines schönen Tages fährt er auf den Bolotnaja-Platz ein, wo ihn der Schnee am Weiterfahren hindert. Darum räumt er den Schnee weg. Der ganze Vorgang ist vollkommen unpersönlich. Manchmal wollen Vertreter aller möglichen Gruppen verhindern, daß die Straße von Schnee gesäubert wird, wobei es vorkommen kann, daß sich Rechte und Linke, Liberale und Kommunisten dabei zusammentun. Putin schaut sie an und fragt: „Was tun diese Leute da? Im Prinzip habe ich gar nichts dagegen, daß sie hier sind, aber warum sabotieren sie das Wegräumen des Schnees?" Und dann platzt dem Präsidenten der Kragen, und er fegt diese Leute mitsamt dem Schnee weg. Meine Hypothese lautet, daß dies kein Zeichen von Autoritarismus oder gar Totalitarismus ist, wie die Putin-Gegner behaupten. In Tat und Wahrheit ist es nicht einmal konservativ.

Aus der Optik des Realismus dürfen sich der Staat und die Institutionen, denen die Aufrechterhaltung der Ordnung obliegt, ihr Handeln unter keinen Umständen von politischen und ideologischen Überzeugungen diktieren lassen. Der Staat hält sich von politischen und ideologischen Debatten fern, doch hat seine Indifferenz in diesen Fragen ihre Grenzen. Wenn ein reibungsloses und befriedigendes Funktionieren der Regierung sabotiert wird, ist Schluß mit der Toleranz.

Dem heutigen Westen ist die Vorstellung, daß der Staat politische Aktivitäten nur innerhalb eines solchen Rahmens dul-

den könnte, zutiefst fremd, weil er daran gewohnt ist, innenpolitische Fragen semantisch zu entscheiden. Der Westen kann
nicht ohne Semantik leben; weder linke noch rechte Parteien
kommen ohne sie aus. Die Rechte wirbt dort für Kürzungen
des Staatshaushalts, während die eine Hälfte der Linken für
Steuerermäßigungen und die andere Hälfte für Steuererhöhun-
gen eintritt. In Rußland ist alles umgekehrt. Hier kämpft die
Linke für niedrigere Steuern, während sie sich in allen anderen
Ländern für höhere Steuern ausspricht, und die Rechte beharrt
im Gegensatz zu allen herkömmlichen Regeln auf einen pro-
gressiven Steuersatz und verlangt die Enteignung von Oligarchen...

Heute wird in Rußland sehr wenig über Politik diskutiert,
und das ist vielleicht gut. Nehmen wir einmal an, das Alltags-
leben und die Politik seien zwei verschiedene Paar Stiefel, und
die Aufgabe der Politik beschränke sich darauf, sicherzustel-
len, daß die Regierung Invaliden die nötige Hilfe gewähren,
den öffentlichen Verkehr regeln und das Verhalten der Menschen auf den Straßen kontrollieren kann. Es spielt keine Rolle,
was für Menschen sich auf den Straßen fortbewegen, solange
sie dies auf dem Bürgersteig tun, wo keine Schneepflüge und
andere Fahrzeuge fahren. Erst wenn klare und unmißverständ-
liche Regeln verletzt werden, bekommen die Übertreter die
Härte des Gesetzes zu spüren. Persönliche Gefühle sind hier
nicht im Spiel.

Meiner Meinung nach hat Putin in den letzten paar Jahren
bewiesen, daß wir nicht nur außenpolitisch in eine Ära des
Realismus eingetreten sind, sondern daß sich das realistische
Modell auch innenpolitisch durchgesetzt hat. Dmitri Medwedews Amtszeit war eine recht unterhaltsame Episode. Die
Gesellschaft begann sich zu fragen, was wohl als nächstes kommen werde. Würden vier weitere Medwedew-Jahre dem Land,
dem Realismus und allem anderen einschließlich der Räumung
des Schnees ein Ende bereiten? Doch dann kehrte Medwedew
in sein Amt als Ministerpräsident zurück und Putin in das Präsidentenamt. Nun können wir mit weiteren Jahren legitimer
Putin-Herrschaft im realistischen Stil rechnen, und diese Frist
kann sich beliebig lange ausdehnen. Wie lange wird dies an-

dauern? Ich glaube, daß in Rußland alles bis zum letzten Moment unberechenbar ist. Wenn wir meinen, etwas kapiert zu haben, heißt dies höchstwahrscheinlich, daß wir auf dem Holzweg sind, weil wir in einer Welt historischer Träume leben. Vielleicht ist das der besondere Charme unserer nationalen Geschichte.

Indem ich Putins Realismus in der Außen- wie in der Innenpolitik in den Mittelpunkt rücke, liefere ich meiner Überzeugung nach eine rationale Erklärung für das, was in Rußland vorgeht. Jede andere Deutung seines Handelns ist meines Erachtens unglaubhaft.

Putins Realismus ist frustrierend und faszinierend zugleich. Er ist frustrierend, weil er den Bedürfnissen unserer Zeit nicht mehr gerecht wird und nicht in der Lage ist, die kritischen und bedeutungsvollen Momente unserer Geschichte und Existenz korrekt zu deuten. Er ist faszinierend, weil der Konservatismus, der in Putins Realismus zum Ausdruck kommt, stets anregend und charmant ist. Doch reicht dies nicht aus. Wir haben regelmäßig den Eindruck, daß Putins Realismus überwiegend technische, kurzfristige Projekte schafft und konzeptualisiert. In aller Fairness darf man darauf hinweisen, daß dem Pragmatismus, mit dem Putin seinen Realismus auf dem Gebiet der internationalen Beziehungen verwirklicht, kein theoretisches Konzept zugrunde liegt oder daß ein solches Konzept, falls es dennoch existiert, niemals formuliert worden ist.

Putins Manager-Elite besitzt kein rationales Modell zur Kalkulation nationaler Interessen und kein klares, widerspruchsfreies Verständnis der Funktion geopolitischer Kräfte auf der Weltbühne. Jene, denen die Aufgabe obliegt, die Interessen von Staat und Volk zu vertreten, handeln nach ihrem persönlichen Gusto oder befolgen Dekrete von oben, denen bisweilen jede Logik abgeht. Der Realismus setzt eine Kalkulation voraus. Hier verläßt sich Putin auf sein Genie und seinen Erfindungsreichtum, aber auch auf den seines inneren Zirkels. Dies bedeutet, daß nicht nur die Idee einer Mission fehlt, sondern daß auch keine systematische Rationalisierung im Sinne der nationalen Interessen stattfindet. Intuition und Geschmeidigkeit –

beides typisch russische Eigenschaften – vermögen das Fehlen eines systematischen Vorgehens teilweise zu kompensieren. Allerdings nur vorderhand, und mit der nationalen Idee hat das nichts zu tun.

Kapitel 7

Alternativen

Medwedews Präsidentschaft:
Die „sechste Kolonne" an der Macht

Im Gegensatz zu Putin, dessen enger Vertrauter er war, legte Dmitri Medwedew das Schwergewicht während seiner Präsidentschaft 2008–2012 nicht so sehr auf die „Souveränität" als auf die „Demokratie" und nahm der Hegemonie gegenüber eine insgesamt sehr viel nachgiebigere Haltung ein. Dies machte ihn zum prowestlichen Liberalen, Technokraten und Globalisten, zum Vertreter der „sechsten Kolonne", wie die Liberalen im Dunstkreis des Präsidenten oft genannt werden. Dabei blieb er Putin gegenüber persönlich stets loyal; er verhielt sich als Konformist und vertrat oft Positionen, die sich, besonders bezüglich der Frage der Souveränität, stark von seinen eigenen Ansichten abhoben. Da es Putin selbst für unabdingbar erachtete, sich strikt an die Normen der Verfassung zu halten, beschloß er, das Präsidentenamt zeitweilig Dmitri Medwedew zu überlassen und sich mit dem Posten des Premierministers zu begnügen, um nach Ablauf der Medwedew-Präsidentschaft wieder in sein altes Amt zurückzukehren. Genau so kam es auch, aber die Medwedew-Jahre warfen ein grelles Licht auf etliche besorgniserregende Aspekte der von Putin verfolgten Politik.

Medwedew betonte von Anfang an, daß er nicht Putins Laufbursche sei; dies manifestierte sich in erster Linie in seinem ausgeprägten Liberalismus. Bezeichnenderweise äußerte er sich öffentlich sehr abfällig über den Begriff der „souveränen Demokratie" und beharrte darauf, daß „Demokratie" an sich schon eine ausreichende Definition eines politischen Systems sei, was auf eine Anerkennung der Legitimität eines reinen Liberalismus sowie dessen Hegemonie hinauslief.

Noch vor seinem Amtsantritt übernahm er demonstrativ den Vorsitz einer dezidiert globalistischen, liberalen und russophoben Denkfabrik, des INSFOR („Institut Sovremennogo Gosudarstva", Institut des souveränen Staats), in dessen Publikationen regelmäßig Kritik an der souveränen Politik Putins geübt wurde. Es liegt auf der Hand, daß Putin dies bewußt zugelassen hatte, um Medwedew als „Westler" darzustellen, mit dem sich die Hegemonie relativ leicht werde verständigen können. Hiermit sollte der äußere Druck auf Rußland während eines Zeitraums gemildert werden, in dem Putin selbst nur der zweite Mann im Staat war. Außerdem bot die offenkundige Illegitimität der Liberalen in den Augen der russischen Öffentlichkeit Gewähr dafür, daß sich Medwedew nach Ablauf seiner Amtszeit nicht an den Präsidentensessel klammern würde. Angesichts der Ablehnung, die dem Liberalismus seitens der Bevölkerung Rußlands entgegenschlug, hatte Medwedew als Liberaler somit keine Aussichten, zur selbständigen, von Putin gänzlich emanzipierten Figur zu werden; als Verkörperung der Souveränität und folglich der Legitimität galt weiterhin Putin selbst.

Allerdings zeigte allein schon die Idee, wenigstens teilweise wieder zur Ideologie der neunziger Jahre zurückzukehren, daß die Reformen Putins jederzeit rückgängig gemacht werden konnten. Nicht alle Liberalen scharten sich um Medwedew, weil die Vertreter der fünften Kolonne – die erklärten Oppositionellen also – das Spiel durchschauten und kapierten, daß dieser lediglich als Steigbügelhalter für Putins Rückkehr an die Macht gedacht war, während die sechste Kolonne den Köder schluckte und offen auf eine Wiederherstellung des Liberalismus in Rußland hinarbeitete.

In der Anfangsphase der Medwedew-Präsidentschaft, am 8. August 2008, ließ der georgische Präsident Micheil Saakaschwili Zchinwal bombardieren, die Hauptstadt Südossetiens, das zu Georgien gehörte, aber eindeutig zu einem Bündnis mit Rußland tendierte und sich durch die nationalistische und am Westen orientierte Politik der Regierung in Tiflis vor den Kopf gestoßen fühlte. Dies stellte Moskau vor eine heikle Wahl: Putins Szenarium zufolge sollte Medwedew eigentlich bis zum Ende seiner Amtszeit den Eindruck eines prowestlichen Liberalen vermitteln, doch Saakaschwilis Aggression gegen Südossetien drohte, den geopolitischen Interessen Rußlands im Kaukasus irreparablen Schaden zuzufügen und verheerende Folgen für die territoriale Einheit der Russischen Föderation nach sich zu ziehen, weil die Nordosseten, das Staatsvolk der zur Russischen Föderation gehörenden Republik Nordossetien, ihrem Selbstverständnis nach derselben Nation angehören wie ihre Brüder südlich der russisch-georgischen Grenze. Hätte Moskau die georgische Provokation tatenlos hingenommen, hätte in Nordossetien ein Aufstand gedroht. Daher sah sich Medwedew gezwungen, russische Truppen nach Südossetien und Abchasien zu entsenden, diese Territorien zu besetzen, ihnen die offizielle Abtrennung von Georgien zu erlauben und sie als souveräne Staaten anzuerkennen. Somit war die Maske gefallen, und der Washington gegenüber jederzeit kompromißbereite prowestliche Liberale entpuppte sich urplötzlich als knallharter Geopolitiker vom Schlage Putins, der den Versuchen Washingtons und seiner Vasallenregime, das Kräftegleichgewicht im postsowjetischen Raum zu ihren Gunsten zu verändern, eine entschlossene Abfuhr erteilt hatte.

Nach der Anerkennung Südossetiens und Abchasiens, die seinem liberalen Programm förmlich ins Gesicht geschlagen hatte, kehrte Medwedew allerdings schon bald wieder zur Strategie der „Demokratisierung" und „Liberalisierung" der Gesellschaft zurück, was die allgemeine Atmosphäre zwar veränderte, jedoch keine einzige konkrete Maßnahme nach sich zog und keinerlei unwiderruflichen Prozesse in Gang setzte.

Medwedew zielte lediglich auf die Demokratisierung des politischen Systems ab, indem er die Registrierung von Parteien förderte, und ließ außerdem einige Tagungen des Forums von Jaroslawl durchführen, bei denen liberale Experten und Ideologen aus dem In- und Ausland den Ton angaben. Insgesamt änderte sich am Modell des Cäsarismus nichts, aber nichtsdestoweniger erschien eine Rückkehr in die neunziger Jahre als Option möglich. So konnte ein Phänomen wie die informelle

„Partei für eine zweite Amtszeit Medwedews" entstehen: Diese rekrutierte sich aus Liberalen, die offen die Entmachtung Putins, die Abkehr vom Cäsarismus und eine Politik im Dienste der Hegemonie forderten (E. Gontmacher, G. Pawlowski und andere). Die Hoffnung auf eine zweite Amtszeit Medwedews hielt die Liberalen von allzu ungestümen Attacken auf Putin ab und versöhnte sie mit dem Stand der Dinge.

Trotz allem trat Medwedews Komplizenschaft bei der Errichtung einer liberalen Hegemonie immer unverhüllter zutage. So empfing er im Kreml einen der führenden Theoretiker des Atlantismus, Zbignew Brzezinski (1928–2017), der das Konzept einer „zweiten Amtszeit" unverhohlen unterstützte und den amtierenden Präsidenten zum direkten Gegenspieler Putins erklärte. Medwedew sprach sich bereitwillig für die von Barack Obama vorgeschlagene „Entspannung" der russisch-amerikanischen Beziehungen aus, unternahm jedoch zunächst keine konkreten Schritte in dieser Richtung. Dies änderte sich im Jahre 2011, als Medwedew die Aggression westlicher Staaten gegen Libyen de facto absegnete, mit dem Ergebnis, daß das Land nach dem brutalen Mord an Präsident Muammar Gaddafi im Oktober jenes Jahres zum Spielball terroristischer Gruppierungen radikaler Islamisten wurde. Mit dieser Politik rückte Medwedew klar von der Linie Putins ab, weil sie das russische Ansehen in der arabischen Welt nachhaltig untergrub, nachdem dieses dank Putins harter Haltung während des Irak-Krieges von 2003 wiederhergestellt worden war und Rußland sich anschickte, in den Nahen Osten zurückzukehren.

Medwedews Vorgehen bewog Putin dazu, die Politik seines Nachfolgers erstmals offen zu rügen und die westliche Aggression sowie die Schützenhilfe des Westens für die Wahabiten scharf zu verurteilen. Medwedew nahm zwar kosmetische Korrekturen an seiner Position vor, doch seine Kapitulation vor der Hegemonie war für die sechste Kolonne ein willkommener Hinweis auf eine bevorstehende Kraftprobe zwischen ihm und Putin. Obwohl sich der Konflikt zwischen den beiden Männern rasch entschärfte, konnte am Vorabend der nächsten Präsidentschaftswahlen kein Zweifel mehr daran bestehen, daß zwischen dem Cäsarismus Putins und dem waschechten Liberalismus Medwedews ein Abgrund klaffte.

Zur Bestürzung der sechsten Kolonne verzichtete Medwedew im Jahre 2012 auf eine erneute Präsidentschaftskandidatur, und Putin kehrte nach einem mühelosen Wahlsieg an die Macht zurück. Die Enttäuschung der Liberalen war so riesig, daß sie versuchten, Massenproteste gegen den Wahlsieg von „Einiges Rußland" und später gegen Putin selbst zu organisieren. Dies gelang ihnen teilweise, denn im Dezember 2011 gingen Hunderttausende gegen „Einiges Rußland" auf die Straße, was auf ein jähes Erstarken der Opposition hinwies. An der Spitze der Proteste standen Liberale, wobei sich unter die fünfte Kolonne – die traditionellen Gegner Putins – auch Angehörige der sechsten Kolonne mischten, doch das Ausmaß der Demonstrationen bewies, daß „Einiges Rußland" im Land keine breite Unterstützung genoß; damit sich die Partei bei den Wahlen durchsetzen konnte, bedurfte es einer beispiellosen finanziellen Unterstützung seitens des Regierungsapparates. Aus diesen Gründen erhielten die Liberalen diesmal Zulauf von einfachen Bürgern, und unter ihrer Flagge marschierten auch allerlei Populisten, die in dem von Putin geschaffenen, volksfernen und weitgehend gesteuerten politischen System keine eigene Nische gefunden hatten.

Auch nach Putins Wahl zum Präsidenten nahmen die Proteste ihren Fortgang, obwohl ihm persönlich nicht annähernd so viel Feindschaft entgegenschlug wie der Partei „Einiges Rußland". Jedenfalls gelang es der Regierung, diesen Protesten Einhalt zu gebieten, teils mittels einer Mobilisierung der Putin-Anhänger bei Gegenkundgebungen, teils durch verschärften Einsatz der Sicherheitskräfte sowie durch Propaganda in den Medien. Schlußendlich vermochte Putin seine Macht wieder zu konsolidieren, und da Medwedew zuvor die Verfassung geändert und die Amtszeit des Präsidenten auf sechs Jahre erhöht hatte, könnte Putin dieses Amt nun legal zwölf Jahre lang (2012–2024) bekleiden. Bei den Wahlen von 2018 setzte er sich mit größter Leichtigkeit durch, doch zuvor, ab dem Jahre 2014, hatten sich in der Ukraine dramatische Ereignisse abgespielt.

Das ukrainische Dilemma im Jahre 2014

Das politische System der Ukraine in der postsowjetischen Periode krankte stets an tiefgreifenden Widersprüchen. Der auf den Trümmern der untergegangenen UdSSR entstandene ukrainische Staat bestand aus Regionen mit höchst unterschiedlicher Geschichte, Tradition und Mentalität: Galizien, Wolhynien, die Zentralukraine, die Nordukraine, der Noworossija genannten Teil des Landes von Charkow bis Odessa und die Krim. Jedes dieser Gebiete hatte seine kulturellen und sprachlichen Besonderheiten, seine eigene Identität. Um ein langfristiges Überleben des neuen ukrainischen Staates zu gewährleisten, bedurfte es eines Modells, auf dessen Grundlage sich sämtliche Bevölkerungsgruppen einigen konnten und das den Bedürfnissen aller von ihnen gebührend Rechnung trug. Statt dessen setzte Kiew auf direkten westlichen Druck hin voll auf die galizisch-wolhynische Komponente; es erklärte ein Geschichtsbild, das den Ukrainern die Rolle eines „westlichen" Volkes zuwies, für die gesamte Ukraine für verbindlich und zwang der Bevölkerung der übrigen Regionen somit eine Identität auf, die nicht die ihre war. Zur Unterstützung dieser Politik wurde der ukrainische Nationalismus künstlich geschürt und zur obligatorischen Ideologie des ganzen Landes erklärt.

Der westliche Teil des Landes blickt bekanntlich auf eine höchst facettenreiche Geschichte zurück. Zwar hatten die dort lebenden Slawen mit den anderen Zweigen der ostslawischen Völker gemeinsame historische Wurzeln, doch bestanden auch tiefgreifende Unterschiede zum östlichen Teil, der russischen Welt. Das galizisch-wolhynische Paradigma glich der polnischen und später der polnisch-litauischen Identität und stellte anstatt der Gestalt eines Fürsten den Menschentyp des Aristokraten in den Mittelpunkt. Doch mit der Zeit integrierte sich die westrussische Aristokratie mehr und mehr in den polnisch-litauischen Staat und verlor ihre hervorstechendsten Merkmale, insbesondere die Zugehörigkeit zum orthodoxen Glauben; sie ging im polnischen Adel auf und büßte ihre westrussische Identität in sprachlicher, religiöser und kultureller Hinsicht ein. Wolhynien und Galizien wurden zum direkten Bestandteil des polnischen Staates, während die Zentralukraine zu Litauen kam. Die übergroße Mehrheit der Bevölkerung bestand dabei nach wie vor aus Bauern, die ihre Bindungen an die russische Kultur bewahrt hatten; eine zentrale Rolle spielte auch weiterhin das Kosakentum, das dereinst an der Grenze zu den großen Steppen und den Tataren entstanden war.

Hatten alle Zweige des ostslawischen Volksstammes während der Periode der Kiewer Rus noch eine Einheit gebildet, so verloren Galizien und Wolhynien ebenso wie die orthodoxen Fürsten und adligen Bojaren der Zentralukraine während der polnisch-litauischen Epoche ihre Selbständigkeit. Deshalb waren die Hauptmerkmale der durch den Bauernstand und das Kosakentum verkörperten westrussischen Identität der orthodoxe Glaube und das Bewußtsein, sich vom polnisch-litauischen Adel ebenso zu unterscheiden wie von der katholischen (später unitarischen) Kirche. Ostrußland war bei den westrussischen Bestrebungen nach Unabhängigkeit durchaus nicht der wichtigste, geschweige denn der einzige Orientierungspunkt, und die Geschichte des Hetmanat (1648–1782) genannten zeitweiligen Kosakenreiches zeigt das Spektrum der möglichen geopolitischen Orientierungen, zu denen immerhin auch die großrussische gehörte; dies erwies sich auch während der Episode des Vertrags von Perejaslawl (1654), durch den der Hetman Bogdan Chmelnizki (1595–1657) ein Bündnis mit Rußland schloß. Trotz allem blieben die Orthodoxie und die spezifische Kultur des ukrainischen Kosakentums sowie der ukrainischen Bauernschaft die hauptsächliche Grundlage der ukrainischen Identität im 17. Jahrhundert und danach.

Mit dem fortlaufenden Erstarken des russischen Imperiums und seinem Vorstoß nach Süden und Westen wuchs auch sein Einfluß auf die Ukraine. Einen Teil seiner neuen Territorien eroberte das russische Imperium im Kampf mit den Krimtataren, die zuvor Untertanen des Osmanischen Reiches gewesen waren. Diese Gebiete wurden „Noworossija" genannt und umfaßten ein riesiges Gebiet von der Slobodanschtschina um Charkow bis nach Odessa sowie die Krim. Noworossija bildete ein eigenes Territorium, in dem die kosakische und die großrussische Iden-

tität miteinander verschmolzen. Die Zentralukraine, besonders
die Gegend um Kiew, war eine Grenzzone, die Litauen schrittweise an Großrußland verlor, während Wolhynien und Galizien
sich teils unter polnischer, teils unter österreichisch-ungarischer
Herrschaft befanden. Nach der Teilung Polens fiel ein erheblicher Teil der Westukraine dem russischen Imperium zu.

Als Ergebnis dieser Entwicklungen hatten sich in der End-
phase des Zarenreiches mehrere ethnokulturelle Gruppen herauskristallisiert, die fast ausschließlich aus Abkömmlingen von
Bauern und Kosaken bestanden, wozu noch eine geringe Zahl
ukrainischer Adliger kam, welche früher einen integralen Bestandteil der polnisch-litauischen Gesellschaft gebildet hatten.
Während die nichtadlige Beamtenschaft zunehmend größeren
Einfluß ausübte, gewann auch der ukrainische Nationalismus
an Stärke, der seine Legitimität nicht nur mit dem Kontrast
zwischen der polnisch-katholischen Kultur und der Orthodoxie begründete, sondern sich darüber hinaus vom Großrus-
sentum abgrenzte, das er vor allem als mächtigen und dem
Volk entfremdeten Apparat der imperialen Bürokratie betrachtete. Während sich Noworossija als integralen Bestandteil Süd-
rußlands mit bäuerlich-kosakischer Bevölkerung sah, übernahmen die Zentral- und die Westukraine die „kleinrussische"
(das heißt ukrainische) Identität, die zwar mehrheitlich ebenfalls orthodox geprägt war, jedoch sprachliche und kulturelle
Eigenheiten aufwies.

Die Idee der Gründung eines tatsächlich unabhängigen ukrainischen Staates wurde in der Phase des Zerfalls des russischen
Imperiums sowie nach dem Ausbruch des Russischen Bürgerkriegs als Folge der Revolution von 1917 aktuell. Allerdings
standen sowohl die Roten als auch die Weißen diesem Konzept
schroff ablehnend gegenüber; deshalb gediehen die Bestrebungen nach staatlicher Unabhängigkeit während der kurzen Zeit
der Zentralen Rada und der Herrschaft des von den Deutschen
eingesetzten Hetmans Pawlo Skoropadski (1917/1918) nie über
das Versuchsstadium hinaus, und der „unabhängige ukrainische
Staat" vermochte nicht einmal seine Grenzen festzulegen – was
in einem mörderischen Bürgerkrieg mit ständig wechselndem
Frontverlauf ohnehin nicht möglich gewesen wäre.

Von soziologischem Standpunkt aus gesehen neigten die Ukrainer zur Selbstorganisierung autonomer ländlicher Gemeinden und näherten sich während des Bürgerkriegs zielstrebig den „Grünen" an, das heißt den Verbänden bewaffneter Bauern, die weder von den Weißen noch von den Roten etwas wissen wollten. Der Sieg der Bolschewiki in der Ukraine schaltete den ukrainischen Nationalismus als aktive politische Kraft aus, und als Bestandteil der Union der Sozialistischen Sowjetrepubliken wurde eine Ukrainische Sozialistische Föderative Sowjetrepublik aus der Taufe gehoben. Dieser wurden ein Teil der Westukraine, die Zentralukraine sowie auch Noworossija zugeschlagen, nicht jedoch die Krim, die als autonome Sowjetrepublik der Russischen Sozialistischen Sowjetrepublik unterstand. Als Ergebnis des Zweiten Weltkriegs gliederte Stalin später auch Wolhynien und Galizien, die bis nach dem Ersten Weltkrieg zu Österreich-Ungarn und später zu Polen gehört hatten, der UdSSR an.

Zum Zeitpunkt des Zerfalls der Sowjetunion umfaßte die Ukraine infolgedessen Gebiete mit sehr unterschiedlicher Geschichte und Mentalität. Die beiden Gegenpole bildeten dabei die Westukraine einschließlich der nördlichen Landeszonen sowie eines Teils der Gegend um Kiew auf der einen und die Ostukraine, das heißt vor allem Noworossija und die Krim, auf der anderen Seite. Nach der Erlangung der Unabhängigkeit bot sich Kiew im Jahre 1991 die Chance, einen dauerhaft lebensfähigen Staat zu schaffen, der den Eigenheiten dieser beiden gegensätzlichen Pole gebührend Rechnung trug, doch dazu hätte man deren Interessen harmonisch miteinander abstimmen müssen. Im Westen wurde ganz überwiegend Ukrainisch gesprochen, und die geschichtlichen Bindungen an Osteuropa waren sehr stark, so daß sich ein erheblicher Teil der Bevölkerung als „westlich orientiert" betrachtete. In Noworossija wurden die historischen und kulturellen Gemeinsamkeiten mit Rußland sehr viel stärker betont. Diesem Kontrast hieß es unbedingt Rechnung tragen, und bei der Entwicklung einer gesamtukrainischen Ideologie waren beide Komponenten zu berücksichtigten, so daß sich daraus eine Synthese herstellen ließ. Dies hat allerdings keine einzige ukrainische Regierung je getan oder auch nur versucht. So kam es zum Zusammenprall zweier Spielarten der ukrainischen Idee – der radikaleren und aggressiveren westlichen Variante und der gemäßigteren und passiveren östlichen. Die Anhänger einer Westorientierung trommelten für den Beitritt zur EU und die Abgrenzung von Moskau; die Bevölkerung Noworossijas trat für die Annäherung an Rußland ein. Dabei gehörte sowohl im Osten als auch im Westen die überwältigende Mehrheit der Bevölkerung der Ukrainisch-Orthodoxen Kirche an, die allerdings in ein „Moskauer Patriarchat" und ein „Kiewer Patriarchat" gespalten war. Dies war nicht bloß eine Folge der Entwicklungen in den letzten Jahrhunderten, als das russische Imperium diese Gebiete seiner Herrschaft unterwarf, sondern spiegelte auch die alten Quellen der westrussischen Kultur wider, in der die Orthodoxie den Kern der nationalen Identität bildete.

Ab 1991 gewannen die prowestlichen Strömungen in der ukrainischen Elite Oberwasser. Sie forderte eine vollständige Unterwerfung der Ostukraine unter den westlichen Landesteil, versuchte der in ihrer übergroßen Mehrheit russischsprachigen Bevölkerung des Ostens die ukrainische Sprache aufzuzwingen und sie sogar zum Beitritt zur unitarischen Kirche zu nötigen; in dieser sahen sie nämlich eine Art ukrainische Nationalkirche als Gegengewicht gegen das Moskauer Patriarchat. Eine Schlüsselrolle bei dieser Politik spielten eine aggressive Russophobie sowie die Bestrebungen zur Rehabilitierung der Anhänger der gegen Moskau operierenden Ukrainischen Aufständische Armee (UPA) unter ihrem Anführer Stepan Bandera (1909–1959) und der anderen nationalistischen Verbände, die im Zweiten Weltkrieg auf deutscher Seite bzw. gegen die Rote Armee gekämpft hatten. Unter den neuen Bedingungen war diese Identität auf den Westen orientiert, also auf die USA, die NATO und die EU.

Die östliche Identität Noworossijas (einschließlich der Krim) war weniger ausgeprägt als ihr westlicher Gegenpart. Ihre hauptsächliche Basis hatte sie im Südosten. Hier war Russisch die unbestritten führende Sprache; im historischen Gedächtnis dieser Gebiete von Charkow über das Donezbecken, Saporoschje und Nikolajew bis hin nach Odessa waren die Erinnerung an Zarin Katharina die Große und die Feldzüge des russischen Imperiums gegen die Osmanen nach wie vor lebendig, und die UdSSR sowie die Rote Armee galten hier weithin als Befreier der Ukraine von der deutschen Fremdherrschaft. Unter den veränderten Bedingungen tendierte der Osten der Ukraine klar zu Rußland und wollte von einer übereilten Annäherung an den Westen nichts wissen.

Somit teilten zwei einander diametral entgegengesetzte Denkmuster und Gefühlswelten die Ukraine in zwei ungefähr gleich große Hälften. Als Folge herrschte bei zahlreichen Wahlen ein annäherndes Kräftegleichgewicht: Der Westen und das Zentrum stimmten für die Nationalisten oder die prowestlichen und proatlantischen Liberalen, der Osten sowie die Krim für jene Parteien und Politiker, die für eine Freundschaft mit Rußland warben und dem Westen gegenüber bestenfalls eine vorsichtig neutrale Position beziehen wollten.

In Moskau selbst konnte von einer konsequenten Ukraine-Politik überhaupt keine Rede sein. Der Kreml leistete den Kandidaten aus dem Osten sehr verhaltene Unterstützung, tat dies jedoch primär aus wirtschaftlichen – vor allem energiepolitischen – Erwägungen und tat nichts gegen die Russophobie, den ukrainischen Nationalismus und den Atlantismus in der Ukraine.

In den neunziger Jahren spielten liberale Eliten in Rußland selbst die erste Geige. Sie waren fast ebenso russophob eingestellt wie die prowestlichen und nationalistischen Kräfte in der Ukraine – manche ukrainische Nationalisten hatten sogar auf der Seite der tschetschenischen Separatisten gegen Rußland gekämpft – und sahen in diesen deshalb keine Gefahr, zumal sie ja von ein und denselben westlichen Zentren gelenkt wurden. Auch nach Wladimir Putins Machtübernahme änderte sich hieran nicht viel; Moskau begnügte sich mit einer recht lahmen Unterstützung der „Kandidaten des Ostens" und unternahm den einen oder anderen lustlosen Versuch, den antirussischen Strömungen im südlichen Nachbarstaat entgegenzuwirken. Dieser Frage schenkte Putin eindeutig zu geringe Aufmerksamkeit.

Maidan, Krim, Noworossija

Der Konflikt zwischen der Ost- und der Westukraine schwelte zwei Jahrzehnte lang, ehe es einer der beiden Seiten gelang, ein entscheidendes Übergewicht zu gewinnen. Diese Pattsituation erklärte sich damit, daß beide Seiten zahlenmäßig annähernd gleich stark waren und jeweils für ihre eigenen Kandidaten stimmten, so daß sich die beiden Lager im Parlament ungefähr die Waage hielten. Bei den Wahlen des Jahres 2010 setzte sich zum zweiten Mal der Kandidat des Ostens, Viktor Janukowitsch, durch. Dieser war durchaus nicht besonders rußlandfreundlich und trat auch nicht für eine Annäherung an die Russische Föderation ein, vertrat jedoch alles in allem dennoch die Position Noworossijas. Janukowitsch ließ eine konsequente Politik vermissen; unter ihm wucherte die Korruption noch stärker als zuvor, und er tat nichts, um den prowestlichen Kräften, die die Globalisierung und die westliche Strategie unverhohlen unterstützten, einen Riegel vorzuschieben. All dies machte ihn auch im östlichen Landesteil zunehmend unpopulär. Er versuchte nach der Logik des Realismus und des Cäsarismus zu operieren, indem er die Hegemonie um seines Machterhalts willen akzeptierte, tat dies aber im Gegensatz zu Putin tölpelhaft und halbherzig, ganz abgesehen davon, daß es ihm hierzu an den nötigen Ressourcen fehlte.

Janukowitsch hatte zwei Optionen: Er konnte sich entweder resolut auf die Seite Rußlands schlagen oder aber der ukrainischen Gesellschaft ein politisches und sozialökonomisches Modell offerieren, das für beide Pole annehmbar war. Letzteres hätte angesichts der gegensätzlichen geopolitischen Orientierung der beiden Lager freilich ein hohes Maß an staatsmännischer Kunst erfordert und Respekt vor der Identität beider Seiten vorausgesetzt. Janukowitsch war mit dieser Aufgabe hoffnungslos überfordert, was sein politisches Schicksal im Fall einer Verschärfung der Situation und eines offenen Konflikts zwischen den beiden Landesteilen von Anfang an besiegelte.

Nachdem es Janukowitsch im November 2013 abgelehnt hatte, einen für die Ukraine höchst unvorteilhaften Assoziierungsvertrag mit der EU zu unterzeichnen, inszenierten die Atlantiker, die Nationalisten und die Anhänger des EU-Beitritts auf dem größten Platz Kiews, dem Maidan, massenhafte Protestkundgebungen. Mit offener Unterstützung der USA und der EU-Regierungen erhoben die Demonstranten immer radikalere Forderungen und skandierten ultranationalistische und rußlandfeindliche Losungen. Die Konfrontation mit der Regierung verschärfte sich laufend, und es kam zu einem Blutbad, für das mit hoher Wahrscheinlichkeit eigens hierfür eingesetzte Scharfschützen verantwortlich waren. Im Februar geriet die Lage vollends außer Kontrolle, und der Maidan wurde zum recht eigentlichen Schlachtfeld, wobei die Opposition mehrere Regierungsgebäude besetzte. Faktisch erfolgte ein Staatsstreich, und Präsident Janukowitsch sah sich gezwungen, nach Charkow und von dort aus auf das Territorium der Russischen Föderation zu fliehen.

In Noworossija von Odessa bis Charkow, erst recht aber auf der Krim und im Donezbecken, begriff man sofort, daß in Kiew radikale rußlandfeindliche Gruppierungen ans Ruder gekommen waren, von denen manche nicht vor Aufrufen zur physischen Ausrottung fast der ganzen Bevölkerung Noworossijas sowie sämtlicher prorussisch eingestellter Bürger zurückschreckten. Dies führte zur Mobilisierung der anderen Hälfte der Ukrainer, die sich nun unmittelbar bedroht fühlte. In dieser dramatischen Lage kündigten die Bewohner der Krim im März 2014 eilends ein Referendum über die Rückkehr der Halbinsel zu Rußland an. Moskau billigte diesen Schritt, der dazu führte, daß der ukrainische Staat nicht mehr in seinen nach dem Zerfall der UdSSR entstandenen Grenzen existierte. Der Funke sprang auch auf andere Städte in Noworossija über. Am 2. Mai verbrannten ukrainische Chauvinisten in Odessa mehr als 50 prorussisch gesinnte Bürger bei lebendigem Leib. In Charkow brachen schwere Unruhen aus, und in Lugansk sowie in Donezk bekundete die Bevölkerung ihren Wunsch nach einer Wiedervereinigung mit Rußland nach dem Vorbild der Krim.

Nach der Rückkehr der Krim zum Mutterland, die von der überwältigenden Mehrheit der russischen Bevölkerung enthusiastisch begrüßt wurde, versuchte die fünfte Kolonne, die russischen Liberalen, große Protestkundgebungen auf die Beine zu bringen, doch angesichts der eindeutigen Haltung des russischen Volkes isolierten sich die liberalen Oppositionellen mit diesem Schritt nur noch mehr und machten sich buchstäblich selbst zu gesellschaftlichen und politischen Parias. In dieser Situation ließ Putin jedoch die Zweideutigkeit seiner Position erkennen. Einerseits anerkannte er das Ergebnis des Referendums auf der Krim ohne jedes Zögern und stimmte der Wiedervereinigung der Halbinsel mit dem russischen Mutterland zu; dies war seine stärkste Antwort auf die russophobe Hysterie auf dem Maidan. Andererseits unterließ er es, sich klar auf die Seite von Lugansk und Donezk zu stellen, und begnügte sich weitgehend mit humanitärer und teilweise auch politischer Unterstützung für die aufständischen Gebiete Noworossijas; die prorussischen Kräfte in den anderen Teilen der Ukraine überließ er einfach ihrem Schicksal.

Die durch die Rückgewinnung der Krim und den Kampf Noworossijas begeisterten russischen Patrioten verlangten von Putin die Entsendung von Truppen, und ein Strom von Freiwilligen ergoß sich in die Ostukraine. Doch verweigerte Putin dem prorussischen Aufstand jede militärische Unterstützung und unterließ es vor allem, die Anwesenheit des geflüchteten Janukowitsch auf russischem Territorium politisch zu nutzen: Dieser war nämlich immer noch der legitime Präsident seines Staates und hätte durchaus das Recht gehabt, Rußland um militärische Hilfe gegen Kiewer Putschisten zu bitten. Dies war bis zu dem Tag möglich, an dem Moskau die neue Regierung Pjotr Poroschenkos offiziell anerkannte. Doch Putin vertat diese Chance; er gab sich mit der Krim zufrieden und leitete den Prozess der Minsker Verhandlungen ein, der in eine Sackgasse mündete.

Da sich Kiew bewußt war, daß Putin keine Truppen zur Unterstützung Noworossijas entsenden würde, ließ es seine Armee ins Donezbecken einmarschieren. In Lugansk und Donezk fiel ein Gebiet nach dem anderen, und die prorussischen Kräfte mußten immer weiter zurückweichen. Dies gab den Anstoß zu einer blutigen Abnützungsschlacht, die bis zum heutigen Tage andauert.

Alles in allem haben sich in der Ukraine vorerst die Anhänger einer rein westlichen Ideologie durchgesetzt, wobei ihnen der Verlust der Krim und die – wenn auch zögerliche – Unterstützung der Ostukraine durch Rußland argumentative Schützenhilfe leisten. Unter diesen Umständen schwebt jeder Sympathisant Rußlands in der Ukraine in ständiger Lebensgefahr, da der nationalistische Terror dort fast ungehindert wütet.

Zur Strafe für die Rückkehr der Krim verhängte der Westen Wirtschaftssanktionen gegen Rußland, welche diesem freilich nicht den erhofften Schaden zufügten. Bedeutend schwerer ins Gewicht fällt das Stocken des Projekts Noworossija, das den Namen „Russischer Frühling" erhalten hatte und zum Moment der Konsolidierung der russischen Identität geworden war. Hier bot sich Putin eine einmalige Chance, aus dem Rahmen seines starren politischen Realismus auszubrechen und die Strukturen des Cäsarismus zu überwinden. Die direkte Konfrontation, nicht so sehr mit dem prowestlichen Regime, das sich nach den Ereignissen auf dem Maidan in Kiew an die Macht geputscht hatte, als mit der Hegemonie selbst – die den Konflikt provoziert und versucht hatte, die beiden Zweige des ostslawischen Volkes in einen brudermörderischen Konflikt zu hetzen – hätte in Rußland selbst zu einschneidenden Veränderungen führen und zum entscheidenden Impuls für die Wiedergeburt des russischen Logos werden können. Dies geschah jedoch nicht. Die Stagnation des Projekts Noworossija und des russischen Frühlings, für den zahllose russische Helden ihr Leben gegeben haben, zeigen klar, wo Putin die Grenzen setzt.

Nachdem er sich angesichts der Ergebnisse der Minsker Verhandlungen bewußt geworden war, daß die Entwicklung in der Ukraine in eine Sackgasse geraten war, verlagerte er den Schwerpunkt seiner Aktivitäten in den Nahen Osten. Er stellte sich auf die Seite des syrischen Präsidenten Baschar al-Assad, der zum Opfer der zerstörerischen Strategie der USA geworden war und in dessen Land ein von außen geschürter Bürgerkrieg wütete, bei dem der Westen radikale islamistische Terrorbanden nach Kräften unterstützte. Dank der russischen Militärhilfe konnte eine Wiederholung des irakischen und des libyschen Szenariums vermieden werden. Im Rahmen des

Kampfes gegen den radikalen Islam in Syrien vollzog Putin eine strategische Annäherung an den Iran und die Türkei, wodurch sich die Konturen eines geopolitischen Dreiecks Moskau–Teheran–Ankara abzuzeichnen begannen. Dies rief gewisse Entwicklungen des 19. Jahrhunderts in Erinnerung, als drei Imperien – das russische, das persische und das osmanische – miteinander im Streit lagen, jedoch fast gleichzeitig zu Opfern der westlichen Politik wurden und in ihrem Inneren parallel dazu einen Modernisierungsprozeß vorantrieben.

Die aufgrund der Wiedervereinigung mit der Krim gegen Rußland verhängten Sanktionen veranlaßten Putin, die Beziehungen zu den Ländern des Ostens und insbesondere zu China in beschleunigtem Tempo zu entwickeln. In Übereinklang mit der Politik der wirtschaftlichen Integration des postsowjetischen Raums im Rahmen des Eurasischen Wirtschaftsrats rief diese Politik das Eurasische Projekt in Erinnerung,[268] auch wenn Putin diesen Weg nicht so sehr aus aktivem geopolitischem Bewußtsein, sondern viel eher als Reaktion auf die Strategie des Westens eingeschlagen hat, der getreu seiner geopolitischen Logik bestrebt war, einen russischen Vorstoß zu den Küstenzonen des eurasischen Kontinents zu vereiteln. Diese westliche Politik hat sich auch nach Donald Trumps Wahlsieg in den USA nicht nennenswert geändert. Zwar ist dieser längst kein so feuriger Atlantiker wie seine Vorgänger und betrachtet Rußland nicht als seinen Hauptgegner, aber in den USA beeinflussen die Ansichten des Präsidenten den außen- und geopolitischen Kurs des Landes keineswegs so unmittelbar wie in Rußland oder anderen Staaten, und allein schon der Gegensatz zwischen der Zivilisation des Festlandes und der Zivilisation des Meeres stellt ein klassisches Prinzip der Geopolitik als solches dar, an dem sich die amerikanische Strategie unabhängig von der Einstellung des jeweiligen Präsidenten orientiert. Der Widerstand gegen den Atlantismus nimmt auch ohne die erzwungenen Schritte Putins immer mehr die Gestalt einer eurasischen Geopolitik an, wobei die fehlende Konsequenz bei der Verwirklichung des Projekts Noworossija diese Entwicklung um

---

[268] Alexander Dugin. Das Projekt „Eurasien". Moskau 2004.

---

ein gutes Stück zurückgeworfen und den Unterschied zwischen dem Realismus der Putin-Politik und einem echten, unverwässerten Eurasiertum deutlich gezeigt hat.

Der Verzicht auf die Verwirklichung des Projekts Noworossija war der bisher schwerwiegendste geopolitische Fehler Wladimir Putins.

Die Ukraine im „Großen Spiel"

Um die geopolitische Bedeutung der ukrainischen Krise zu ermessen, müssen wir uns zunächst den geographischen Realitäten zuwenden. In seinem Buch „Die einzige Weltmacht: Amerikas Strategie der Vorherrschaft" hat der US-Politologe Zbigniew Brzezinski darauf hingewiesen, daß eine Vereinigung oder zumindest eine Allianz zwischen Rußland und der Ukraine eine unabdingbare Voraussetzung für den Aufstieg Rußlands zu einer neuen, unabhängigen, eurasischen Macht darstellt, die imstande ist, ihre Souveränität zu verteidigen. Aus diesem Grund verfolgten die Atlantiker konsequent das Ziel, die Ukraine gegen Rußland aufzuwiegeln. Dies war der geopolitische Hintergrund der Krise. Die Ukraine – oder besser gesagt ein Teil davon – war schon seit langem ein Widersacher Rußlands. In der Westukraine haben antirussische Strömungen Tradition. Die Ukraine ist von ihrer Denkweise her ein gespaltenes Land. Die westliche Hälfte hat eine ganz andere Mentalität als die östliche, Noworossija, deren Identität mit der großrussischen identisch ist. In den Augen der Atlantiker gibt es freilich nur eine Ukraine mit westukrainischer Identität, und diese westukrainische Identität haben sie stets gefördert, obgleich nur die Hälfte der Bevölkerung sich dazu bekennt.

Was auf dem Maidan-Platz in Kiew nach der Ankündigung der ukrainischen Regierung am 21. November 2013, das Assoziierungsabkommen mit der Europäischen Union vorerst nicht unterzeichnen zu wollen, geschah, war ein brutaler Staatsstreich, unterstützt von der CIA und der EU. Dieser Staatsstreich richtete sich gegen Rußland. Er hatte zur Folge, daß die Ukraine auseinanderbrach. Für Putin ergab sich hieraus eine ungemein schwierige Situation, denn der amtierende

Präsident Viktor Janukowitsch war nicht wirklich prorussisch. Er war neutral, aber er war dank den Stimmen der Ostukrainer zum Präsidenten gewählt worden, die mit den Russen Identität und Kultur gemeinsam haben. Dies bedeutet nicht, daß Ost- und Westukrainer zwei säuberlich getrennte Ethnien wären. Sie unterscheiden sich von ihrer Denkweise und Kultur her, sind aber ethnisch stark miteinander vermischt.

Nach den Maidan-Protesten ritt der Westen eine geopolitische Attacke gegen Rußland, um dessen Erstarken und dessen Wiedergeburt als unabhängiger geopolitischer Faktor zu vereiteln. Putin sah sich gezwungen zu reagieren. Er erklärte, er werde die russische Welt retten, und wer von der russischen Welt spricht, meint damit auch die östliche Hälfte der Ukraine: Noworossija, die Gebiete um Charkow und Odessa sowie die Krim.

Als sich die Lage zuspitzte, der Putsch geglückt und Janukowitsch nach Rußland geflohen war, entschied sich Putin jedoch dafür, nur einen Teil dieses Konzepts zu verwirklichen, das heißt nur einen Teil der Ostukraine für Rußland zu retten. Zwar konnte die Krim – ein Gebiet, das ethnisch, kulturell und historisch zu Rußland gehört – dank der tatkräftigen Hilfe Putins zum Mutterland zurückkehren. Doch unterließ er es, auch Noworossija zu befreien; er ließ diese Chance nach der Flucht von Janukowitsch nach Rußland ungenutzt. Janukowitsch hätte ohne weiteres die russische Armee zur Hilfe rufen können, galt er Moskau doch als legitimer Präsident und einziger rechtmäßiger Vertreter der Ukraine.

Der Putsch in Kiew war eine klare Verletzung der ukrainischen Verfassung. Putin hätte die östliche Hälfte der Ukraine befreien und hierdurch all die Probleme, die sich schon bald ergeben sollten, vermeiden können. Die Ukraine hätte zu einem Bundesstaat umgewandelt werden oder der Osten des Landes hätte sich für unabhängig erklären können. Dies wäre tatsächlich eine Rettung der russischen Welt gewesen. Doch vor diesem Schritt schreckte Putin zurück.

Der Widerstand in der Ostukraine, im rohstoffreichen Donezbecken, formierte sich keineswegs auf Putins Initiative.

Ganz im Gegenteil, er versuchte anfangs sogar, diesen Widerstand zu sabotieren. Er sprach sich gegen ein Referendum über die Unabhängigkeit der Ostukraine aus. Er strebte einen Kuhhandel mit Kiew an. Weil man ihn im Westen nach der Rückkehr der Krim zu Rußland nach Kräften dämonisierte, wagte er es nicht, aufs Ganze zu gehen. Einen Totalverrat an der Ostukraine kann man ihm allerdings nicht vorwerfen, denn ein gewisses Maß an Hilfe hat er dieser schon gewährt.

Der Abschuß des malaysischen Passagierflugzeugs am 17. Juli 2014 war eine von den Ukrainern inszenierte Provokation, um Rußland als terroristische Macht anzuschwärzen, die den sogenannten „Separatisten" die Raketen dafür geliefert hätte. All das ist im Rahmen der geopolitischen Strategie des Westens zu sehen; dieser stützte sich auf radikal antirussisch gesinnte Kräfte, die im westlichen Teil des Landes eine kaum noch verhüllte Diktatur errichteten.

Ich wiederhole: Rund die Hälfte der ukrainischen Bevölkerung ist mehr oder weniger prowestlich gesinnt und besitzt eine westukrainische Identität; die andere Hälfte mag ethnisch zum großen Teil aus Ukrainern bestehen, denkt und fühlt aber russisch.

Zu Rußland zurückgekehrt ist aber lediglich die Krim mit ihren etwas mehr als zwei Millionen Einwohnern. In der Ostukraine wird bis zum heutigen Tage gekämpft. Meiner Überzeugung nach hat Putin hier schwere Irrtümer begangen; er hätte militärische Macht einsetzen müssen, um die Ostukraine zu befreien. Das hat er jedoch nicht getan. Das vom französischen Präsidenten François Hollande, der deutschen Bundeskanzlerin Angela Merkel, dem ukrainischen Präsidenten Pjotr Poroschenko und Rußlands Präsident Wladimir Putin am 12. Februar 2015 unterzeichnete Minsker Abkommen hat keine Lösung der Ukraine-Frage gebracht. Ein Ende der Sanktionen gegen Rußland ist ohnehin nicht abzusehen, weil sich der Westen nicht mit einer russischen Krim abfinden will, nicht in der heutigen politischen Lage. Somit hat Putin den vollen Preis bezahlt, aber nicht einmal die Hälfte dessen bekommen, was ihm gebührte.

In diesem Punkt kritisieren die patriotischen, eurasisch gesinnten Kräfte Rußlands Putin sehr heftig, denn nach der Rückkehr der Krim zum Mutterland hätte unbedingt die Befreiung der ganzen Ostukraine erfolgen müssen, die ein Teil der russischen Welt ist.

Das Argument, eine solche Politik hätte ja einen Krieg auslösen können, ist haltlos, weil ohnehin ein Krieg tobt. Im Donezbecken, in Lugansk, schweigen die Waffen bis zum heutigen Tage nicht. Auch in der Westukraine leiden Millionen von Menschen unter der Diktatur. Ich vergleiche die Ukraine oft mit Belgien, einem Staat, in dem zwei Völker leben.

Putin hatte die einmalige Chance, einen russischen Frühling herbeizuführen. Er hat diese Chance vertan.

Wie bereits gesagt, wurde Rußland nach der Wiedervereinigung mit der Krim im Westen angeschwärzt und isoliert. Man belegte es mit wirtschaftlichen und politischen Sanktionen und versuchte nach Kräften, es moralisch zu ächten. Da diese Sanktionen und diese Verleumdungskampagne ohnehin nicht zu vermeiden waren, hätte Rußland ruhig aufs Ganze gehen und auch die Ostukraine befreien können. Provokationen, wie die Ende 2018 durch ukrainische Marineeinheiten im Asowschen Meer erfolgten, wären dann nicht möglich gewesen.

Einen Atomkrieg um der Ukraine willen hätten die USA so oder so nicht vom Zaun gebrochen. Ein solcher Schritt war von Anfang an vollkommen undenkbar, aber alle anderen Formen des Drucks – Isolierung, Sanktionen, Ausschluß aus der G8-Runde usw. – bleiben unvermindert bestehen. In der heutigen Situation ist es für Putin äußerst schwierig, das damals Versäumte nachzuholen. Er befindet sich in einer Sackgasse. Sein Zaudern in jenen entscheidenden Tagen hat uns immensen Schaden zugefügt, und meiner Meinung nach werden wir noch sehr lange an den Folgen dieses Irrtums zu leiden haben.

Putins unerwiderte Liebe zu Deutschland

Putin ist als prodeutscher Politiker bekannt. Seine Erfahrung mit Deutschland, wo er jahrelang gelebt hat, sowie seine Kenntnis der deutschen Sprache haben ihn stark geprägt, und er empfindet für Deutschland tiefe Sympathie. Letzten Endes ist er ein europäischer Politiker. Er ist kein Eurasier. Er ist ein europäischer, konservativer, realistischer Politiker. Und er träumt von einem Bündnis Rußlands mit Europa. Er würde nur allzu gerne an der Schaffung eines Großeuropas von Lissabon bis Wladiwostok mitwirken. Und Deutschland ist für ihn der bevorzugte Partner.

Allerdings strebt er nicht bloß enge Beziehungen auf dem Gebiet von Wirtschaft, Erdgaslieferungen, Bodenschätzen, Handel und Technologie an, sondern würde auch gerne eine Ordnung nach deutschem Muster schaffen. Vielleicht möchte er, wie viele russische Zaren, Deutschland als Vorbild einer funktionierenden Gesellschaft darstellen, als Beispiel jener Ordnung, die uns in Rußland so sehr fehlt. Putin ist ein Mann, der großen Wert auf Ordnung legt. Er verabscheut das Chaos. Und er strebt möglichst enge Beziehungen zu Deutschland an.

Was ihn aber enttäuscht, ist das Fehlen einer unabhängigen deutschen Politik. An einem Mangel an Unabhängigkeit krankt allerdings ganz Europa. Europa befindet sich im Würgegriff einer globalistischen Elite, die liberal, postmodern und antirealistisch ist und einen Kampf bis aufs Messer gegen die Souveränität der Nationen führt. Gegen diese Bestrebungen, die den ganzen Planeten zu zerstören drohen, will Putin ankämpfen und eine enge Allianz zwischen Westeuropa und Rußland schmieden. Eine zentrale Rolle spielt dabei Putins Vision von Deutschland. Gewiß, er ist deutschfreundlich eingestellt. Das Fehlen einer unabhängigen deutschen Politik dürfte auf die Ergebnisse des Zweiten Weltkriegs, aber auch auf die Situation in der EU zurückgehen. Aus diesem Grund ist es Putin momentan verwehrt, seinen Traum von der Schaffung enger Beziehungen zu Deutschland und der Begründung einer russisch-westeuropäischen Allianz zu verwirklichen. Nachdem sich Paris und Berlin geweigert hatten, sich an der Intervention im Irak zu beteiligen, hatte Putin die Möglichkeit einer Achse Paris–Berlin–Moskau vorgeschwebt. Und Putin war damals ungemein optimistisch eingestellt.

Eine solche Entwicklung hätte sich auch sehr günstig auf die russische Gesellschaft ausgewirkt, denn bei einer Vertiefung der Beziehungen zu Westeuropa hätte Rußland die positiven Aspekte der europäischen Gesellschaft übernehmen und auch unsere konservativen und traditionellen griechisch-römischen, oder griechischen, Werte pflegen können. Somit trägt das Bündnis mit Deutschland, das Putin vorschwebt, einen dezidiert konservativen Charakter, aber es ist dies ein pragmatischer Konservatismus.

Zu den europäischen Werten, zu denen Putin sich bekennt, gehört auch ein gewisses Maß an Kapitalismus. Er ist nicht grundsätzlich gegen den Kapitalismus, sondern für einen gelenkten, staatlich organisierten Kapitalismus. Und er betrachtet Deutschland als Modell. Er ist ja ein Deutschenfreund. Doch weil Deutschland heute kein unabhängiges Land ist, findet er dort keine wirkliche Unterstützung. Er findet niemanden, mit dem er in Deutschland sprechen kann, da die deutsche Regierung nicht Deutschland vertritt. Sie ist eine Regierung, die von den Atlantikern kontrolliert wird.

Meines Erachtens ist das eine Katastrophe für die deutsch-russischen Beziehungen, weil dies eine Chance, eine historische Chance für unsere Völker und Länder wäre, sich näherzukommen. Diese Chance vollumfänglich zu nutzen, ist gegenwärtig nicht möglich. Immerhin glaube ich, daß die Nord-Stream-Pipeline und andere Projekte in Putins Augen trotzdem wichtig sind: Wenn es uns schon nicht gelingt, auf den Feldern Geld, Politik, Verteidigung und Sicherheit eine Allianz zu bilden, dann arbeiten wir doch wenigstens auf wirtschaftlichem Gebiet zusammen!

Doch steht Deutschland unter starkem Druck, jegliche Zusammenarbeit mit Rußland einzustellen. Meiner Überzeugung nach schlägt dies den deutschen Interessen förmlich ins Gesicht, aber das Problem liegt darin, daß Deutschland heute anscheinend in Abrede stellt, überhaupt irgendwelche nationalen Interessen zu haben. Kann Deutschland den Mut aufbringen, zu erklären, daß es als Land und als Volk nationale Interessen besitzt?

Es ist dies eine tragische Situation, doch mir scheint, daß wir den Realitäten ins Gesicht blicken müssen.

Putin und Trump – ein Traumpaar?

Aufgrund der Reden, die Trump während des Wahlkampfs 2016 in den USA hielt, stand Putin ihm außerordentlich positiv gegenüber. Trumps Diskurs war antiglobalistisch, antiliberal und in bezug auf die internationalen Beziehungen antihegemonial; er rief das amerikanische Volk dazu auf, sich auf seine innenpolitischen Probleme zu konzentrieren. Sein Konzept „America first" war also eine Art Wiederbelebung der alten isolationistischen Tradition der Republikaner: Konzentration auf die innenpolitischen Probleme; Einstellung der interventionistischen Politik; Schluß mit der ständigen Einmischung in die Angelegenheiten anderer Länder.

Es war ein Versuch, der traditionellen Haltung der amerikanischen Konservativen zu internationalen Fragen wieder zur Geltung zu verhelfen, und Putin spendete diesen Bemühungen Beifall. Er unterstützte sie, weil sie die Schaffung einer multipolaren Welt, die friedliche Einigung zwischen West und Ost sowie das Ende der aggressiven antirussischen Politik in den Bereich des Möglichen rücken ließen. Und Putin war bereit, den Amerikanern notfalls viele Konzessionen zu machen.

Zu dieser Hoffnung hatte er allen Anlaß, hatte Trump doch grundlegende Wahrheiten ausgesprochen, die sich mit Putins damaliger und heutiger Sicht der Dinge deckten: Schluß mit der Unipolarität; Akzeptanz einer multipolaren Welt; Suche nach einer rationalen Lösung bei der Gestaltung dieser neuen Realität; Schaffung eines neuen Kräftegleichgewichts in einer post-unipolaren Welt.

Genau das war Trumps Agenda gewesen. Doch als Trump 2017 ins Weiße Haus eingezogen war, wurde er von den Neokonservativen, vom „Deep State", von anderen traditionellen Interventionisten – kurzum, von den globalistischen Kräften – gewissermaßen in Geiselhaft genommen. Er, der versprochen hatte, den „Sumpf trockenzulegen", versank immer tiefer im Morast. Dies war eine enttäuschende Entwicklung, die für Putin das Ende vieler Illusionen bedeutete.

Allerdings begriff der russische Präsident als Realist stets, daß Trumps Handlungsfreiheit durch gewisse objektive Bedingungen stark eingeschränkt war. Meiner Meinung nach hat Putin trotz allem ein gewisses Interesse an Trump, ja eine gewisse Sympathie für ihn bewahrt, auch in Situationen, in denen ihm beide Hände gebunden sind, insbesondere in der Frage der Affäre wegen der frei erfundenen russischen Einmischung in den amerikanischen Wahlkampf. Seine Unterstützung für Trump war rein moralischer Art. Er mochte Trump. Er hörte gerne, was dieser während des Wahlkampfs sagte, doch damit hatte es sich schon; es gab keine russische Einmischung in den US-Wahlkampf.

Die einzige Einmischung war der Hinweis auf russische Oligarchen, die geschäftliche Beziehungen mit der demokratischen Präsidentschaftskandidatin Hilary Clinton unterhielten. Dies gab Putin ganz offiziell zu verstehen, aber niemand berichtete darüber. Niemand wollte es hören, weil es dem von den westlichen Atlantikern und Globalisten gesponnenen Mythos widersprach, daß Putin Trump geholfen habe. Putin hat Trump nicht unterstützt, allenfalls moralisch, weil er mit ihm positive Erwartungen verknüpft hatte.

Heute, nach zwei Jahren Amtszeit, ist die Lage etwas anders. Ich glaube aber, daß Putin immer noch gewisse Hoffnungen auf Trump setzt, weil er versteht, wie schwer es für einen amerikanischen Präsidenten ist, von der starren atlantischen Politik abzurücken. Putin kann warten. Er ist ein sehr ruhiger, geduldiger Politiker. Deshalb dürfte sich seine Enttäuschung über Trump in Grenzen halten. Er begreift die objektiven Bedingungen und die Beschränkungen, denen der US-Präsident unterworfen ist.

Putin hat Trumps Verdienste anerkannt. Meiner Ansicht nach ist seine Haltung ihm gegenüber immer noch überwiegend positiv, weil er persönlich und subjektiv nicht so antirussisch ist wie die Globalisten. Für ihn ist die russische Frage eher sekundär. Er konzentriert sich viel eher auf China und den Iran. Nochmals: Putin ist bereit, mit Trump zu verhandeln, falls dieser zum Diskurs und zu den Ideen seiner Wahlkampagne zurückkehrt. Läßt sich Trump hingegen von den Neokonservativen und Globalisten vollständig manipulieren und kontrollieren, und versinkt er immer tiefer im Sumpf, wird die Konfrontation wohl wieder ihre frühere Dimension erreichen, und die geopolitische Gegnerschaft zwischen See- und Landmacht wird nicht minder unversöhnlich sein als vor Trumps Präsidentschaft.

Trotz allem meine ich, daß die Beziehungen zwischen Moskau und Washington heute etwas besser sind als zuvor.

Putin und die innerrussische Opposition

Putin sieht sich zweierlei oppositionellen Kräften gegenüber, die ich als die fünfte und die sechste Kolonne bezeichnen würde. Bei der ersten handelt es sich um eine eindeutige, erklärte Opposition, die vom Westen bedingungslos unterstützt wird und zu deren Galionsfiguren Alexei Nawalny und die Gruppe „Pussy Riot" gehören. Diese ultraliberale Opposition besteht aus geschworenen Feinden Putins. Sie ist globalistisch, antirealistisch, antinationalistisch und tritt gegen die Souveränität Rußlands auf. Sie ist kosmopolitisch und läßt an Putin kein gutes Haar. Sie haßt ihn als früheren KGB-Mann, als Realisten, als Konservativen, als Nationalisten und als Fürsprecher der Souveränität unseres Landes. Für diesen Flügel der Opposition ist Putin folglich der absolute Feind.

Tatsache ist freilich, daß diese Opposition in Rußland nur sehr wenig Unterstützung genießt. Im Westen kennt jedermann Nawalny und „Pussy Riot". Doch bei uns befürwortet lediglich ein recht kleiner Kreis von Vertretern der Intelligenzia und des Kapitals die prowestliche und Putin-feindliche Politik dieser Ultraliberalen; nur eine verschwindend geringe Minderheit ist daran interessiert, daß sie sich durchsetzen. Sie können nie und nimmer auf die Unterstützung des Volkes rechnen, weil dessen große Mehrheit den Liberalismus schon in den neunziger Jahre ablehnte und heute unter Putin weiterhin ablehnt. Diese fünfte Kolonne ist also eine Schöpfung des Westens. Infolge der politischen Wirren gewann sie in den neunziger Jahren unter Boris Jelzin einen gewissen Einfluß, aber diese Zeiten sind längst vorbei. Deswegen denke ich, daß diese fünfte Kolonne für Putin keine Bedrohung darstellt. Sie mag ja in den sozialen Netzwerken unter Schülern und Jugendlichen, die keine Verantwortung tragen müssen, Anklang finden. Ich unterschätze die Bedeutung von Netzwerken nicht, aber diese Opposition ist einfach nicht seriös.

Bedeutend ernster zu nehmen ist die Opposition seitens der sechsten Kolonne. Diese besteht aus Leuten aus der Umgebung Putins, die ihn zwar äußerlich unterstützen, jedoch liberalen Überzeugungen frönen und als heimliche Globalisten eine ganz andere Politik wollen als die von Putin betriebene. Dies können sie aber nicht offen kundtun, weil sie sonst alles verlieren würden: ihre Stellungen, ihren Status, ihren Einfluß und ihre Macht. Deshalb ziehen sie es vor, eine doppeldeutige Haltung einzunehmen. Sie möchten Putin dazu bewegen, seine Positionen aufzugeben und zum Rückzug zu blasen, beispielsweise indem er die Krim an die Ukraine zurückgibt und somit ein Ende der Sanktionen ermöglicht. Die Angehörigen dieser sechsten Kolonne sind genauso Landesverräter, wie es die politischen Führer der neunziger Jahre waren. Doch um nicht von den Fleischtöpfen verdrängt zu werden, müssen sie Lippenbekenntnisse zur russischen Krim und zu Putin persönlich abgeben. Diese sechste Kolonne ist die wirkliche, die gefährliche Opposition.

Und diese Leute verfügen im Regierungsapparat über die Mehrheit, nicht aber im Militär und unter den Diplomaten. Sie vertreten jedoch eine Mehrheit innerhalb der wirtschaftlichen und politischen Elite. Ihre Ideen gleichen denen Nawalnys und der Anhänger von „Pussy Riot", auch wenn sie diese formal kritisieren. Sie stellen die wirkliche Speerspitze des Westens in Rußland dar. Solange Putin stark bleibt und alles Wesentliche im Griff hat, ist ihre Macht begrenzt. Doch kann man sich sehr wohl vorstellen, daß sie in der Zeit nach Putin die größte Gefahr für die von ihm verfolgte Linie darstellen werden, die größte Gefahr für die Fortsetzung seiner Strategie, denn diese lehnen sie vollständig ab, auch wenn sie Putin vordergründig ergeben sind. Nochmals: Diese Personen sind die wahre Opposition und nicht der Hanswurst Nawalny, der eine völlig marginale Figur ist, oder „Pussy Riot". Diese fünfte Kolonne, die man nicht ernst zu nehmen braucht, ist also sehr postmodernistisch. Sie braucht uns keine schlaflosen Nächte zu bereiten, die sechste Kolonne hingegen sehr wohl.

Putin und der Giftanschlag in Großbritannien

Die Umstände des Anschlages mit dem Nervengift Nowitschok auf den Agenten Sergei Skripal und seine Tochter Julia am 4. März 2018 in der englischen Stadt Salisbury sind äußerst merkwürdig, weil Putin nicht das geringste Motiv für eine solche Tat hatte. Skripal, ein Mitarbeiter des russischen Militärnachrichtendienstes GRU, arbeitete bekanntlich für den britischen Geheimdienst MI6. 2006 wurde er von einem Moskauer Militärgericht wegen Spionage zu 13 Jahren Arbeitslager verurteilt. Im Juli 2010 von Medwedew begnadigt, tauschte man ihn gegen zehn vom FBI verhaftete russische Agenten aus. Das sind die Fakten.

Daß Putin Spione und Verräter haßt, ist völlig normal, aber vor der Fußballweltmeisterschaft 2018 in Rußland einen Mordanschlag im Westen zu befehlen, wäre geradezu irrsinnig gewesen, und Putin ist ein sehr rationaler Politiker. Deshalb bin ich überzeugt, daß wir es hier mit einem Fall von Fake News zu tun haben.

Andererseits könnte ich mir angesichts des katastrophalen Niedergangs des russischen Staates in den neunziger Jahren durchaus vorstellen, daß eine Gruppe ehemaliger Geheimdienstmitarbeiter, die in den Dienst irgendwelcher Geschäftsleute oder auch der Mafia getreten waren, hinter dem Rücken der Regierung allerlei schmutzige Geschäfte betrieb, zu denen auch Auftragsmorde gehören konnten, selbstverständlich allein um des Geldes willen. Und so wie viele ehemalige KGB- und GRU-Männer sich von privaten Firmen anheuern ließen, ist es auch denkbar, daß manche von westlichen Geheimdiensten angeworben wurden. Der Anschlag auf die Skripals lieferte dem Westen willkommene Munition für eine antirussische Kampagne.

Wir müssen also verstehen, daß der Nowitschok-Skandal für Rußland unter keinen Umständen positive Folgen haben konnte. Er verstärkte das negative Bild unseres Landes und leitete Wasser auf die Mühlen derjenigen, die Rußland fortlaufend dämonisieren. Der Kreml und Putin waren also die allerletzten, die aus dieser Affäre einen Nutzen ziehen konnten. Daß Putin einen solchen Mordauftrag erteilt hat, ist daher ein Ding der Unmöglichkeit, und die Geheimdienste und Spezialeinheiten unterstehen voll seiner Kontrolle. Aus diesen Gründen bin ich mir sicher, daß der Anschlag zur Aufrechterhaltung der antirussischen Kampagne inszeniert wurde – was freilich nicht ausschließt, daß einige russische Staatsbürger dabei die Finger im Spiel hatten.

Rußland und die Türkei

Geopolitisch gesehen ist die Türkei ein Teil des Gebietes, das der US-Geopolitiker Halford Mackinder als Rimland bezeichnet, konkret gehören dazu die europäischen Küstenländer, der Nahe und Mittlere Osten und einige asiatische Länder. Rimland bildet die Zwischenzone zwischen Seemacht und Landmacht. Dies erklärt das Doppelgesicht der türkischen Geopolitik und stellt die Türkei vor die Wahl, ob sie Rußlands Freund oder Feind sein will.

Entscheidet sich die Türkei für die Seemacht und betrachtet sie sich weiterhin als Teil der NATO-Strukturen, wie sie es in den Jahrzehnten nach dem Zweiten Weltkrieg getan hat, kann man sie als Werkzeug des Westens im Mittleren Osten einstufen, und sie stellt für Rußland eine geopolitische Bedrohung dar. Doch zugleich besitzt die Türkei noch eine andere, kontinentale Identität, weil die traditionalistischen Teile ihrer Gesellschaft konservative Werte hochhalten, aber auch weil die Türkei in den letzten beiden Jahrzehnten immer größere Ernüchterung über den Westen empfand. Gründe dafür sind die Weigerung des Westens, die Türkei in die EU aufzunehmen, die US-Intervention im Irak, die das Kurdenproblem wiederaufleben ließ, sowie die daraus resultierende kurdische Bedrohung für die Türkei.

Aus diesen Gründen begann die Türkei ungefähr ab dem Jahr 2000, ihre geopolitische Position in der Welt sowie ihre Allianzen zu überdenken und ihre Beziehungen zu Rußland in neuem Licht zu sehen. Schließlich ist Rußland keine Hochburg des Sozialismus, Kommunismus, Antiislamismus, Atheismus und Materialismus mehr. Es ist nicht mehr so mächtig wie einst. Deswegen gelangte die Türkei zur Einschätzung, daß Rußland keine Gefahr mehr für Ankara darstellt. Dies alles liefert eine Erklärung für die bedeutsame geopolitische Kehrtwende, welche die Türkei im ersten Jahrzehnt des neuen Jahrhunderts vollzogen hat.

Präsident Recip Erdoğan tendierte früher zu den Atlantikern und stand den NATO-freundlichen, prowestlichen Kräften nahe, genau wie Fethulla Gülen. Die Erdoğan-feindliche Opposition war in ihrer großen Mehrheit kemalistisch, eurasisch und pro-russisch gesinnt. Doch nach und nach fühlte sich Erdoğan von den prowestlichen Elementen, von den Atlantikern verraten, und begann seine Politik zu ändern. Dieser neue Kurs wurde von Putin unterstützt.

Somit hängt die Entwicklung der Beziehungen zwischen Putin und Erdoğan nicht so sehr von Putin ab, denn dieser verfolgt eine konsequent eurasische Politik. Er konnte und kann die eurasische Identität seines Landes nicht ändern; sie ist ein für alle Male festgeschrieben. Erdoğan als Staatsoberhaupt eines Landes, das zum Rimland gehört, kann frei entscheiden, ob er sich auf der Seite der Landmacht Rußland oder auf der Seite der westlichen Seemacht USA positionieren will.

Erdoğan hat lange gezögert. Doch trotz der durch den türkischen Abschuß eines russischen Militärflugzeugs über Syrien Anfang 2018 heraufbeschworenen Krise ist es klar, daß die Türkei zwar nicht vollständig, aber doch langsam und zögerlich ins eurasische Lager einschwenkt. In diesem Licht ist die Entwicklung der russisch-türkischen Beziehungen zu sehen. Sie hängt wie gesagt nicht allzu sehr von Putin ab, weil dieser jederzeit bereit ist, ein politisches Bündnis mit der Türkei zu schmieden, sofern diese den richtigen Kurs einschlägt. Und Putin verfügt über sehr viel Geduld.

Die Organisation Fethulla Gülens war radikal pro-atlantisch. Nach dem fehlgeschlagenen Putsch im Juli 2016, als dessen Urheber Gülen bezeichnet wird, hat Erdoğan das begriffen. Die Verfolgung der Gülen-Anhänger reflektiert Ankaras Kehrtwende von der See- zur Landmacht. Daher entwickeln sich die Beziehungen zwischen Erdoğan und Putin in positivem Sinne.

Rußlands neue weltpolitische Rolle

Putin wünscht sich ein vollkommen souveränes Rußland, ist zugleich aber Realist. Um die Souveränität unseres Landes zu stärken, operiert er im Rahmen des Möglichen und nutzt jede Chance, die sich ihm bietet.

Er hält mit größter Entschlossenheit an seinem Kurs fest, die in den neunziger Jahren schwer angeschlagene Unabhängigkeit und Souveränität unserer Heimat vollumfänglich wiederherzustellen und den Schock, den der Zusammenbruch der UdSSR ausgelöst hat, endgültig zu überwinden. Die Wiederherstellung der Größe Rußlands ist sein Wunsch und Wille, doch bleibt er dabei Realist und orientiert sich an dem, was möglich ist. Bei der Gestaltung seiner Beziehungen zu anderen Staaten, insbesondere seinen Nachbarstaaten, darf sich Rußland Putins Überzeugung nach nicht von imperialistischen oder expansionistischen Gelüsten leiten lassen.

Insofern scheint mir ausgeschlossen, daß Putin in bezug auf die baltischen Staaten irgendwelche aggressiven Pläne verfolgt, weil diese Staaten längst zu Vertretern des westeuropäischen Gesellschaftsmodells geworden sind. Und mit Westeuropa will Putin unbedingt freundschaftliche Beziehungen pflegen. Deshalb halte ich die – bisweilen geradezu panische – Furcht vor einer russischen Intervention im Baltikum für vollkommen wirklichkeitsfern und unbegründet. Eine Angliederung der baltischen Staaten kommt für Rußland überhaupt nicht in Frage.

Syrien ist ein echter Sonderfall. Putin hat dort eingegriffen, um unsere militärischen Stützpunkte am Mittelmeer zu verteidigen, aber auch, um der Zerstörung der arabischen Welt durch den Westen Einhalt zu gebieten. Historisch gesehen war Rußland stets ein Freund und Bündnispartner der arabischen Länder. Man rufe sich doch in Erinnerung, welche Verheerungen die USA, die NATO, die europäischen Mächte mit ihren Interventionen in Afghanistan und im Irak, in Libyen und im Jemen angerichtet haben, und wie sie ihre Marionetten, ihre Stellvertreter im Nahen Osten unterstützen, Saudi-Arabien etwa oder ihren Verbündeten Israel. Sie haben in dieser Region keinen Stein auf dem anderen gelassen und die politischen Verhältnisse vollkommen umgekrempelt, aber keineswegs im positiven Sinne, sondern durch die Zerstörung der bestehenden Strukturen, an deren Stelle sie jedoch keine neuen, lebensfähigen Strukturen aufgebaut haben.

Hierdurch wurden die Voraussetzungen für das Aufkommen einer so radikalen und vollkommen irrsinnigen Bewegung wie des IS geschaffen, der dann vom Westen als Anlaß genommen wurde, um einen Vorwand für zusätzliche Interventionen zu schaffen. Das Ergebnis dieser Strategie hat dazu beigetragen, Europa mit Flüchtlingen zu überfluten. All dies wurde durch die westliche Politik, durch die von den USA durchgesetzte Nahostpolitik verursacht.

Putin will dieser unipolaren Hegemonie, welche die arabische Welt und Nordafrika zerstört, ein Ende bereiten. Er wurde von dem rechtmäßigen Staatsoberhaupt Syriens, Baschar al-Assad, formell um die Entsendung russischer Truppen ersucht. So nutzte Putin diese Chance, diese einmalige Gelegenheit, der russischen Souveränität Nachdruck zu verleihen und ein totales Chaos in der arabischen Welt zu verhüten. Im Gegensatz zu seiner durch Zaudern und Irrtümer geprägten Strategie in der Ostukraine hat sich Putins Syrienpolitik als sehr erfolgreich erwiesen, wie übrigens auch Rußlands Rückkehr nach Afrika. In diesen Ländern war Putins Vorgehen durch und durch rational. Dort hat er entschlossen gehandelt und nicht gezaudert. In Syrien verfolgt Putin das Ziel, die Einheit des Landes wiederherzustellen, dem radikalen Islam einen Riegel vorzuschieben und bei der Errichtung einer Ordnung mitzuhelfen, die auf Dauer Bestand haben kann. Seine Politik ist sehr erfolgreich, nicht zuletzt weil sie das angeschlagene Ansehen Rußlands in den Augen vieler Muslime wieder ganz erheblich verbessert hat. Das russische Eingreifen erfolgte also nicht nur, um Assad und Syrien zu retten. Die Stabilisierung Syriens hat mit dazu beigetragen, den IS militärisch zu besiegen. Und das sollte auch in den Augen der westlichen Politiker als ein sehr positiver Effekt anerkannt werden. Aber im Westen kritisiert man Putin für alles und jedes. Wir sollten das Geschrei der parteiischen globalistischen Medien am besten ignorieren.

Was Zentralasien betrifft, so macht sich Putin große Sorgen wegen des bedrohlichen Zulaufs, den der radikale Islam dort erhält. Er versucht, den zentralasiatischen Bündnispartnern Rußlands bei der Eindämmung der islamistischen Gefahr zu helfen.

Beim Aufbau einer multipolaren Welt ist China Rußlands wichtigster Partner. Putins Interesse an China nimmt kontinuierlich zu, weil das Reich der Mitte die zweitstärkste Wirtschaftsmacht der Erde ist und zweifellos schon bald die stärkste sein wird. Somit besteht die Chance, eine wirkliche Alternative zum US-dominierten Modell zu entwickeln. Trotz des demographischen und wirtschaftlichen Ungleichgewichts zwischen den beiden Staaten sind Rußland und China die Vorreiter bei der Schaffung einer multipolaren Welt.

Meiner Überzeugung nach werden sich die russisch-chinesischen Beziehungen in positivem Sinne entwickeln. Für Putin ist China eine reelle Alternative. Er möchte vielleicht lieber die Beziehungen zum Westen ausbauen, aber der legt sich ja quer. Somit muß sich Putin nach einem anderen Partner und Alliierten umsehen, und das ist China. Dieses mag zwar nicht Putins erste Wahl gewesen sein, doch widmet er der Entwicklung der Beziehungen zu Peking immer größere Aufmerksamkeit. Deshalb gehe ich davon aus, daß sich der Schwerpunkt von Putins geopolitischem Modell zunehmend nach Osten verlagern wird.

Mit anderen Worten, Rußland wird sich China immer mehr annähern, was freilich nicht heißt, daß es das chinesische Modell nachahmen wird. Rußland legt traditionsgemäß mehr Gewicht auf den politischen, China hingegen auf den wirtschaftlichen Aspekt. Bei der Umwandlung seiner Gesellschaft läßt sich China nicht von liberalen Grundsätzen leiten; es vertritt eine neue, nichtliberale Ordnung.

Rußland und China sind durch schicksalhafte Bande verknüpft; sie sitzen beide im selben Boot, weil ihre Zukunft nur im Rahmen einer multipolaren Welt gesichert werden kann. Aus diesem Grund ist es für beide Länder eine pure Notwendigkeit, der westlichen Hegemonie die Stirn zu bieten. Auch wenn China Rußlands wichtigster Partner ist und bleibt, wird Moskau nach meinem Dafürhalten auch die Beziehungen zum Iran, der anderen antihegemonialen Macht in Zentralasien, stetig ausbauen, gemeinsam mit der Türkei, die einen immer stärker antiwestlichen Kurs steuert.

Im Westen versteht man sehr gut, daß eine russisch-chinesische Partnerschaft das weltweite Kräfteverhältnis grundlegend verändern könnte. Darum haben die USA seinerzeit versucht, China gegen die UdSSR in Stellung zu bringen. Dies war der eigentliche Grund dafür, daß sie China zu Beginn der achtziger Jahre bei seinen wirtschaftlichen Reformen unterstützt haben. Daß Brzezinski, der frühere US-Außenminister Henry Kissinger und andere amerikanische Spitzenpolitiker China besuchten, war ein Ausdruck dieser Bestrebungen. Kissinger war in den siebziger Jahren einer der Architekten der amerikanischen geopolitischen Strategie, China gegen die Sowjetunion in Stellung zu bringen, und dieser Strategie war Erfolg beschieden.

Und heute wollen einige westliche Strategen Rußland als Rammbock gegen China benutzen, indem sie ein verzerrtes Bild von China zeichnen und wieder das alte Schreckgespenst von der „gelben Gefahr" wiederbeleben. Gleichzeitig versuchen die Atlantiker, in China nationale und historische Ressentiments gegen Rußland zu schüren. Diese Globalisten und Liberalen sind geschworene Feinde des russischen Patriotismus, der russischen Identität.

Die Globalisten und Liberalen in Rußland vertreten eine immer unverhüllter auftretende antichinesische Agenda. Somit wird auf beiden Seiten dasselbe Spiel betrieben. Putin, der in geopolitischen Kategorien denkt, durchschaut diese Ränke und tut, was er kann, um eine Annäherung zwischen Rußland und China zu fördern.

Kapitel 8

Der Krieg gegen Rußland in seinen ideologischen Dimensionen

Der kommende Krieg als Konzept

Der Krieg gegen Rußland ist gegenwärtig das meistdiskutierte Thema im Westen. Im Moment ist er lediglich ein Gedankenspiel und eine Möglichkeit, doch kann er sehr wohl Wirklichkeit werden, je nach den Entscheidungen der am Ukraine-Konflikt Beteiligten: Moskau, Washington, Kiew und Brüssel.

Ich möchte hier nicht auf alle Aspekte und auf die Geschichte dieses Konfliktes eingehen, sondern statt dessen seine tiefen ideologischen Wurzeln analysieren. Meine Deutung der wichtigsten Ereignisse, die sich in seinem Rahmen abgespielt haben, beruht auf der Vierten Politischen Theorie, deren Grundsätze ich in einem Buch mit demselben Titel dargelegt habe.

Aus diesen Gründen werde ich bei meiner Schilderung des Kriegs, den der Westen gegen Rußland führt, nicht auf dessen Gefahren, Kosten und Folgen oder auf die Streitfragen, die ihn auslösen könnten, eingehen, sondern ihn aus globaler und ideologischer Sicht beleuchten. Dies bedeutet, daß ich mich mit dem Sinn eines solchen Krieges und nicht mit diesem selbst (der entweder real oder virtuell sein kann) befassen werde.

Die Essenz des Liberalismus

Im Westen dominiert heutzutage eine einzige Ideologie – der Liberalismus. Er mag viele Schattierungen, Versionen und Formen aufweisen, doch seine Essenz ist stets dieselbe. Der Li-

beralismus weist eine innere Grundstruktur mit folgenden axiomatischen Prinzipien auf:
- Anthropologischer Individualismus (das Individuum ist das Maß aller Dinge);
- Fortschrittsglaube (die Welt steuert auf eine bessere Zukunft zu, und die Vergangenheit ist stets schlechter als die Gegenwart);
- Technokratie (die technische Entwicklung sowie ihre Umsetzung in die Praxis gelten als die wichtigsten Kriterien zur Beurteilung einer Gesellschaft);
- Wirtschaft als Schicksal (die freie Marktwirtschaft ist das einzige legitime Wirtschaftssystem; alle anderen Wirtschaftsformen sind entweder zu reformieren oder zu zerstören);
- Demokratie als Herrschaft der Minderheiten (die sich gegen die Mehrheit verteidigen müssen, denn diese neigt regelmäßig dazu, in den Totalitarismus oder „Populismus" abzugleiten);
- die Mittelschicht als einzige gesellschaftlich wirklich maßgebliche Kraft und als universale Norm (unabhängig davon, ob ein Individuum diesen Status bereits erreicht hat oder erst auf dem Wege ist, zum Angehörigen der Mittelschicht zu werden);
- Globalisierung als Bekenntnis zu der einen Welt (alle Menschen sind ihrem Wesen nach gleich; der einzige Unterschied zwischen ihnen besteht in ihrer individuellen Natur. Die Welt ist auf der Grundlage des Individualismus und des Kosmopolitismus – in anderen Worten, des Weltbürgertums – zu integrieren).

Dies sind die entscheidenden Glaubenssätze des Liberalismus. Neben dem Kommunismus und dem Faschismus, die den Geist der Moderne – jeder auf seine Art – anders deuten, ist er eine der drei Strömungen, die der Aufklärung entsprungen sind. Im 20. Jahrhundert hat der Liberalismus seine Rivalen in die Schranken gewiesen, und seit 1991 ist er die weltweit vorherrschende Ideologie.

Die einzige Wahlfreiheit im Reich des globalen Liberalismus ist die zwischen rechtem, linkem und radikalem Liberalismus, wobei es von all diesen Kategorien noch besonders radikale Spielarten gibt. Somit ist der Liberalismus das Herrschaftssystem der westlichen Zivilisation sowie sämtlicher Gesellschaften, die in deren Fahrwasser segeln. Er ist die obligatorische Grundlage eines jeden politisch korrekten Diskurses. Ob man Ja oder Nein zum Liberalismus sagt, entscheidet darüber, ob man von der Mainstream-Politik anerkannt oder ausgegrenzt und als Paria abgestempelt wird. Nicht-liberale Ansichten gelten heute nicht als salonfähig.

Geopolitisch gesehen ist der Liberalismus ein Bestandteil des auf Amerika zentrierten Modells, dessen ethnischen Kern die Angelsachsen darstellen. Der bewaffnete Arm dieses Modells ist die NATO als wichtigstes Organ zur Absicherung des weltpolitischen Sicherheitssystems, das längst zum Synonym für „System zur Absicherung der westlichen und damit letztlich der amerikanischen Interessen" geworden ist. Somit ist der Liberalismus nicht bloß eine ideologische, sondern auch eine politische, militärische und strategische Macht. Die NATO ist ihren Wurzeln nach liberal. Sie verteidigt liberale Gesellschaften und greift zu den Waffen, um den Liberalismus in immer neue Länder zu exportieren.

Der Liberalismus als Nihilismus

Ein systemimmanenter Zug des Liberalismus hat diesen in eine Krise gestürzt: Er ist seinem Wesen nach zutiefst nihilistisch. Das von ihm vertretene Wertesystem basiert auf seiner Grundthese, dem Primat der Freiheit. Doch ist die Freiheit in ihrer liberalen Interpretation grundsätzlich negativ zu verstehen; sie ist ihrem Selbstverständnis nach Freiheit von etwas (wie bei John Stuart Mill) und nicht Freiheit für etwas. Dies ist mitnichten eine sekundäre Frage, sondern der Kern des Problems.

Der Liberalismus kämpft gegen sämtliche Formen der kollektiven Identität und gegen alle Werte, Projekte, Strategien, Ziele und Methoden, die kollektivistisch oder zumindest nicht individualistisch sind. Deshalb schrieb der nach Friedrich Hayek wohl namhafteste Theoretiker des Liberalismus, Karl Popper,[269] in seinem wichtigen Buch „The Open Society and Its Enemies",[270]

---

[269] Karl Popper (1920–1994) war ein in Österreich geborener britischer Philosoph, der als leidenschaftlicher Verteidiger der Prinzipien der liberalen Demokratie in Erscheinung trat.
[270] Karl Popper. The Open Society and Its Enemies. London 1945.

Liberale müßten jede Ideologie oder politische Philosophie (von Plato und Aristoteles bis hin zu Marx und Hegel) bekämpfen, welche die Ansicht vertrete, die menschliche Gesellschaft müsse ein gemeinsames Ziel, gemeinsame Werte oder einen gemeinsamen Sinn besitzen. (Hier lohnt sich der Hinweis darauf, daß George Soros dieses Buch als seine persönliche Bibel betrachtet.) In einer liberalen Gesellschaft gelten Ziele, Werte und Sinn nur für den Einzelmenschen. Unter diesen Umständen lassen sich die Feinde der offenen Gesellschaft, die gleichbedeutend mit der westlichen Gesellschaft nach 1991 ist und fast dem ganzen Rest der Welt als Norm gilt, leicht beim Namen nennen: Ihre Hauptfeinde sind der Kommunismus und der Faschismus, zwei Ideologien, die wie der Liberalismus der Philosophie der Aufklärung entsprungen sind, aber im Gegensatz zu ihm nicht-individualistische Konzepte in den Mittelpunkt stellen: Die Klasse im Marxismus, die Rasse im Nationalsozialismus und der Nationalstaat im Faschismus.

Die Ursache des Kampfes, den der Liberalismus gegen alternative Varianten der Moderne – Faschismus und Kommunismus – führt, liegt also klar auf der Hand. Die Liberalen behaupten, die Menschheit vom Faschismus und vom Kommunismus befreit zu haben, also jenen zwei Varianten des modernen Totalitarismus, die den Individualismus am nachdrücklichsten abgelehnt haben. Allein schon die Existenz von Ideologien, die ausdrücklich bestreiten, daß das Individuum der höchste Wert der Gemeinschaft ist, rechtfertigt den Kampf zur Zerstörung aller nichtliberalen Gesellschaften aus liberaler Warte vollumfänglich. Somit ist das Ziel dieses Kampfes eindeutig die Befreiung der Welt von allen oppositionellen, nichtliberalen Kräften. Daß Freiheit, so wie sie von den Liberalen aufgefaßt wird, eine ihrem Wesen nach negative Kategorie ist, begreifen diese allerdings nicht oder nur verschwommen. Der Feind existiert und besitzt eine konkrete Gestalt. Dies allein verleiht dem Liberalismus eine Existenzberechtigung. Es gibt noch andere Gesellschaftsmodelle als das liberale, und von diesen gilt es die Welt zu befreien.

Die unipolare Periode
und die Gefahr der Implosion

1991, als die Sowjetunion als letztes Bollwerk gegen den westlichen Liberalismus fiel, verkündeten einige westliche Intellektuelle wie Francis Fukuyama das Ende der Geschichte. Dies war an sich völlig logisch: Da die offene Gesellschaft nun keinen erklärten Widersacher mehr hatte, gab es keine Geschichte mehr, im Gegensatz zu der Moderne, in der sich drei politische Ideologien – Liberalismus, Kommunismus und Faschismus – einen erbitterten Kampf um das Erbe der Aufklärung geliefert hatten. Dies war, strategisch gesprochen, der Augenblick, in dem das „unipolare Moment" (so der neokonservative amerikanische Publizist Charles Krauthammer) verwirklicht wurde. Der Zeitraum von 1991 bis 2014 war durch die globale Dominanz des Liberalismus gekennzeichnet. Seine Axiome wurden von allen wichtigen geopolitischen Akteuren anerkannt, auch von China (bezüglich der Wirtschaftspolitik) und von Rußland (ideologisch, wirtschaftlich und politisch). Es gab Liberale und Möchtegern-Liberale, Noch-nicht-Liberale, Nicht-genug-liberale-Liberale usw. Wirkliche und explizite Ausnahmen konnte man an einer Hand abzählen (der Iran und Nordkorea gehörten zu diesen). Anders gesagt, die liberale Ideologie hatte sich fast weltweit durchgesetzt.

Es war dies die wichtigste Zeitspanne in der Geschichte des Liberalismus. Er hatte seine Feinde besiegt und zugleich verloren. Der Liberalismus ist im wesentlichen eine Befreiung von und ein Kampf gegen alles, was illiberal ist (oder es potentiell werden könnte). Seinen wirklichen Sinn und seinen wirklichen Inhalt erhält er von seinen Feinden. Wenn man den Menschen einredet, sie müßten zwischen der Unfreiheit (exemplifiziert durch konkrete totalitäre Gesellschaften) und der Freiheit wählen, entscheiden sie sich in aller Regel für die Freiheit, weil sie nicht wissen, wofür diese Freiheit gut ist und was man mit ihr anfangen soll. Wo es eine illiberale Gesellschaft gibt, wird der Liberalismus positiv eingeschätzt. Seinen Pferdefuß zeigt er erst nach seinem Sieg.

Nach seinem Triumph im Jahre 1991 trat der Liberalismus in seine implosive Phase ein. Nun, wo Kommunismus und Faschismus verschwunden waren, stand er als einsamer Sieger allein auf weiter Flur und hatte weit und breit keinen Gegenspieler mehr. Doch brach nun die Zeit der inneren Konflikte an: Die liberalen Gesellschaften begannen sich jetzt ihrer letzten nichtliberalen Elemente zu entledigen. Auf die Abschußliste rückten der Sexismus, politisch inkorrekte Gedanken und Verhaltensweisen, die Ungleichheit der Geschlechter, die Überreste nicht-individualistischer Institutionen wie die Kirche usw. Der Liberalismus benötigt stets einen Widersacher, von dem er die Menschheit befreien kann. Ansonsten verliert er seinen Daseinszweck, und der ihm innewohnende Nihilismus tritt allzu unverhüllt zutage. Der absolute Triumph des Liberalismus ist gleichzeitig sein Tod.

Dies ist die ideologische Bedeutung der Finanzkrisen von 2000 und 2008. Die Erfolge, nicht die Fehlschläge der neuen, ganz auf den Profit ausgerichteten Wirtschaft des „Turbo-Kapitalismus", wie ihn Edward Luttwak[271] nennt, sind für deren Taumeln verantwortlich.

Die Freiheit, alles zu tun, was man will, aber nur auf individueller Ebene, führt zu einer Implosion der Menschheit. Der Mensch gleitet in den untermenschlichen Bereich ab, in die Domäne des Subindividuellen. Und hier trifft er auf die Freiheit von allem und jedem. Damit verflüchtigt sich das Menschliche, und es entsteht ein Reich des Nichts als letzte Konsequenz des totalen Siegs des Liberalismus. Der Postmodernismus bereitet den Boden für diese posthistorische, auf sich selbst fixierte Wiederverwertung von Unsinn.

Der Westen braucht einen Feind

Man mag sich nun fragen, was in aller Welt all dies mit dem (vermutlich) bevorstehenden Krieg mit Rußland zu tun hat. Ich werde diese Frage nun beantworten.

---

[271] Edward Luttwak. Turbo-Capitalism: Winners and Losers in the Global Economy. New York 1999.

Es ist eine unumstößliche Tatsache, daß der Liberalismus seit 1991 gewaltig an Momentum gewonnen hat. Und nun beginnt er zu implodieren. Er ist an seinem Endpunkt angelangt und hat angefangen, sich selber zu liquidieren. Die Masseneinwanderung, der Zusammenstoß der Kulturen und Zivilisationen, die Finanzkrise, der Terrorismus sowie das Erstarken des ethnischen Nationalismus sind Vorboten des kommenden Chaos. Dieses Chaos gefährdet die bestehende Ordnung – jede Art von Ordnung einschließlich der liberalen. Je größere Erfolge der Liberalismus einheimst, desto rascher nähert er sich seinem Ende und dem Ende der heutigen Welt. Hier erkennen wir die Folgen der nihilistischen Essenz der liberalen Philosophie, die nichts anderes zu bieten hat als das ontologische Prinzip der „Freiheit von etwas". Der deutsche Anthropologe Arnold Gehlen[272] beschrieb den Menschen zu Recht als „Mangelwesen". Für sich allein ist der Mensch nichts. Alles, was seine Identität ausmacht, erhält er von der Gesellschaft, der Geschichte, dem Volk und der Politik. Wird er von all dem abgeschnitten, vermag er nichts mehr zu erkennen. Der Abgrund, der sich dann auftut, läßt sich nur notdürftig hinter einem wüsten Trümmerfeld von Gefühlen, vagen Gedanken und diffusen Sehnsüchten verbergen. Die Virtualität submenschlicher Emotionen ist ein dünner Schleier, hinter dem völlige Finsternis herrscht. Somit ist die explizite Enthüllung dieser nihilistischen Grundlage der menschlichen Natur das letzte Verdienst des Liberalismus. Doch damit ist er am Ende; am Ende sind auch all jene, die ihn für ihre eigenen Zwecke benutzt und von seiner Expansion profitiert haben – in anderen Worten, die Drahtzieher der Globalisierung. Wenn sich der Nihilismus derart ungestüm Bahn bricht, kollabiert jede Ordnung, die liberale Ordnung nicht ausgenommen.

Um die Herrschaft der liberalen Elite zu retten, muß diese einen Schritt zurück tun. Der Liberalismus wird seinen Sinn erst dann wiederfinden, wenn er wieder mit einer nichtliberalen Gesellschaft konfrontiert wird. Dieser Schritt zurück ist der einzige Weg, um die noch vorhandenen Überreste an Ordnung

---

[272] Arnold Gehlen (1904–1976) war ein konservativer deutscher Anthropologe und Philosoph. Das hier angeführte Zitat entstammt seinem 1940 erschienenen Buch „Der Mensch, seine Natur und seine Stellung in der Welt".

zu bewahren und den Liberalismus vor sich selbst zu retten. Und hier kommt Putins Rußland ins Spiel. Das heutige Rußland ist nicht antiliberal, nicht totalitär, nicht nationalistisch und nicht kommunistisch, doch andererseits ist es auch nicht übermäßig liberal; es ist keine vollentwickelte liberal-demokratische Gesellschaft und für den Geschmack der Liberalen längst nicht kosmopolitisch genug. Es ist lediglich auf dem Weg zu einem liberalen Staat und vollzieht diesen Wandel Schritt für Schritt, um sich, wie sich die Theoretiker des Gramscianismus ausdrücken, der globalen Hegemonie anzupassen; dies bedingt, daß es eine Politik des Transformismo betreibt, um abermals die Sprache der Gramscianer zu verwenden.

Doch gemäß der globalen Agenda des Liberalismus, wie er von den USA und der NATO vertreten wird, braucht es einen Gegenspieler, ein anderes Rußland, welches das liberale Lager zwingt, die Reihen fest zu schließen und es dem Westen, der aufgrund seiner inneren Zerrissenheit auseinanderzubrechen droht, ermöglicht, gegen den äußeren Feind mobil zu machen. Dadurch wird die Entlarvung des Nihilismus, der dem Liberalismus innewohnt, verzögert und sein Ende hinausgeschoben. Aus diesem Grund ist der Westen dringend auf Putin, Rußland und einen Krieg angewiesen. Ein Waffengang ist der einzige Weg, ein gewaltiges Chaos im Westen zu verhindern und von seiner globalen Herrschaft sowie seiner inneren Ordnung zu retten, was noch zu retten ist. Bei diesem ideologischen Spiel ist Rußland die Aufgabe zugedacht, die Existenz des Liberalismus zu rechtfertigen und dem Kampf der offenen Gesellschaft einen Sinn zu verleihen und sie global zu festigen.

Der radikale Islam, vertreten durch Al Kaida, war ebenfalls ein Kandidat für diese Rolle, doch war er zu wenig mächtig, um ein wirklicher Feind zu werden. Man benutzte ihn zwar als Buhmann, aber nur auf regionaler Ebene. Mit ihm wurden die Intervention in Afghanistan, die Besetzung des Irak und der Sturz Gaddafis gerechtfertigt, und man bediente sich seiner, um einen Bürgerkrieg in Syrien anzuzetteln, aber er war zu schwach und ideologisch zu primitiv, um als jene wirkliche Herausforderung zu taugen, welche die Liberalen so verzweifelt brauchen.

Rußland, der traditionelle geopolitische Feind der Angelsachsen, ist als Gegenspieler sehr viel ernster zu nehmen. Er paßt perfekt zu dieser Rolle; schließlich ist die Erinnerung an den Kalten Krieg bei vielen noch frisch. Haß auf Rußland läßt sich leicht erzeugen. Darum halte ich einen Krieg mit Rußland für möglich. Er wird ideologisch als letztes Mittel zur Verzögerung der endgültigen Implosion des liberalen Westens benötigt. Er ist der notwendige „Schritt zurück".

Die liberale Ordnung retten

Die Gründe, die einen Krieg mit Rußland möglich erscheinen lassen, sind vielfältig. Ein solcher Krieg würde das künftige weltweite Chaos hinauszögern. Die meisten Länder, die Bestandteile des liberalen Weltwirtschaftssystems sind, die Axiome der liberalen Demokratie verinnerlicht und ihre Institutionen übernommen haben sowie der direkten oder indirekten Kontrolle der USA und der NATO unterstehen, werden noch einmal eine gemeinsame Front bilden, um die Sache des liberalen Westens gegen den antiliberalen Putin zu verteidigen. Dies wird dem Liberalismus, der rapide an Glaubwürdigkeit verliert, weil sein nihilistisches Wesen immer klarer zutage tritt, wieder als positive Kraft erscheinen lassen und seine zerbröckelnde Identität stärken.

Ein Krieg mit Rußland würde der NATO und vor allem ihren europäischen Mitgliedstaaten gewaltig Auftrieb verleihen. Sie müßten die amerikanische Supermacht wieder als etwas Positives und Nützliches betrachten; die während des Kalten Krieges verbreitete positive Einstellung gegenüber den Amerikanern und der NATO würde zurückkehren. Aus lauter Furcht vor dem Einmarsch der „bösen Russen" würden sich die Europäer wieder loyal gegenüber ihrem amerikanischen „Beschützer und Retter" verhalten. Als Ergebnis dieses Prozesses würde die Führungsrolle der USA in der NATO zementiert.

Die EU zerfällt. Die angebliche „gemeinsame Bedrohung durch die Russen" könnte sie vor der Spaltung bewahren, die Gesellschaft der betreffenden Staaten mobilisieren und ihnen die Bereitschaft einflößen, ihre Freiheiten und Werte gegen die „imperialen Gelüste Putins" zu verteidigen.

Die ukrainische Führung in Kiew braucht den Krieg, um die schweren Verstöße gegen Gesetz und Verfassung zu rechtfertigen, die sie während der Proteste auf dem Maidan beging. Sie könnte die Demokratie außer Kraft setzen, auf diese Weise verhindern, daß ihre Herrschaft in den überwiegend rußlandfreundlichen südöstlichen Gebieten des Landes in Gefahr gerät, und ihre Autorität sowie ihre nationalistische Ordnung mit außerparlamentarischen Mitteln festigen.

Das einzige Land, das heute keinen Krieg will, ist Rußland. Doch Putin kann es sich nicht leisten, die radikal antirussische Regierung der Ukraine unangefochten über ein Land herrschen zu lassen, dessen Bevölkerung zur Hälfte aus Russen besteht und in dem viele Regionen zu Rußland streben. Würde er dies zulassen, so wäre er außen- wie innenpolitisch erledigt. So wird er die Herausforderung der Kriegstreiber widerwillig annehmen. Und wenn er dies tut, gibt es für Rußland keine andere Lösung als den Sieg auf dem Schlachtfeld.

Ich mag nicht über die strategischen Aspekte dieses kommenden Krieges spekulieren. Das überlasse ich Analytikern, die hierfür besser qualifiziert sind. Statt dessen möchte ich noch einige Ideen hinsichtlich der ideologischen Dimensionen einer solchen bewaffneten Auseinandersetzung äußern.

Wie der Westen Putin in eine Rolle zwingt, die er ablehnt

Der bevorstehende Krieg gegen Rußland ist also gewissermaßen der letzte Versuch des globalistischen Liberalismus, seine Implosion zu verhindern. Aufgrund ihrer Weltsicht sehen sich die Liberalen genötigt, Putins Rußland ideologisch zu definieren und – wie könnte es auch anders sein – als Feind der offenen Gesellschaft zu brandmarken. Im Wörterbuch der modernen Ideologien gibt es freilich nur drei wirklich wichtige Begriffe: Liberalismus, Kommunismus und Faschismus. Mit Ausnahme Rußlands sind alle in den Ukraine-Konflikt verwikkelten Parteien – die USA, die NATO-Staaten und die Kiewer Führung („Euro-Maidan") – Vertreter der liberalen Ordnung. Somit muß ihr Gegenspieler entweder „kommunistisch" oder „faschistisch" sein, und man macht aus Putin einen „neosowjetischen Revanchisten", der „den KGB zurückbringen will". Dieses Bild von Putin akzeptieren im Westen zwar nur die Dümmsten der Dummen, aber gewisse Aspekte der patriotischen Reaktion seitens der prorussischen, antifaschistischen Bevölkerungsteile in der Ukraine – zum Beispiel der Schutz von Lenin-Denkmälern, das Aufhängen von Stalin-Porträts und die Pflege von Denkmälern für die sowjetischen Soldaten des Zweiten Weltkriegs – können unter Umständen Wasser auf die Mühlen der Propagandisten leiten. Der Nationalsozialismus und der Faschismus stehen Putin und der Realität des heutigen Rußland allzu fern, als daß der Westen mit diesem Schreckgespenst hausieren könnte, doch wird er es nicht versäumen, den „russischen Nationalismus" und den „russischen Imperialismus" zu geißeln, um das Bild von Rußland als einem „Reich des Bösen" zu stärken. Darum ernennt man Putin zum „radikalen Nationalisten" und zum „Imperialisten". Dieser Propaganda werden im Westen viele auf den Leim gehen. Der krausen Logik der Propagandisten zufolge kann Putin Kommunist und Faschist zugleich sein, so daß man sich die Chance nicht entgehen lassen wird, ihn als „Neobolschewisten" zu porträtieren (obwohl dieser Begriff für die postmoderne westliche Öffentlichkeit ein wenig zu kompliziert ist). In Wahrheit ist Putin weder Kommunist noch Faschist und schon gar nicht beides gleichzeitig. Er ist ein politischer Pragmatiker auf dem Feld der internationalen Beziehungen; dies erklärt, daß er Kissinger bewundert und daß Kissinger ihn seinerseits mag. Er, der er gar nichts von einem Ideologen an sich hat, wird jedoch gezwungen werden, sich die Ideologie, die man ihm zuschreibt, tatsächlich zu eigen zu machen. Während des Krieges gegen Rußland wird man Putin also zwingen, die ihm zugedachte Rolle zu spielen, und das ist der interessanteste und wichtigste Aspekt dieser Situation.

Um Putin ideologisch zu diskreditieren, werden die Liberalen versuchen, ihn als Schatten der Vergangenheit, als Vampir darzustellen. „Manchmal kommen sie wieder." Das ist die scheinrationale Begründung des Versuchs, die endgültige Implosion des Liberalismus zu verhindern. Die zentrale Botschaft lautet, daß der Liberalismus immer noch wohlauf und quicklebendig ist, weil es auf der Welt etwas gibt, von dem wir alle befreit werden müssen – Rußland. Das Ziel besteht darin, zuerst die Ukraine zu befreien, anschließend Europa und dann den Rest der Menschheit, der angeblich auch von Rußland bedroht wird. Zu guter Letzt wird es dann heißen, Rußland selbst bedürfe der Rettung vor seiner eigenen, illiberalen Identität.

Somit hat der Westen nun glücklich einen Feind. Ein solcher Feind verschafft dem Liberalismus einmal mehr eine Daseinsberechtigung. Rußland wird auf diese Weise zum Herausforderer, der aus der präliberalen Vergangenheit in die liberale Gegenwart versetzt wird. Ohne eine solche Herausforderung besitzt der Liberalismus keine Lebenskraft mehr; die globalisierte Welt geht ihres Ordnungsfaktors verlustig, und alles, was mit dem Liberalismus verbunden ist, wird sich auflösen und implodieren. Dank dieser Herausforderung gewinnt der schwankende Riese des Globalismus neue Kraft. Rußland ist da, um die Liberalen zu retten.

Damit dieses Szenarium Wirklichkeit werden kann, wird Rußland ideologisch als präliberales Phänomen dargestellt. Es muß kommunistisch oder faschistisch oder vielleicht nationalbolschewistisch sein. Das verlangen die ideologischen Spielregeln. Ob man nun Krieg gegen Rußland führt, oder ob man erwägt, gegen es Krieg zu führen, oder ob man keinen Krieg führt, man muß ihm unbedingt ein ideologisches Etikett anheften. Dies wird von innen wie von außen geschehen. Der Westen wird Rußland zwingen wollen, sich entweder dem Kommunismus oder einem extremen Nationalismus zuzuwenden, und wenn das nicht gelingt, wird er Rußland einfach so behandeln, als sei es kommunistisch oder extrem nationalistisch. Es geht darum, Rußland in eine Rolle zu drängen, die ihm in keiner Hinsicht auf den Leib geschrieben ist.

Personenregister

Abaschidse, Aslan 76, 79, 109
Abramow, Sergei 78
Abramowitsch, Roman 6, 95
Ahmadineschad, Mahmud 55
Alchanow, Alu 78 f.
al-Assad, Baschar 251, 267
al-Chattab, Ibn 63
Alexander der Große 134
Anderson, Benedict 178
Aristoteles 273
Aven, Pjotr 129

Bagapsch, Sergei 109
Bandera, Stepan 246
Barajew, Moswar 63
Basajew, Schamil 108
Béhat, Pierre 104
Belkowski, Stanislaw 186
Beresowski, Boris 5 f., 11 f., 34, 36, 94, 186
Bodin, Jean 221 f.
Breschnew, Leonid 14
Brzezinski, Zbigniew 21, 43, 62, 101 f., 193, 196, 240, 253, 269
Burckhardt, Titus 117
Bush, George W. 47, 106, 109, 198, 201

Carr, Edward 220
Chakamada, Irina 63
Chávez, Hugo 55
Chmelnizki, Bogdan 243
Chodorkowski, Michail 19, 36, 44 ff., 68, 94
Christenko, Viktor 81
Churchill, Winston 58
Cooper, Robert 147

Deripaska, Oleg 95
Descartes, René 117
Djomuschkin, Dmitri 186
Dobrodejew, Oleg 39
Dschingis Khan 160
Dworkowitsch, Arkadi 192

Erdoğan, Recip 265 f.
Ernst, Konstantin 39
Evola, Julius 117

Filippow, Alexander 231
Fukuyama, Francis 102 f., 120, 274

Gaddafi, Muammar 240
Gaidar, Jegor 34, 36, 87, 177
Galkin, Maxim 81
Gallois, Pierre 104 f.
Gates, Robert 130, 135
Gaulle, Charles de 58, 134
Gehlen, Arnold 276
Gellner, Ernst 178
Gelman, Marat 191
Gilpin, Robert 220, 229
Glasjew, Sergei 44
Gontmacher, Ewgeni 184, 192, 195, 240
Gorbatschow, Michail 34, 39, 51, 54, 75, 77, 79, 107, 182, 212, 218, 227
Gramsci, Antonio 201
Gref, Hermann 37, 42, 81, 171
Guénon, René 117
Gülen, Fethulla 265 f.
Gumiljow, Lew 17, 149, 160 f.
Gussinski, Wladimir 6, 12, 20, 36, 94

Habermas, Jürgen 121
Hardt, Michael 85 f.
Haushofer, Karl 98, 104
Hayek, Friedrich 272
Heidegger, Martin 124
Hielscher, Friedrich 125
Hitler, Adolf 105, 124, 134
Hobbes, Thomas 221 f., 232
Hollande, François 173, 255
Hoskings, Geoffrey 131, 135
Huntington, Samuel 102 f.
Hussein, Saddam 80

Illarionow, Andrei 184
Iwan der Schreckliche 162, 164 f.
Iwanow, Sergei 39

Jakobson, Roman 158
Jakowlew, Alexander 34
Jakunin, Wladimir 84, 188
Janukowitsch, Viktor 84, 188, 248 ff., 254
Jastrschembski, Sergei 41
Jawlinski, Grigori 6, 63
Jelzin, Boris 6, 8, 10 ff., 14 f., 18, 35, 37 f., 42, 51, 54, 60 f., 64 ff., 68, 70, 74 f., 77 f., 80 f., 89, 91, 107 f., 146, 172, 176, 180, 187 f., 191, 203, 207, 227, 261
Johnson, Samuel 121
Judaschkin, Valentin 170
Jumaschew, Valentin 36
Jünger, Ernst 124
Jürgens, Igor 182, 184, 192, 195
Juschtschenko, Viktor 84, 188, 191

Kadyrow, Achmat 74 ff., 78 f., 109, 189
Kadyrow, Ramsan 78 f., 152
Kasjanow, Michail 36, 68, 184, 217
Kasparow, Gari 72 f., 184
Katharina die Große 247
Kim Jong-il 55
Kirijenko, Sergei 8
Kissinger, Henry 102, 220, 269, 280
Kjellén, Rudolf 98
Kobson, Josef 63
Kokoity, Eduard 109
Kowaljow, Sergei 5
Krasner, Stephen 220
Krauthammer, Charles 274
Kudrin, Alexei 37, 68, 81, 171
Kulistikow, Wladimir 39

Lacoste, Yves 104 f.
Laufenberg, Heinrich 123
Lawrow, Sergei 146
Lebed, Alexander 11
Lebedew, Alexander 11
Lenin, Wladimir 134, 280
Leontjew, Konstantin 152
Lesin, Michail 38
Lévi-Strauss, Claude 158
List, Friedrich 121
Litwinenko, Alexander 174
Lohhausen, Heinrich Jordis von 105
Ludwig XIV., König von Frankreich 59, 66, 135
Lukaschenko, Alexander 41, 140, 181, 197
Luschkow, Juri 6, 35, 37, 65
Luttwak, Edward 275

Machiavelli, Niccolo 214, 221, 223
Mackinder, Halford 54, 99, 196, 294
Mamut, Alexander 7
Markow, Sergei 39
Marmeladow, Semjon 195
Mearsheimer, John 220
Medwedew, Dmitri 30, 38, 43, 83, 92 f., 109, 111, 115, 131, 142, 171, 173, 176 f., 179, 181 ff., 189 f., 192 f., 195, 197 f., 204 ff., 213, 217, 234, 237 ff., 263
Merkel, Angela 173, 255
Michalkow, Nikita 186
Mill, John Stuart 272
Mitterrand, François 104
Moeller van den Bruck, Arthur 126
Morgenthau, Hans 220, 229

Nabiullina, Elwira 171
Napoleon I. 134

Nasarbayew, Nursultan 80
Nawalny, Alexei 184, 217, 261 f.
Negri, Antonio 85 f.
Nemzow, Boris 36, 63, 184
Newton, Isaac 117
Newzlin, Leonid 94
Niekisch, Ernst 123, 125
Nikonow, Wjatscheslaw 39
Novalis 134
Nowodworskaja, Valerija 36

Obama, Barack 176, 190, 240

Pareto, Vilfredo 162 f., 165
Parvulesco, Jean 132 ff.
Pawlowski, Gleb 11, 20, 36, 39, 41, 82, 184, 191, 240
Pereswetow, Iwan 164
Petrosjan, Jewgeni 188
Popper, Karl 272
Popzow, Oleg 34
Poroschenko, Pjotr 250, 255
Potkin, Alexander 186
Primakow, Jewgeni 6, 10, 22, 35, 37, 63, 227
Prochanow, Alexander 7
Prochorow, Michail 200

Ratzel, Friedrich 98
Rice, Condoleezza 112
Roosevelt, Theodore 55

Saakaschwili, Micheil 76, 79, 106, 108 ff., 238 f.
Sarkozy, Nicolas 173
Satarow, Georgi 88
Sawizki, Pjotr 149
Schewardnadse, Eduard 106

Schirinowski, Wladimir 13, 240
Schmitt, Carl 54, 125, 231 f.
Schochin, Alexander 198, 200
Setschin, Igor 38
Sjuganow, Gennadi 7, 11, 43, 91
Skoropadski, Pawlo 244
Skripal, Julia 263
Skripal, Sergei 263
Sobtschak, Anatoli 8
Sombart, Werner 125
Sorel, Georges 123
Soros, George 105, 273
Spann, Othmar 125
Spengler, Oswald 125, 152, 158
Stalin, Josef 58, 134, 175, 179, 245, 280
Steuckers, Robert 105
Surabow, Michail 171
Surkow, Wladislaw 11 f., 36, 66, 68, 82, 183

Toynbee, Arnold 158
Trubezkoi, Nikolai 149, 158
Trump, Donald 252, 259 ff.
Tschernomyrdin, Viktor 87
Tschubais, Anatoli 8, 34, 37, 42, 68, 81 f., 129, 184

Ustrjalow, Nikolai 123

Voegelin, Eric 232

Waltz, Kenneth 220, 229
Weber, Max 222
Wilson, Woodrow 55
Witte, Sergei 121
Wittgenstein, Ludwig 135
Wolffheim, Fritz 123
Wolfowitz, Paul 43, 62, 155
Woloschin, Alexander 11 f., 36, 38, 68, 184

Ziegler, Leopold 117

Inhalt

Kapitel 1 – Einführung:
Putin: Ein Unbekannter gibt sich zu erkennen ...... S.   5
Patriotische Spiele. Wie Putin an die Macht kam: PR-Patriotismus .... S. 10
Die erste Amtszeit: Der patriotische Jazz .... S. 12
Alle Macht den Schauspielern! .... S. 14
Die zwölf Aufgaben Putins .... S. 16
Noch unerfüllte Aufgaben .... S. 18
Am Rande des Zusammenbruchs .... S. 20
Die Konservative Revolution marschiert .... S. 22
Ideologische Evolution: Die eurasische Perspektive .... S. 25

Kapitel 2: Putins Ideologie .... S. 29
Putin ist unser aller Schuldner .... S. 29
Der Liberalismus des Zwischenwahl-Zyklus .... S. 30
Die Petersburger Tschekisten – Ein Mythos platzt .... S. 31
Die Stärken der eurasischen Ideologie .... S. 32
Nationalismus plus Liberalismus .... S. 34
Putin als Leiter liberaler Reformen:
      Die politische Entmachtung der Oligarchen .... S. 37
Putin als Sammler russischen Landes und Erbauer Eurasiens .... S. 39
Der erste Rückschlag:
      Die atlantische Herausforderung – ein Loyalitätstest .... S. 41
Putins ideologische Risiken .... S. 42
Putin auf sich selbst gestellt: Ohne die Eliten .... S. 45
Der antiamerikanische Konsens .... S. 46
Putins Münchner Rede – ein Wendepunkt in der russischen Geschichte ... S. 50
Vom „Kalten Krieg" zu einer „heißen Phase" .... S. 51
Die Münchner Rede: Ein geopolitisches Fundament .... S. 54
Putins Mandat für eine Revolution des Bewußtseins .... S. 56

Kapitel 3: Putins Test .... S. 60
Putin gegen die „Schwestern" .... S. 60
Die Versuchung der Leere .... S. 65
Putin und die Leere II: Politische Einsamkeit .... S. 69
Die Struktur der Nicht-Leere .... S. 70
Was folgt als nächstes? .... S. 71
Der „Wurm, der nicht stirbt" und Putins neue Männer .... S. 72
Putins graue Zone .... S. 74
Keine Zeit für Entspannung: Herausforderung durch neue Netzwerke ..... S. 83
Das „Chaos" und seine Strategien .... S. 85
Das Objektive und das Subjektive an Putins Kurs .... S. 87
Wenn es morgen Frühling wird .... S. 90
Die Strategie von Medwedews potentieller Partei: Das Netzwerk .... S. 92
Die Strategie von Putins Partei: Ideologie .... S. 94

Inhalt

Kapitel 4: Putins Geopolitik .... S. 97
Der außenpolitische Kurswechsel .... S. 97
Territoriales Denken .... S. 98
Patriotische Aufklärung .... S. 106
Das atlantische Erbe Gorbatschows und Jelzins in Putins Umgebung ...... S. 107
Südossetien: Eine Bewährungsprobe für die russische Geopolitik .... S. 108
Südossetien: Präsident Putins geopolitische Wahl .... S. 110
Putin: Ich entsage dem Teufel .... S. 112

Kapitel 5: Putins eurasische Revolution .... S. 115
Wladimir Putin und die konservative Revolution .... S. 115
Die Essenz des Konservatismus .... S. 115
Fundamentaler Konservatismus .... S. 117
Liberaler Konservatismus .... S. 120
Rechtskonservatismus .... S. 121
Linkskonservatismus .... S. 122
Konservative Revolution .... S. 124
Die konservative Wahl .... S. 126
Putin, der Konservatismus und die Silowiki .... S. 128
Wladimir Putin und das Imperium .... S. 130
Nochmals: Wer sind Sie, Herr Putin? .... S. 131
Putin als Symbol für den Aufbau eines Imperiums .... S. 132
Jean Parvulesco: „Das kann einfach nicht sein...“ .... S. 132
Das Eurasische Imperium als Bestandteil
   des festgelegten Laufs der Dinge .... S. 134
Das Eurasiertum als Ideologie des neuen Präsidenten .... S. 135
Putin und die eurasische Integration .... S. 138
Das Projekt der Wiederkehr Putins: Die Multipolare Welt .... S. 142
Das Eurasiertum .... S. 144
Europäische Union und Eurasische Union .... S. 147
Die drei Säulen Putins .... S. 150
Die eurasische Union und die USA .... S. 154
Die Avantgarde des Neo-Eurasiertums .... S. 156
Die Auswahl der Elite .... S. 160
Die russische Opritschnina als archetypische neue Elite .... S. 162

Kapitel 6: Was nun, Putin? .... S. 167
Putins erste acht Jahre: Die Bilanz eines Konservativen .... S. 167
Der verletzliche Putin: Das Fehlen einer nationalen Ideologie
   und einer klaren Strategie .... S. 169
Der Diebstahl als nationale Idee und das Fehlen einer Wirtschaft .... S. 169
Das Fehlen einer Sozialpolitik und das Schisma der Eliten .... S. 171
Rußlands außenpolitische Schwäche .... S. 172
Die Krise der Volksvertretung .... S. 174
Das zunehmende Legitimitätsdefizit .... S. 175
Das Paradox der Modernisierung .... S. 177
Das Ende eines politischen Zyklus: Jenseits des grauen Pols.
   Die Morgenröte in Menschengestalt und Putins Legitimität .... S. 180

285

Putin: Das Phänomen

Rußland 1 (grau), Rußland 2 (orange) und Rußland 3 (schwarz) .... S. 183
Ein Phantom-Rußland .... S. 187
Ein erfolgloses theatralisches Zwischenspiel .... S. 189
Das orangene Rußland .... S. 190
Rußland 3 als Projekt .... S. 194
Taktiken für heute und morgen .... S. 195
Ohne Rußland keine multipolare Welt .... S. 196
Eine Volksfront ohne Volk .... S. 198
Hegemonie .... S. 201
Der 4. März .... S. 203
Der gegenwärtige Entwicklungsverlauf des politischen Zyklus .... S. 204
Rußland 3 .... S. 209
Die konservative Revolution als das beste Szenarium für Rußland .... S. 211
Notwendigkeit und Erwachen: Die Suche nach einer Idee .... S. 212
Was hat Putin also versäumt? .... S. 214
Die Korrektur von Irrtümern: Ist dieses Szenarium realistisch? .... S. 216
Der Putin, den wir verloren haben: Kritik von oben .... S. 217
Putins neue Formel? .... S. 219
Was ist Realismus? .... S. 219
Drei Prinzipien des Realismus: Souveränität, der Fürst, Leviathan .... S. 221
Putin – ein absoluter Realist .... S. 224

Kapitel 7: Alternativen .... **S. 237**
Medwedews Präsidentschaft: Die „sechste Kolonne" an der Macht .... S. 237
Das ukrainische Dilemma im Jahre 2014 .... S. 242
Maidan, Krim, Noworossija .... S. 248
Die Ukraine im „Großen Spiel" .... S. 153
Putins unerwiderte Liebe zu Deutschland .... S. 256
Putin und Trump – ein Traumpaar? .... S. 259
Putin und die innerrussische Opposition .... S. 261
Putin und der Giftanschlag in Großbritannien .... S. 263
Rußland und die Türkei .... S. 264
Rußlands neue weltpolitische Rolle .... S. 266

Kapitel 8: Der Krieg gegen Rußland
    in seinen ideologischen Dimensionen .... **S. 270**
Der kommende Krieg als Konzept .... S. 270
Die Essenz des Liberalismus .... S. 270
Der Liberalismus als Nihilismus .... S. 272
Die unipolare Periode und die Gefahr der Implosion .... S. 274
Der Westen braucht einen Feind .... S. 275
Die liberale Ordnung retten .... S. 278
Wie der Westen Putin in eine Rolle zwingt, die er ablehnt .... S. 279

Personenregister .... **S. 282**